★ 2018年1月22日下午，习近平主席特使、时任国家卫生和计划生育委员会主任，现任中共十九届中央委员、十三届全国政协副主席李斌到防暴队驻防营地视察。

★ 2018年7月26日，广西壮族自治区党委书记鹿心社接见防暴队队员。

★　2018年7月26日，广西壮族自治区党委副书记、自治区人民政府主席陈武接见防暴队队员。

★　2017年3月10日，时任公安部党委成员、部长助理王俭出席防暴队出征仪式。

★ 2018年3月1日，公安部边防管理局局长陈定武到机场迎接凯旋归建的防暴队队员。

★ 2017年11月30日，公安部边防管理局政委牟玉昌（前排左一）出席防暴队授勋仪式并检阅部队。

★ 2016年11月21日，公安部国际合作局局长廖进荣出席防暴队开训仪式。

★ 2017年3月8日，时任公安部边防管理局副局长邱志江看望慰问防暴队队员。

★ 2016年11月21日，公安部边防管理局副局长高连斌到防暴队看望慰问队员。

★ 2018年3月30日，公安部边防管理局副政委李裕禄到机场迎接凯旋归建的防暴队队员。

★ 2018年7月26日，广西壮族自治区党委常委、政法委书记黄世勇（左一）为防暴队授予锦旗。

★ 2017年3月5日，广西壮族自治区副主席、公安厅厅长胡焯到机场欢送防暴队队员出征。

★ 2018年3月1日，广西壮族自治区公安厅副厅长许建忠到机场迎接凯旋归建的防暴队队员。

★ 2018年3月1日，广西壮族自治区公安边防总队总队长王孔林到机场迎接凯旋归建的防暴队队员。

★ 2017年3月5日，广西壮族自治区公安边防总队政委刘洪平在北京欢送防暴队队员出征。

★ 2018年2月28日，利比里亚总统乔治·维阿向防暴队授予"利比里亚国家奖"。

★ 2017年5月29日上午，时任利比里亚总统瑟利夫（左二）在出席"联合国维持和平人员国际日"庆典活动时检阅防暴队。

★ 2017年7月25日，联合国秘书长特别代表法里德·扎里夫（左四）看望慰问防暴队队员。

★ 2017年6月26日，外交部中非合作论坛事务大使（左二）周欲晓到防暴队指导工作。

★ 2018年2月24日下午，中国驻利比里亚特命全权大使付吉军（左四）到防暴队指导工作。

★ 2017年3月19日下午，时任中国驻利比里亚特命全权大使张越（右三）到防暴队营区看望队员。

公安边防部队先进典型丛书

用无悔的青春和满腔的热血
忠诚履行维和使命

蓝翎

中国第五支赴利比里亚维和警察防暴队纪实

广西壮族自治区公安边防总队　编著

广西科学技术出版社

图书在版编目（CIP）数据

　　蓝翎：中国第五支赴利比里亚维和警察防暴队纪实/广西壮族自治区公安边防总队编著. —南宁：广西科学技术出版社，2018.9（2020.3重印）

　　ISBN 978-7-5551-1036-1

　　Ⅰ.①蓝… Ⅱ.①广… Ⅲ.①纪实文学—作品集—中国—当代 Ⅳ.①I25

　　中国版本图书馆CIP数据核字（2018）第200875号

LANLING——ZHONGGUO DIWUZHI FU LIBILIYA WEIHE JINGCHA FANGBAODUI JISHI

蓝翎——中国第五支赴利比里亚维和警察防暴队纪实

广西壮族自治区公安边防总队　编著

责任编辑：黎志海　张　珂　　　　　　封面设计：韦娇林
责任印制：韦文印　　　　　　　　　　责任校对：韦秋梅

出 版 人：卢培钊
出版发行：广西科学技术出版社　　　　社　　址：广西南宁市东葛路66号
邮政编码：530023　　　　　　　　　　网　　址：http://www.gxkjs.com

经　　销：全国各地新华书店
印　　刷：天津兴湘印务有限公司
地　　址：天津市子牙循环经济产业园区八号路4号东区A-4-1　邮政编码：301605
开　　本：787 mm×1092 mm　1/16　　　印　　张：20
字　　数：350千字
版　　次：2018年9月第1版　　　　　　印　　次：2020年3月第2次
书　　号：ISBN 978-7-5551-1036-1
定　　价：68.00元

蓝 翎
——中国第五支赴利比里亚维和警察防暴队纪实

编 委 会

主　　编：王孔林　　刘洪平

副 主 编：陈利华　　唐　巍

编　　委：王振江　　王定广

　　　　　王国兵　　李远平

　　　　　陈志荣　　陈俊名

序

肩负维护世界和平的使命，怀着维护世界和平的心愿，140 名广西壮族自治区公安边防官兵，头戴蓝盔，高擎旗帜，庄严宣誓，闪亮出征。走千里，走万里，祖国为他们壮行。

2017 年 3 月 10 日，带着祖国的嘱托和希冀，中国第五支赴利比里亚维和警察防暴队远渡重洋，进驻利比里亚首都蒙罗维亚任务区，不惧重重困难，忠诚履行维和使命。一年来，防暴队主动作为、积极进取，勇于克服条件艰苦、环境复杂等困难，全力维护联合国驻利比里亚特派团人员、设施安全和当地社会治安秩序，保持了"无违纪、无遣返、无伤亡"的记录，实现了"六个历史性突破"：为利比里亚打造一支 150 人规模的国家警察防暴队；武装长途巡逻勤务遍及利比里亚全境；主导推行与驻在国、任务区维和军警混编联训联演；在联合国驻利比里亚特派团总部开设警务实战技能培训班，相关做法被写入联合国文件予以模式化推广；开展无土栽培和生态养殖，探索并建立战地保障新模式；首次获得"利比里亚国家杰出贡献奖"和"利比里亚国家奖"的联合国驻利比里亚特派团维和队伍。

利比里亚地处非洲西部，临近赤道，全年只有旱季和雨季，酷热潮湿交替。那里曾经富饶美丽，但在饱受 14 年战乱之苦后，人民贫困，治安不稳，百废待兴。持续多年的战乱造成 20 万人丧生、上百万人流离失所。2003 年 9 月，联合国向利比里亚派遣维和部队，监督和平协议的执行。

中国是联合国在利比里亚维和行动的积极参与者。2003 年，中国军队开始派出工兵、运输分队和医疗分队参加联合国驻利比里亚特派团维和行动。2013 年，中国开始向利比里亚派遣成建制维和警察防暴队。2016 年 9 月，公安部党委决定，把组建中国第五支赴利比里亚参与维和行动的队伍的任务交给广西壮族自治区公安边防总队。

2017 年 3 月 10 日，由 140 名队员组成的中国第五支赴利比里亚维和警察防暴队带着满怀的信心，迈着坚定的步伐，接受出国前的最后检验。"请祖国人民放心，我们一定圆满完成任务！"头戴蓝色贝雷帽的防暴队队员身姿笔挺，面向国旗做出庄严的承诺。

在利比里亚任务区，生活条件简陋，医疗水平有限，面对疾病、战乱、语言不通等多重挑战，防暴队队员牢记使命，不畏艰险，砥砺前行，不负韶华。

防暴队刚抵达任务区，利比里亚就暴发了不明原因的疫情，疫情在短时间内扩散至格林威尔、蒙罗维亚等多地，已造成 10 多人死亡，而最近的疫情暴发点距离防暴队营区仅 12 千米。防暴队迅速启动疫情防控工作预案，灵活应对，同时对联合国驻利比里亚特派团供应的食品和营区自产蔬菜进行毒理检测，并积极与中国援利比里亚医疗队、联合国驻利比里亚特派团医疗处等医疗机构开展通联，为队员筑起健康"防火墙"。

除了克服严峻的安全考验，防暴队还要面对后勤保障难题。由于任务区食品单一，生活条件艰苦，进驻不久，队员们的营养跟不上，普遍出现体重下降、手脚掌脱皮等情况。防暴队发扬"南泥湾"的精神，采取"以种促养，以养促种"的种养模式，建起了种植园、养殖园、休闲园"三位一体"生态圈，实现"潲水—禽畜—肥料—种植"循环利用，保证队员们每天都能吃上新鲜的蔬菜和肉类。

战乱与冲突，炎热与疾病，贫乏与艰苦……在维和任务区，面对各种挑战，防暴队队员直面生死、不惧险阻、乐观应对，在异国他乡的恶劣环境中书写无悔忠诚，用过硬的素质诠释了中国军人的铁血担当。

防暴队队员勇于担当，但他们却非铁人，与普通人一样，他们也有儿女情长，只是他们以家国为重，将小我放在一边，把对亲人的思念藏在心底，午夜梦回或一人独坐时才一遍遍忆起亲人的脸庞，抚慰思念之痛。

这一年，防暴队有 8 名队员的亲人离世，没能见到最后一面；20 多名队员的家属身患重病，没能在膝前照料；10 多名队员的妻子分娩，没能陪伴在身边；10 多名队员新婚久别，与爱人天各一方。

独在异乡，防暴队队员虽对故乡的亲人思念至极，却不因相思而放慢自己的脚步，而是将其化作绵绵不绝的动力，为维和任务添加能量，践行和平使命，用青春和热血浇灌和平之花。

这一年，防暴队与当地警察局建立了执法合作机制，实现保护联合国人员、设施安全，支持利比里亚执法机构和保护国家海外利益的三重勤务目标，确保了联合国与利比里亚高层会晤及利比里亚总统两轮大选的顺利举行。

维和期间，防暴队先后完成覆盖全境 15 个州的武装长途巡逻任务 7 次，累计执行各类勤务 730 多批次、安全出勤 8200 多人次，动用车辆 3500 多辆次，安全巡逻近 11 万千米，警告和驱离企图潜入营区的不明人员 16 批共 45 人，协助抓（查）获犯罪嫌疑人 19 人。

"世界大同，天下一家"。中国人民不仅希望自己过得好，也希望各国人民过得好。为了维护世界和平，为了履行大国责任，中国第五支赴利比里亚维和警察防暴队的官兵将忠诚举过头顶、把生死踩在脚下，用实际行动书写了中国军人的血性与担当。

"大千世界，我也许只是一根羽毛，但我也要以羽毛的方式承载和平的心愿。"在海地殉职的中国维和女警察和志虹，曾满含深情地写下这样的承诺。而千千万万"中国羽毛"早已汇聚成强而有力的羽翼，承载起对世界的担当，用实际行动拥抱和平理想。

在时间的长河里，中国第五支赴利比里亚维和警察防暴队为和平而进行的奋斗应该被铭记。为此，我们把防暴队队员的文字集合在一起，将他们的随笔、日记、书信等编印成册，以纪念他们在异国的一段时光。

这本书拿在手里不重，但里面的内容却很厚重。它不仅记录了防暴队队员的维和工作，也记录了队员们的生活，里面有欢笑、有泪水、有想念和柔软，也有深沉的思考和对和平的孜孜追求。书中文字出自众人之手，风格各有不同，却不离一个"真"字，真人真事真性情。铁血担当的维和警察将心拿来示人，让人看了不免潸然，所谓"直见性命"不过如此。

千古好文章，离不开一个"真"字，真便动人，本书便有其动人之处。

目　　录

第三篇　英雄风采

第四篇　多彩生活

第一篇
旗帜飘扬

和平万岁
Long live Peace

为和平出征

防暴队*队长 蓝卫宇

蓝卫宇在报告会上讲述维和故事

我是中国第五支赴利比里亚维和警察临时党总支副书记、队长蓝卫宇。经习近平主席签批，2017 年 3 月，中国第五支赴利比里亚维和警察防暴队进驻任务区。在环境复杂、危机四伏的异国他乡，我们践行"听党指挥、能打胜仗、作风优良"的强军目标，带领队伍不忘初心，完成使命。

防暴队抓党建、抓思想、抓作风，始终把政治建警摆在首位。临时党总支按照党对军队组织建设的要求，设立了 6 个党支部、12 个党小组，实现党组织全覆盖。

我们探索党建工作新思路，建成首个海外党建教育展厅，展出党的十九大

---

*注：书中防暴队为中国第五支赴利比里亚维和警察防暴队的简称。

精神、中国维和警察史等内容，发出"齐心向党，聚力报国"的倡议，邀请中国驻利比里亚大使宣讲党的十九大精神，和8家中资机构党组织联建联创，建立联席会议、互帮互助等7项制度，形成了有海外特色的中国合力。

我们有声有色开展了"战地8分钟党课""长巡途中重温入党誓词"和创作防暴队队歌等活动。我们打造的"齐心向党，聚力报国"海外党建品牌，入选全国"党建创新成果"工作创新十佳案例。

抓好政治建警，就建强了战斗堡垒，树起了先锋标杆。防暴队临时党总支5名成员身先士卒，以上率下，用实际行动叫响"向我看齐"。

2017年7月4日至6日，防暴队第一次执行武装长途巡逻任务。面对未知风险，没有经验可循，我主动请求带队巡逻。一路上，暴雨不停、险情不断。经过利比里亚边境地区时，前面的侦查车突然报告，有一群不明身份人员朝我们挥舞砍刀、哇哇乱叫。我当即命令：缩短车距、加强戒备。靠近他们时，我判定，这些人只是当地砍柴的居民，看见久违的联合国车队，激动欢呼而已。在返程途中，为了避让车辆，我们的中巴车陷入路肩，差点翻车。中巴车可是我们的移动弹药库，处置不当，将会造成严重后果。我命令按照预定方案，展开警戒，组织救援，经过10多分钟的紧张施救，我们终于脱离了险境。

在防暴队临时党总支带领下，全体队员戮力同心、攻无不克。2015年9月，习主席在联合国维和峰会上承诺，支持非洲国家提高自身维和维稳能力，以非洲方式解决非洲问题，这是习主席对中国维和工作的精准指导。防暴队临时党总支决定帮助利比里亚实现执法能力重建，为他们打造一支高水平的执法警队。但这个领域一直由一些西方国家主导。利比里亚多次申请由中国防暴队帮助训练国家警察，都没有获得联合国驻利比里亚特派团批准。

要干就干，干就干到最好。我们防暴队兵分几路，多管齐下。外联组运用外交资源，寻找法理依据，强调道义需求，协调中国驻利比里亚大使馆和利比里亚政府共同发力，促成联合国驻利比里亚特派团授权；行动组挑选骨干，制定了人群控制、大型活动安保等9个科目培训计划；教学组精心备课，手把手传授。在烈日下，我们喊哑了嗓子、晒脱了皮，带动学员热火朝天练了起来。

就这样，全队苦干一个多月，打造了一支"达到国际标准、符合实战要求、具有中国特色"的利比里亚执法警察防暴队，办成了长期想办而没有办成的事。利比里亚将这支150人的防暴队，成建制列为首都快反力量，有效应对了利比里亚大选期间发生的冲突骚乱。联合国驻利比里亚特派团警察总监评价说："中国防暴队为任务区警方提供警务技能培训这一创新模式，非常值得推广。"

这一年，我们敢为人先、敢做善成，实现了为利比里亚打造执法警察防暴队、将勤务覆盖到任务区全境等六个历史突破，确保了联合国长达14年捍卫利国和平的完美收官。

不忘初心，不辱使命。我们无一违纪、无一遣返、无一伤亡，圆满完成了维和使命，为祖国赢得了尊重和赞誉。2018年2月底，防暴队第一批110名队员先期回国，后留分队担负物资上船和闭营回撤任务。这时，我们面临归与留的艰难抉择——

有多少人，想早点回来，看望未曾见面的儿女；

有多少人，想早点回来，祭奠离去的亲人；

有多少人，想早点回来，慰藉翘首以盼的家庭……

但是，我们后留队员把早日团聚的机会留给战友，给自己留下了生死考验，留下了长长的思念。

当时，利比里亚大选刚结束，形势还不稳定。我们的武器已经封装到集装箱，后留30名队员赤手空拳，自身安全面临很大风险。我重新调整警力部署，还特地准备了一把液压钳，随时准备破拆集装箱，取出武器应对紧急情况。

经过1个月坚守，我们终于顺利回到祖国。一下飞机，我就和前来迎接的领导拥抱在一起，说："我把大家都安全地带回来了。"

维和使命已完成，征尘未洗再出发。当前，公安边防部队面临转隶改制，但无论在什么岗位、履行什么职责，我们都永远听党指挥，永远铭记——不忘初心，牢记使命！

（本文为中国第五支赴利比里亚维和警察防暴队先进事迹报告会报告词）

海外党建展厅诞生记

防暴队政工组干事　李亚斌

　　2017 年 6 月 28 日，蒙罗维亚自由港上空风轻云淡，艳阳高照，中国第五支赴利比里亚维和警察防暴队营区人头攒动，热闹非凡。众人簇拥在一间新近粉刷的集装箱房前，目光汇聚在一块被红绸覆盖的匾额上。随着时任中国驻利比里亚大使张越和中国第五支赴利比里亚维和警察防暴队政委陈利华手腕轻轻向下一拉，"海外党建教育展厅" 8 个大字赫然出现在所有来宾的眼前。

　　一时间，掌声、笑声、赞叹声、欢呼声还有全体在场人员深情高亢的《歌唱祖国》歌声交融在一起。作为中国维和警察首个海外党建展厅设计和建设的参与者，我是兴奋的、骄傲的，不是因为工作的阶段性成果得以展现，而是在远离祖国 13000 多千米的西非大地，我和身边的每一个人由衷地感受到了祖国母亲的日益强大，感受到了共产党领导下的中国越来越坚挺的脊梁！

李亚斌（左一）向参观人员介绍海外党建教育展厅建设成果

回想 2017 年 2 月 26 日，我作为防暴队先遣队员到达这个饱受灾难的国家，我对这里的第一印象就是残破——残破的街道、残破的房屋、残破的基础设施以及当地民众残破的心。连年的战争带给这个西非小国太多伤害，相比物质方面的缺乏，我认为更深重的是精神方面的伤害。而联合国维和人员的到来，就是想通过不懈的努力为当地民众带来慰藉和希望，哪怕只是微光，也会激起这个国家对于光明的向往。我和我的战友一直在各个领域为了这个愿望而努力着，日常巡逻、定点驻守、警务培训、文化交流，在蒙罗维亚的每个角落都能寻到中国维和警察的奋斗足迹。不破不立，将营区内的一个废旧仓库建设成为中国维和警察史上首个海外党建教育展厅，也是我们努力改变旧貌的一个缩影。

工程硕士还不懂画图？

"工程硕士还不懂画图？"看似一句战友间的说笑，却成了展厅建设的第一只拦路虎。自从 2017 年 4 月底防暴队向在利比里亚全体华人发出"齐心向党，聚力报国"倡议，确定海外党建教育展厅建设任务后，要把这个由 3 个集装箱连成的旧仓库设计建成什么样子，就成了困扰我们的问题。防暴队里没有建筑装修的专业人才，甚至学过工学的都寥寥无几，我这个消防工程专业的毕业生就自然成了大家认为的"门内汉"。为了不辜负大家的期望，我和战友们抱着"世上无难事，只怕有心人"的决心开始了设计工作。经过不断地学习、请教、讨论、查阅资料、对比选择，在几位国内专业人士的指导帮助下，我们学会了使用软件设计，解决了房屋的不规则结构，克服了无法在利比里亚当地市场采购到所需的建筑装修材料等困难，经过一次又一次的方案否定和重新开始，我们终于拿出了科学合理的设计方案，并得到了使馆领导、国内首长和防暴队战友们的肯定，甚至帮助过我们的室内设计专家也对我们最终的设计方案称赞有加。坚定地踏出第一步，给我和同伴们极大的信心，我们用实际工作响亮地回答大家的疑问："只要肯努力，中国蓝盔个个会画图，而且画得很专业！"

这要是在国内……

"这要是在国内……"说这句话的时候，参与施工的战友们总是一脸的无奈。

在按照设计方案开始紧张的施工建设后，我们每天都被工具、建材、技术支持等问题困扰。尤其是建材问题，在国内看来是最普通的石膏板、PVC 管材、圆筒射灯，甚至是基础的水泥钉、三合板这些材料，在利比里亚的市场上却难寻踪迹；一桶油漆刷完居然再也买不到相同颜色的第二桶；一个筒灯灯泡坏了，想要相同型号的要等 2 周商家从地球的另一端进口……虽然驻利比里亚的中资企业给予了我们很大的帮助，但在展厅建设过程中，我们还是经常因为材料或工具的问题被迫停工。木工陈华武有劲无处使，急得直跺脚；电工侯松林也总是无奈地说，"这要是在国内，我一个电话材料就送到家门口了""这要是在国内，技术人员肯定上门指导施工了""这要是在国内……"是呀，战友们都说，只有到了任务区之后，才真切感觉到了祖国的强大，才深深感受到了作为中华儿女的骄傲和自豪。不过，困难就是用来克服的，没有工具，我们自制；没有材料，我们用替代品；油漆的颜色不对，我们用其他颜色配；没有精确的木工切削工具，我们就手工一点一点地磨出贴遍整个营区的党徽！在驻利比里亚的中资企业师傅的指导下，战友们同心协力，仅用短短的 2 周时间就完成了原计划 1 个月的展厅基础建设工作。

每张展图都会进入我的梦里

在进行基础建设过程中，展厅内的主体内容——展图的设计工作也并行不悖地加紧开展着。要通过有限的篇幅完整地回顾中国共产党领导中国人民作斗争、翻身、富强的伟大过程，更加全面地介绍中国参与联合国事务和中国警察执行联合国维和任务历程，更加真实地展现赴利比里亚维和警察防暴队按照党对军队组织建设的要求开展工作，这些设计的初衷始终是指导我和战友们进行展图编排的主导思路。为了能够达到更好的展示效果，我们挖空心思，绞尽脑汁，在防暴队领导的指导下，经历了前后 11 次修改完善，做到每一个字、每一张图都要达到效果最佳、无可替代的程度。在利比里亚 5 月旱季太阳的炙烤下，展厅的设计者和建设者经常是白天搞基建，汗流浃背；晚上改展图，废寝忘食。战友们没有一个叫苦喊累的，一如既往地把火热的维和激情注入到手头的每项工作之中。有一天上午，倾力于展厅设计建设的战友王霈一边给刚打磨好的木字刷漆，一边对我说："咱们设计的每张展图都会进入我的梦里，昨晚我又梦到改了一段文字介绍。"看着我亲爱的维和好兄弟，我不禁热泪盈眶、暖上心头。最终确定的 27 幅展图，无不展现防暴队每个中华儿女的铮铮铁骨，倾注着驻利比里亚每个华夏子孙对祖国的崇敬和热爱。

防暴队的形象就是中国的形象

在 2 个月的不懈努力下，我们最终完成了展厅设计、建设、装修的全部工作，一个集党史教育、维和警察工作展示、党组织活动开展、党组织会议举办等多种功能为一体的展厅毅然矗立在中国第五支赴利比里亚维和警察防暴队的营区。我们用中国维和警察特有的意志和决心，展现了中国第五支赴利比里亚维和警察防暴队不畏困难、直面挑战的形象。自 2017 年 6 月 28 日正式揭牌并投入使用以来，展厅已先后接待驻利比里亚的中资企业和在利比里亚的华人、利比里亚政府官员、联合国驻利比里亚特派团工作人员等团体和个人参观 50 多次，对 500 多人次开展了党史和爱国主义教育工作，时任中国驻利比里亚大使张越和联合国秘书长特别代表扎里夫先生为展厅题字留念。海外党建教育展厅不仅是中国维和警察防暴队进行党性教育的场所，更是拓展驻利比里亚的中资企业和在利比里亚的华人凝聚爱国力量的强大平台，成为利比里亚一道亮丽的风景。

为期一年的维和任务，回忆过往的点点滴滴，我和战友们无不感觉珍惜和留恋。中国第五支赴利比里亚维和警察防暴队的 140 名队员不辱使命、团结奋进、砥砺前行，创造了一个又一个维和奇迹，海外党建教育展厅的诞生也只是防暴队维和工作的一个小小的缩影，我们会继续努力，保持饱满的精神，斗志昂扬，圆满地完成维和使命，向世界展现中国维和警察的威武形象！

旗帜引领维和新征程

防暴队政工组副组长　马　俊

2017 年 3 月，中国第五支赴利比里亚维和防暴队正式开启为期 1 年的维和任务。进驻任务区以后，面对复杂多变的形势，防暴队坚持党建统领，通过"强自身、搭平台、共创建"的方式，打造了海外党建品牌，树起了旗帜标杆。防暴队党员先锋模范和支部战斗堡垒作用明显，海外党建教育平台和联创联建的成效不断体现，特别是在"齐心向党、聚力报国"倡议下，把分散在利比里亚各地的海外党员凝聚到了一起，形成了中国合力。

强化阵地——旗帜特色鲜明

初到任务区，面对着环境、气候、时差、饮食等因素的影响，如何保持高昂的战斗力成为摆在防暴队党总支面前的一道难题。防暴队按照党对军队组织建设的要求，通过完善党组织建设，充分发挥党员骨干的先锋模范作用，全队上下迅速拧成一股绳，形成强大合力。

在日常政治生活中，党员们通过上党课、升国旗、演讲比赛、重温入党誓词、歌唱祖国等活动深化"两学"，坚定"维护核心、听从指挥"意识，实现了内部管理"零事故"，确保了队伍在海外打得赢、不变质。

在生活中，防暴队针对不同的时间节点，有针对性地开展文体活动，减轻队员的执勤压力。"五一""七一"期间，队里积极组织开展足球、篮球、羽毛球、乒乓球等球类文体活动及警营开放日活动，既放松了队员们的身心、团结了队伍，又对外展示了良好的形象。

针对队员的兴趣特长，防暴队还开设了摄影摄像、书法乐器、中医理疗等兴趣培训班。每个月队里都会给当月过生日的队员举办集体生日晚会，党总支主动慰问帮扶 35 名困难队员，让大家感受到了维和大家庭的氛围，激发了队员们的荣誉感和归属感。同时，为了让队员们吃得好、不想家，防暴队自力更生，克服重重困难，建设了"西非南泥湾"，新建了 3 个猪圈，引进无土栽培技术，使菜篮子丰富了起来。

党员先锋队——旗帜迎风飘扬

"一个党员一面旗帜"，防暴队党总支深知，党员带好头，队伍才会更有劲头。为此，队里设立了14个党员先锋岗、成立了9支党员先锋队。

在执行重大维和勤务中，党员先锋队率先垂范、勇挑重担，始终奋战在最前线。在他们的带领下，全队上下齐心聚力，4个月共开展巡逻234次，出动警力2442人次，实现勤务组织"零失误"。特别是主导推进中国、尼日利亚、利比里亚三方联训，为维和军警开展警务实战培训，并圆满完成西非经济共同体首脑峰会等任务。联合国秘书长特别代表法里德·扎里夫、副特别代表沃尔德马·维里及时任中国驻利比里亚大使张越高度赞誉防暴队的作风和战斗力，可以说是联合国驻利比里亚特派团防暴队的模范标杆。

联创联建——旗帜遍地开花

"海外党建教育展厅的揭牌启用，目的是为在利比里亚的党员搭建实用性更强的党建交流平台，互促互进，凝聚海外华人的爱党报国力量，真正做到'齐心向党、聚力报国'……"2017年"七一"前夕，在首个海外党建教育展厅揭牌仪式暨警营开放日活动上，防暴队党总支书记、政委陈利华如是说。

为将在利比里亚的党员爱党报国的力量汇聚到一起，防暴队积极走访各中资企业，在了解他们存在困难后，提出了"齐心向党、聚力报国"倡议，并以联创联建方式加强交流互助，得到在利比里亚华人的一致赞同。

为让海外共建活动更好地开展，防暴队设计建造了首个海外党建教育展厅和"两学一做"学习教育长廊，创新搭建了海外党建教育平台。通过日常党建活动、情报信息交流和技术物资保障的互补互助，警地党组织在海外实现了深度的融合共建，各自的队伍建设都再上了一个新台阶。进驻任务区后，防暴队主动为大使馆拍摄中利友好宣传片，到江苏省建筑工程集团有限公司、中铁五局集团有限公司等14家中资企业开展"送医上门"服务活动12次，接诊疟疾、伤寒、皮肤病、心血管疾病和胃肠道疾病患者24人，发放抗疟药等日常药品80多盒，有效解决了中资企业防病难、看病慢、治病贵的问题，中资企业7个党支部负责人专程到防暴队送上锦旗致谢。同时，防暴队还帮助使馆、中资企业维修车辆11辆次、空调12台次、发电机5台次，有效保障了中方机构、企业集中精力谋发展、创精品。

　　"中国第五支赴利比里亚维和警察防暴队提出的'齐心向党、聚力报国'倡议，符合在利比里亚各党组织的共同诉求。你们通过以党建为引领的联创联建，将在利比里亚的党员团结凝聚到了一起，形成了富有海外特色的中国合力。实践证明，你们的党建工作走在中国海外各党组织的前列，感谢你们为在利比里亚党建工作打造的优质平台。"时任中国驻利比里亚大使馆党委书记、大使张越如是称赞。

防暴队发出"齐心向党 聚力报国"倡议，与驻利中资企业共同开展重温入党誓词活动

为党 96 岁生日献礼

防暴队行动三分队七小队队长　梁柏杨

迎"七一"升旗仪式

"嘟——嘟——，嘟——嘟——，防暴队起床。"这是一个晴朗的早晨，鸟鸣声伴随着起床的哨音，新的一天开始了。全体队员头戴蓝盔，面向国旗，整齐列队，在雄壮的国歌声中，五星红旗和联合国国旗冉冉升起，在异国他乡的西非大地上高高飘扬，在朝阳的照射下显得格外鲜艳夺目。

眺望东方，万里之外，日出的方向就是家的方向，我的心中充满着对祖国、对家乡的无限思念。今天是我们先遣队抵达利比里亚任务区的第 120 天。来到利比里亚任务区 4 个月以来，巡逻、站岗、训练、帮厨、修缮营房等各类勤务和公差十分繁重，每天都十分忙碌和充实。时间过得特别快，转眼间已近 7 月，"七一"建党节将至，我们将首次在海外执行维和任务中度过"七一"。

开展武装巡逻

根据联合国驻利比里亚特派团下发的巡逻任务书，今天我们七小队承担的任务是前往首都蒙罗维亚市东面的艾尔瓦路沿线及周边区域开展武装巡逻，展示联合国武力的存在，震慑违法犯罪分子，增强利比里亚民众的安全感。

蒙罗维亚主要进城道路是土布曼大道，早上进城的车辆和行人较多，道路十分拥堵，路上遇到最多的是丰田牌小轿车，还有黄色出租车和三轮载客摩托车。当地人交通法规意识淡薄，经常"见缝插针"，随意变道和停车，还有许多小贩在马路中央兜售小商品，交通十分混乱，车队行进得很缓慢。

坐在猛士越野车内，我们始终保持着安全警戒，紧锁车门密切关注过往人员、车辆情况，并通过对讲机时刻保持联系，丝毫不敢松懈。在维和任务区，每一次巡逻勤务都是一场战斗。防暴队政委陈利华要求我们"把每一次勤务当作是自己第一次执勤认真对待，时刻树立'+1'理念，随时做好处置突发事件的准备"。

经过辛科区后，车辆和行人逐渐减少，道路逐渐畅通，绷紧的神经慢慢放松下来，道路两旁树木葱郁，很快我们到达考德维尔镇，离此次巡逻目的地只有半小时的车程了。就在这时，意外发生了。警戒人员注意到路边一名黑人男子面目狰狞，眼睛里充满敌意地望着我们的巡逻车队，突然他手上抓着一个东西朝我们车辆的挡风玻璃砸来。"注意！有不明人员袭击我车队，各车加速前进！"对讲机里传来车长的指令声。车队加速通过了事发路段。此刻我脑海里回想起出国前在中国维和警察培训中心训练演练时模拟车队遇袭情况的处置，此情景第一反应是切忌恋战纠缠，应该加速通过危险路段确保自身安全。当我们路过危险路段后，经检查，发现"袭击者"向我们投掷的不明物体是一块抹布。鉴于其行为未对我们造成伤害，车队继续前往目的地进行巡逻。

在克拉克镇巡逻途中当地小孩向巡逻队员敬礼

半小时后，我们到达巡逻目的地。根据任务书的要求，我们要对附近居民进行走访，了解当地的社会治安状况。看到我们巡逻车队经过时，路上的行人友好地向我们打招呼、竖起大拇指，有的群众还向我们敬礼。每当看到这种情景，我们感到十分温暖和欣慰。巡逻路过村庄时道路两旁经常会遇到成群玩耍的小孩，当看到我们的车队时，他们会不停地摆动小手朝我们招手，一边招手一边微笑地追着车队奔跑。他们的笑容是那样天真无邪，眼睛是那么明亮清澈！利比里亚大部分民众都是十分淳朴的，对联合国人员比较友好。见到我们下车巡逻，当地大人和小孩微笑地朝我们走来，当得知我们是中国维和警察防暴队后高兴地说："Chinese and Liberian are good friends！（中国人民和利比里亚人民是好朋友！）"然后十分热情地向我们介绍当地的情况：失业率高、生活贫困、儿童就学率低、治安状况差，偷盗、抢劫、强奸等违法犯罪活动频发，但由于当地警察力量薄弱，许多犯罪分子得不到应有的惩罚。我们把随车携带的一些饼干、糖果、风油精等送给他们，给予他们些许力所能及的帮助。他们对我们十分感激，有些居民还会用中文向我们说谢谢。

警地共同开展党日活动

在利比里亚有许多中资企业，日常巡逻时我们会定期到中资企业进行走访。今天，我们来到党建联创联建单位重庆外建（集团）有限公司利比里亚公司共同开展党日活动。

"我志愿加入中国共产党，拥护党的纲领，遵守党的章程……"防暴队队员和中资企业党员面对党旗庄严宣誓，重温入党誓词。誓词铿锵有力、饱含深情，也饱含着身处异国他乡的中华儿女对党和祖国的忠诚和热爱。第一次在远离祖国1万多千米的西非大地上面向党旗庄严宣誓，此刻的我心情澎湃，内心十分激动，自豪感油然而生！宣誓完毕后，该公司党支部书记赵正林 —— 一位有着20多年党龄的老党员，也是一名退伍老兵，给大家分享了自己的人生和工作经历。防暴队三分队党支部书记胡泉介绍防暴队党建工作情况，号召大家团结起来，齐心向党，聚力报国！

"海外党旗红，唱响维和歌"歌唱比赛

"五星红旗迎风飘扬，胜利的歌声多么响亮……"下午营区歌声嘹亮，我们进行"海外党旗红，唱响维和歌"迎接建党96周年歌唱比赛，经典歌曲《歌唱祖国》唱出了大家对党、对祖国的无限热爱和感激之情；防暴队队歌《和平守护》表达了全体队员不辱使命、报效国家的拳拳之心。此时此刻，所有队员慷慨激昂、热血沸腾，从内心深处散发出来的是对祖国和人民的由衷热爱，这也是全体队员在维和任务区的真情流露。

此刻，我终于理解了出国前一位维和前辈跟我们说过的话："只有你真正出国维和了，到了那些饱经战乱的国家，你才会感受到'祖国'二字的真正含义，才会更加爱国。"4个月的维和体验，此时我深刻感受到我们是如

此幸运和幸福。我们国家的每一个公民不用面对周边生活环境的艰苦、不用为每天的温饱而发愁，更不用成天面对不知何时发生的危险而担惊受怕。我想，今后我会更加懂得珍惜和感恩。此刻，我为我是一名中国人而自豪，我更为我是一名中国军人而骄傲！

"海外党旗红，唱响维和歌"歌唱比赛

夜幕降临，我们继续前往蒙罗维亚市中心执行夜间武装巡逻任务。巡逻车队闪着警灯，缓慢穿梭于市中心的大街小巷，守护这里的万家灯火，守护来之不易的和平。我们140名防暴队队员的心愿就是让和平之光普照这片西非大地和这里的人们！当蒙罗维亚在夜幕下渐渐安静下来时，我们结束了一天的巡逻任务返回营区。

身处海外，心系祖国，一心向党，牢记党和人民赋予的神圣职责和光荣使命，不忘初心，砥砺前行，忠诚履行维和使命，在平凡而又不平凡的岗位上恪尽职守，努力完成好每一项任务，这就是我们献给党96岁生日的最好礼物！

戴上蓝盔，我们就代表了祖国

防暴队指挥中心参谋　王亚微

> 每个人的生命中，都有最艰难的那一年，而这必将使人生变得美好而辽阔。
>
> ——加布瑞埃拉·泽文《岛上书店》

人的一生有许多选择，学会选择更是人生的一项重大课题。对于中国第五支赴利比里亚维和警察防暴队的140名队员来说，也许从提交维和申请的那一刻开始，就已经做出了无悔的选择，去做一件值得骄傲一辈子的事情，去感悟一段激情燃烧、回味无穷的经历。因为戴上蓝盔，我们就代表了祖国。

戴上蓝盔，我们通过了"国际大考"

2017年1月，我们以全员全科全优的成绩通过了联合国维和甄选评估，保持了"无一起事故，无一人退出，无一人违纪，无一句杂音"，展现了中国防暴队一流的专业技能和职业素养，联合国主考官罗米提先生多次用"Extraordinary（无与伦比）"来形容防暴队的表现，并幽默地说："我将考虑把这支防暴队的训练水平作为将来联合国维和力量评估的新标准。"

回味3个月的强化训练，我们破茧成蝶、淬火成钢，圆满完成了武器射击、警务技能、防暴战术、人群控制等6个模块58项科目的实战训练以及实兵实装模拟对抗演练。烈日映射我们挺拔的军姿，风雪衬托我们顽强的身影，各种酸甜苦辣将维和之路装扮得有滋有味，这一切只属于"维和人"的记忆，只有身处其中的人才懂得。千锤万击还坚劲，任尔东南西北风，我们只为在国际维和舞台上展现大国风采，树立中国警察的形象。

戴上蓝盔，我们创建了异国美丽家园

穷地方、苦地方、建功立业的好地方。也许在很多人的印象中，利比里亚是一个环境恶劣、满目凋敝的国家。然而在我们防暴队队员眼里，这里却是我们施展才华和创造"中国奇迹"的地方。

荒芜贫瘠的土地上，我们发扬"南泥湾"精神，精心呵护一草一木，创新引进无土栽培技术，开辟出生机勃勃的"八桂菜园"。勤务间隙，队员们挖陇打畦，播种育苗，除草浇水，茄子、豆角、黄瓜等10多种中国蔬菜郁郁葱葱。警营的饭菜也许少了一些家乡的味道，但却多了一份大家庭的温暖滋味。在自由港区废弃的码头，我们依稀可以看到战乱的痕迹，锈蚀的塔架陈述着它已经被彻底遗忘。然而防暴队却在乱石中搭起围栏、竖起水泥柱，修整了观光广场、战备码头，搭建了养殖鱼场。傍晚驻足海边或畅谈或垂钓，都会给人一种心情愉悦的感觉，而每周末的捕鱼竞赛又成为我们劈波斩浪、拼搏青春的精神盛宴。围绕营区修葺的巡逻小路，由建筑的废旧木材和碎石铺设，虽狭窄却笔直，两侧干净整洁，走在上面会发出"吱吱"的声响，让人不忍加快脚步，而是慢慢静下来思考。

一首歌中这样唱道："这里是我们共同的家，有我们最美的年华，年轻的梦在这里发芽，走过了春秋冬夏。"这正如防暴队政委陈利华在每月的生日晚会上所说的："我们能够一起站在西非的土地上履行使命，选择人类最伟大的和平事业，就是因为我们有共同的追求，为了共同的目标奋斗。"

戴上蓝盔，我们践行了大国责任担当

我们深知维和行动既是面向任务区的国际作为，又是面向危险前沿的军事行动。驻守利比里亚首都蒙罗维亚市，复杂的政治背景和社会环境使得防暴队官兵面临着前所未有的实战考验，每迈出一步都会经历无法想象的困难。

短短4个月的时间，277次勤务派遣，34943千米行驶里程，4139人次哨位轮换，足以说明我们付出的努力和艰辛。中国、尼日利亚、利比里亚三方联合演练，展示了中国警察防暴队国际化的训练标准和专业技能；西非首脑会议安保，彰显了中国蓝盔在国际维和舞台的光辉形象；对利比里亚警务技能培训，输出了中国的维和理念；千里武装长巡，极大地考验了中国警察防暴队面向艰苦条件的独立保障能力。防暴队队员在"联合国维持和平人员国际日"上代表联合国升起旗帜时的飒爽英姿，使利比里亚总统瑟利夫检阅仪仗队时唯一在中国仪仗队前驻足并留下了微笑。

"无一战斗伤亡、无一违纪、无一遣返"，防暴队凭借高超过硬的行动能力和英勇顽强的精神品质捍卫了中国军人的荣誉，赢得了大国的尊严，彰显了维护世界和平的决心，在西非大地奉献了"中国维和人"的大爱担当！联合国特别代表扎里夫先生盛赞我们这支防暴队"传播了敬业的态度、专业的知识和精湛的技能，感谢中国警察防暴队为和平事业所做的无私奉献"。

戴上蓝盔，我们传播了中国文化友谊

我们时刻牢记一句话：每一个走出国门的中国人，都是世界眼中的中国。作为走出国门的维和军人，防暴队将维和行动看作是展示中国元素、弘扬中华文化的重要窗口。

海外党建教育展厅，传承发展着中国维和事业的文化理念；精心打造的"齐心向党、聚力报国"党建品牌，凝聚了全体在利比里亚的中国人，表达着坚决跟党走的信念和决心。在利比里亚大学孔子学院的课堂上、SKD 体育馆的开馆仪式上，我们的舞龙舞狮精神抖擞、热情洋溢，舞出了巨龙和雄狮的千姿百态；在尼日利亚防暴队的训练场上、联合国驻利比里亚特派团的培训课程里，我们的传统武术行云流水、刚柔并济，承载着中华民族的精神和品质。茶艺、烹饪、书法、音乐，每一项中国元素都在防暴队的营区生根发芽，在西非大地散发魅力，让来访的联合国驻利比里亚特派团、利比里亚政府的官员以及参加警营开放日活动的外国友人频频"点赞"。

当巡逻队员穿越浓密的丛林、越过冲毁的桥梁，祖鲁山区的贫困人民生平第一次见到了不同肤色的人，还给他们带来了饼干、面包，他们知道了我们的名字叫中国军人。当卡里斯伯格贫民窟的孩子拿到一个崭新的足球时，当班加小学的学生拿到卡通样式的书包时，他们学会的第一句汉话就是"中国，你好"。

我们作为文化和友谊的传播者，身处在国际环境下从事这一特殊的外交活动，把传播中国文化作为己任，向外国朋友宣传和推广中华民族的优秀文化，向世界展示着我们的文化软实力，彰显着我们的文化自觉和文化自信。

戴上蓝盔，我们直面了军人奉献牺牲

哪有什么岁月静好，只不过有人负重前行。生长在和平年代的我们戴上蓝盔，出征西非，代表国家执行维和任务，视国家的利益高于一切，视军队的荣誉高于一切，不怕艰难困苦，不怕流血牺牲，这是我们"维和人"的铮铮誓言，融入血脉，刻进筋骨。

虽然我们面对的不是炮火硝烟的战场，没有奋勇杀敌的豪迈气概，但我们已经决定暂别家人，听从祖国的召唤，去一个经历过战争磨难的国家，面对一切的未知。一位维和母亲因离别之痛，而不敢到机场送别踏上征程的儿子；一位维和恋人因相思之情每天吵着闹着，可最后还是独自一人坚守着等待；一位维和老兵因愧疚之心，以相思为砚，以深爱为墨，将对女儿的想念、期待和鼓励写在信中，寄语父爱；15个维和宝宝，从出生的那一刻，还没有享受一次父亲的怀抱；3位维和亲人，没有等到我们的捷报、看到我们的军功章，电话的另一端再也听不到他们的叮咛与骄傲。这又何尝不是一种牺牲。战争年代的牺牲轰轰烈烈，和平时代的牺牲默默无声，而任何一种牺牲又都是不平凡的。

时光的足迹轻盈无声，昨日的故事扬长而去，静静地呼吸，我们并没有陶醉在大西洋的海风里。带着对家人的相思和牵挂，我们踏上了维和的征程；承载着祖国的嘱托与期冀，我们书写着西非大地上的奉献与忠诚。戴上蓝盔，我们已经准备好了继续前行，无论前方是荆棘载途还是康庄大道，我们都无怨无悔，因为我们代表了祖国。

"我们就是战狼"

——和平之师在利比里亚

防暴队政工组干事　陈俊名

经习近平总书记批准，中国第五支赴利比里亚维和警察防暴队由广西壮族自治区公安边防总队独立组建，驻守在利比里亚首都蒙罗维亚任务区。自 2017 年 3 月 11 日进驻任务区以来，防暴队先后圆满完成联合巡逻、日常巡逻、空中巡逻、长途巡逻等多项维和勤务和中国、尼日利亚、利比里亚三方联合训练及西非经济共同体安保等重大任务，其敬业、专业、训练有素、严守纪律和作风优良的形象多次受到中国驻利比里亚大使馆、联合国驻利比里亚特派团和利比里亚政府的高度肯定和好评。这支队伍友善、亲民的形象更是赢得了当地居民的信任与尊重。

由吴京导演的中国军事动作片《战狼 2》成功登顶中国电影票房冠军，引起了国际、国内的广泛关注，而对于远离祖国 13000 多千米、在利比里亚执行维和任务的全体维和警察防暴队队员同样也在关注着这部火热的电影。

我们之所以高度关注，且迫切想观看《战狼 2》，绝不仅仅因其是最为炙手可热的中国军事动作大片，而是其在"中华民族伟大复兴"的时代背景下，激活了每一个中国人的家国情怀，更是全体赴利比里亚维和警察防暴队队员内心深处的呐喊，以血性与担当践行着"中国始终是维护世界和平的坚定力量"的铁血誓言。

《战狼 2》中所体现的疾病肆虐、环境恶劣、治安动荡不正是我们在利比里亚所处的环境么？对于我们这样一群担任"特殊外交官"身份的维和队员来说，我们所履行的职责和使命不仅要维护利比里亚的和平稳定，还要在驻利比里亚的华人困难时，做他们坚强的依靠，为他们的切身利益提供保护。

维护和平，我们在行动

2003 年，利比里亚结束长达 13 年的内战，此后的 14 年时间里，联合国在利比里亚开展维和行动，利比里亚的社会秩序趋于稳定。

2013年10月，中国维和警察防暴队进驻任务区，用实际行动在利比里亚任务区书写着"忠诚、拼搏、团结、奉献"浓墨重彩的一笔，五批维和警察防暴队拼搏奉献，为利比里亚的和平发展付出了巨大的心血和努力。

尽管困难重重，任务艰巨，但中国防暴队从不退缩。因为队员们时刻牢记一句话：每一个走出国门的中国军人，都是世界眼中的中国，每一名执行维和任务的战士，都代表着中国的形象。作为走出国门的维和军人，我们始终牢记"我的形象就是防暴队的形象，防暴队的形象就是中国的形象"，将维和行动看作是展示中国元素，传承和平的重要窗口。

2017年8月9～15日，我们跋山涉水，穿过人迹罕至的原始森林，越过用木桩简单搭建的木桥，历时5天5夜118小时，长途机动1470千米，克服缺乏补给、社会情况复杂、天气炎热、道路不通等困难，赴利比里亚最南端的马里兰州哈勃执行长途巡逻任务。防暴队深入当地原始村落开展联合巡逻，近距离了解当地治安情况和安全形势，震慑周边不法分子。同时，我们还给当地居民带去了饼干、面包、衣服等物品，向当地儿童赠送了足球、文具盒、书包等文体用品。

勤务结束，当执勤车辆渐行渐远时，我们的队员依然能通过后视镜看到哈勃的小朋友追随我们的车辆一路奔跑，并不时地挥舞着小手，嘴里大声地喊着："中国，你好！"此场此景，队员无不为他们的行为所感动，我们只是做了一名维和警察应该做的事，在维持当地和平秩序的同时，给他们提供一些力所能及的帮助。

防暴队凭借其敬业的态度、专业的知识和精湛的技能不断刷新我们在联合国驻利比里亚特派团所保持的各项记录，捍卫了中国警察防暴队的荣誉，赢得了联合国驻利比里亚特派团和利比里亚的尊重，在西非大地贡献着中国力量！利比里亚总统瑟利夫、联合国秘书长特别代表法里德·扎里夫也多次发表讲话，感谢中国维和警察为维护利比里亚和平稳定做出的贡献。

疫情来临，我们在行动

2017年4月，就在我们到达任务区后不久，利比里亚任务区发生了疑似流行性脑膜炎的疫情，共造成30多名当地居民患病，其中13名患者因医治无效而死亡。在蒙罗维亚的1名中国公民也疑似患病死亡，一时间利比里亚中资企业的员工们陷入了恐慌。

在这种危急情况下，维和警察防暴队一级医院的 5 名医疗队员组成"海外党员医疗先锋队"，不仅担负起防暴队营区消杀防疫和日常勤务行动的卫勤保障工作，还主动承担了驻利比里亚的中资企业的卫生防疫和医疗救治工作。

"海外党员医疗先锋队"携带 B 超机、心电图机、半自动生化仪、血糖仪等医疗器械第一时间进入各中资企业，为中资企业员工提供测血糖、血压、心电图、B 超及血液检验等项目检查，指导中资企业进行防疫消杀，给中资企业员工讲解流行性脑膜炎、疟疾、霍乱等常见热带疾病病理及预防方法，并给患病的中资企业员工进行义诊，免费向他们发放青蒿素、蒿甲醚、风油精、快克等常用药品，以缓解他们的心理负担。

中国港湾工程有限责任公司党支部书记陈亮说："在如此紧急的情况下，防暴队主动上门服务，给我们员工进行义诊，并送来了我们急需的药物，让我们备感温暖和亲切。在利比里亚，有这样一支队伍守护我们，我们放心！"

进驻任务区以来，防暴队分别到江苏省建筑工程集团有限公司、中铁五局集团有限公司、中国水利水电第九工程局有限公司、中国港湾工程有限责任公司等 14 家中资企业开展"送医上门"服务活动 22 次，接诊疟疾、伤寒、皮肤病、心血管疾病和胃肠道疾病患者 38 人，发放抗疟药品等日常药品 200 多盒，有效解决了中资企业防病难、看病慢、治病贵的问题，中资企业 7 个党支部负责人专程到防暴队送上锦旗致谢。

疫情来临，防暴队"海外党员先锋队"进入各中资企业服务在利华人

治安恶化，我们在行动

联合国驻利比里亚特派团正在逐步裁撤，利比里亚任务区仅保留包括中国维和警察防暴队在内的最为精干的两支防暴队。而随着维和力量的逐渐减弱，任务区的治安情况也越来越复杂，武装抢劫和入室盗窃案件频发，给驻利比里亚的华人生命财产安全造成了不同程度的威胁。

为此，防暴队定期制作并向驻利比里亚的中资企业和华人华侨发放《利比里亚安全指南》，对近期的安全形势进行评估，让驻利比里亚的华人华侨了解利比里亚当前的社会安全形势和各单位周边的社会情况，指导他们及时做好安全预防工作。同时，在执行日常巡逻勤务中，防暴队还有针对性地加强了对华人聚集区和各中资企业的巡逻力度，有效震慑了当地的不法分子。

针对小偷习惯夜间潜入各企业进行偷盗的情况，防暴队派出专人协助各中资企业安装摄像头，加固围墙和围栏，不断提升厂区安防系统的防护能力。此外，防暴队还利用中午、傍晚和周末等中资企业员工闲暇的时间，派出教官团传授他们安全防护和营区防卫的技战术，以提高驻利比里亚中资企业的安全防范意识，增强他们的自身防范技能。

重庆外建（集团）有限公司利比里亚公司党支部书记赵正林说："在利比里亚，中国防暴队就是我们最强有力的依靠，我们为利比里亚能有这么一支中国维和警队感到骄傲和自豪，有了他们的保驾护航，我们更加安全了。"

党建引领，我们在行动

为将在利比里亚的党员的爱党报国力量汇聚到一起，防暴队提出了"齐心向党、聚力报国"倡议，并以联创联建方式加强交流互助，得到在利比里亚华人的一致赞同。

为让海外共建活动更好地开展，防暴队设计建造了首个海外党建教育展厅和"两学一做"学习教育长廊，创新搭建了海外党建教育平台。党员们通过同上党课、共升国旗、重温入党誓词等活动深化"两学一做"，增强党员归属感，警地党组织在海外实现了深度的融合共进，各自队伍建设均迈上一个新台阶。

"我们开设海外党建教育展厅，目的是为在利比里亚的党员搭建实用性更强的党建交流平台，互促互进，凝聚海外华人的爱党报国力量，真正做到'齐心向党、聚力报国'。"中国第五支赴利比里亚维和警察防暴队临时党总支书记、政委陈利华如是说。

　　"第五支赴利比里亚防暴队提出的'齐心向党、聚力报国'倡议符合在利比里亚各党组织的共同诉求。你们通过以党建为引领的联创联建，将在利比里亚党员团结凝聚到了一起，形成了富有海外特色的中国合力。实践证明，你们的党建工作走在中国海外各党组织的前列，感谢你们为在利比里亚党建工作打造的优质平台。"时任中国驻利比里亚大使馆党委书记、大使张越如是赞誉。

　　正如《战狼2》影片的结尾所描述的画面一样，在镜头缓慢推向一本中国护照的过程中，出现了那么一句引起全国人民共鸣的话——"中华人民共和国公民：当你在海外遭遇危险，不要放弃！请记住，在你身后，有一个强大的祖国！"

　　是的，确实就是那样。

　　或许你会问"战狼精神是什么"。《人民日报》在《评战狼2：中国军人铮铮铁骨已超越西方个人英雄主义》一文中，将"战狼精神"理解为"中国军人身上所展现的家国情怀与赤胆忠诚，早已超越了西方叙事中的个人英雄主义，蕴含着人类命运休戚与共的大爱与大义"。

　　而中国第五支赴利比里亚维和警察防暴队的战狼精神指的又是什么呢？我们的回答是："荣誉至上，使命担当！视国家的利益高于一切，视军队的荣誉高于一切，不怕艰难困苦，不怕流血牺牲。因为我们每一个中国军人心中都有一面屹立不倒的旗帜！"

谱双拥共建华章　铸海外爱民品牌

防暴队政工组干事　陈俊名

中国第五支赴利比里亚维和警察防暴队由广西壮族自治区公安边防总队独立组建，自 2017 年 3 月 11 日进驻任务区以来，防暴队深入学习贯彻习近平总书记系列重要讲话精神，以习近平总书记军民融合和双拥工作重要指示精神为牵引，以"齐心向党，聚力报国"作为海外双拥工作主线，主动服务国家"一带一路"倡议，忠实履行维和使命，将爱民、为民化为自觉行动，用赤子之心在远离祖国 13000 多千米外的利比里亚描绘了一幅海外鱼水情更浓的动人画卷。

防暴队与驻利比里亚的中资企业签署联创联建协议

联创共建筑牢堡垒

利比里亚地处非洲西部，是联合国公布的世界最不发达的国家之一，国土面积 11.1 万平方千米，人口 440 万。内战结束以来，受外部势力的干扰和西方自由民主思想的影响，历史遗留问题较多，难民问题严重，从而造成政局动荡、部族主义严重、民主思潮泛滥、社会环境复杂。为进一步筑牢海外党员的思想根基，将全体在利比里亚的党员爱党报国力量汇聚到一起，防暴队发出了"齐心向党、聚力报国"倡议，并以联创联建方式加强交流和互助。

联创联建是开启海外双拥共建之路的有效途径，防暴队围绕打造海外红色战斗堡垒，以海外警地党组织联创联建为载体，建立"海外党校""海外党员之家"和"海外党日活动场所"，成立"党的十九大宣讲小队"，推进党的十九大精神和党的路线方针政策进中资企业、进工地活动，开展同上党课、共升国旗、重温入党誓词、"三会一课"、观看党的十九大会议盛况、共学共话十九大精神等活动 50 次，参与党员 2500 多人次，在任务区掀起了学习党的十九大精神热潮，巩固党在海外党员心中的地位。同时，防暴队还与各党支部建立点对点帮扶"对子"，通过与中资企业党支部开展同过组织生活、同建基层堡垒、同创维护和平的"三同"联创联建活动，帮助 12 个驻利比里亚党支部实现支部建设规范化，帮助 26 名长期身在利比里亚的党员恢复组织生活，中资企业 9 个支部负责人专程到防暴队送上锦旗致谢。

为让海外共建活动更好地开展，防暴队主动作为，汇聚多方力量，自主设计建造了海外党建教育展厅和"两学一做"学习教育长廊，创新搭建海外党建教育平台，得到中国驻利比里亚大使馆党委的高度肯定，23 家中资企业及近千名华人华侨积极响应和大力支持。在各方的共同努力下，海外党建教育展厅和"两学一做"主题教育长廊历时一个半月正式竣工。

2017 年 6 月 28 日，在防暴队举行的海外党建教育展厅揭牌仪式上，现场参加活动的全体党员在防暴队政委陈利华的带领下，面对党旗郑重地举起右手，重温入党誓词，在异国他乡发出了对党的铮铮誓言，表达了对党忠诚的坚定信念和永跟党走的决心。誓言令人格外振奋、终生难忘，海外党员的归属感和自豪感得到激发。在场党员纷纷表示，海外党建教育展厅是驻利比里亚党员的精神家园，激励广大党员不忘初心、牢记使命、永远奋斗，意义深刻，影响深远。

"海外党建是我们在海外开展各项工作的航标，教育展厅的落成为海外党建工作搭建了平台、树立了标杆。中国第五支赴利比里亚维和警察防暴队的海外联创联建亮点突出，党建工作成效斐然，为加快驻利比里亚的中资企业发展，服务国家整体外交战略提供了强大动力和坚强保证。"时任中国驻利比里亚大使张越如是说。

使命担当守护安宁

根据联合国安理会 2333 号决议，联合国驻利比里亚特派团军事人员已从 1240 人裁减至 434 人，民事警察由 132 人裁撤至 50 人，任务区也仅保留包括中国维和警察防暴队在内的最为精干的两支防暴队。随着维和力量的逐渐减弱，任务区的治安形势越来越复杂，抗议游行和群体性事件不断发生，针对外国人的武装抢劫和入室盗窃案件频发，给驻利比里亚的华人生命财产安全造成了不同程度的威胁。

结合任务区实际，防暴队坚持勤务创新，牵头打造驻利比里亚华人安防工程，按照"集约高效、通报及时、各方受益"的思路，开展"亮警灯保平安"活动，构建情报信息共享机制，与中国驻利比里亚大使馆、在利比里亚中资企业密切联系，广泛物色信息员，收集舆情信息，每月发布安全风险预警，定期对安全形势进行评估，让驻利比里亚的华人华侨及时了解利比里亚的社会安全形势和各单位周边社会信息，指导他们及时做好安防工作。

针对任务区夜间盗窃、抢劫案件频发的情况，防暴队派出专人协助各中资企业安装摄像头，加固围墙和围栏，派出教官团指导开展安全防护技能培训、营区安防演练和知识讲座，强化对地处治安复杂地段的中资企业的巡逻走访，以此来提高驻利比里亚的中资企业的安全防范意识。在利比里亚总统大选前期和各敏感时间节点，防暴队通过对驻利比里亚的中资企业所在地及华人聚集区开展重点巡逻，以此震慑不法分子，提升中国人在利比里亚的生活安全感。进驻任务区以来，防暴队累计协助安装监控探头 90 多个，开展各类安全防护培训和讲座 32 次，培训中资企业人员 300 多人次。

面对任务区复杂的治安形势，防暴队积极建立完善、深入开展与利比里亚国家警察的执法合作，最大程度地保护各中资企业和华人华侨在利比里亚的人身和财产安全，以此来解决警力有限和授权有限的问题。

2017 年 6 月 10 日 18 时许，防暴队接到中国水利水电第九工程局有限公司负责人的求助电话，该公司由于薪酬结算问题导致了劳资纠纷，目前正有 20 多名当地员工持械聚集围攻该公司项目部，当地警局仅派出 2 名警员到现场处置，根本无法控制事态，情况正急剧恶化，随时可能威胁到公司员工的生命财产安全，请求防暴队支援。

接到求助后，防暴队迅速研判事发区域的周边情况，一边向大使馆汇报情况，一边制订应对措施。由于 2016 年 6 月联合国驻利比里亚特派团已将所有执法权限移交至当地政府，所以此类情形不在防暴队的工作授权范围之内。因此，防暴队决定依托与利比里亚国家警察警务合作机制，向利比里亚国家警察总部通报情况并寻求支持，要求其尽快增派警力至事发地，避免事态进一步恶化而造成人员伤亡，确保中方合法权益得到保护。

利比里亚国家警察总部接到防暴队的通报后，立即将该国应急防暴队派遣至现场，仅仅 2 个半小时事件就得到圆满平息，未造成任何人员伤亡及财产损失。事后，该中资企业多次致电感谢防暴队为保护在利比里亚的同胞的利益所做出的突出贡献："有了中国维和警察防暴队的保驾护航，我们在利比里亚感觉越来越安全了，我们为利比里亚有这么一支中国维和警察防暴队感到骄傲和自豪。"

真诚为民心系同胞

2017 年 4 月，利比里亚任务区发生了疑似流行性脑膜炎疫情，疫情共造成 30 多名当地居民患病，其中 13 名患者因医治无效死亡，而在蒙罗维亚的 1 名中国公民也疑似患病死亡，最近的一例死亡病例距离防暴队营区仅 12 千米。这是 2014 年埃博拉疫情暴发以来的最大一次公共卫生事件，一时间驻利比里亚的华人华侨陷入了恐慌。

2017 年 5 月 2 日凌晨 3 时许，防暴队接到驻利比里亚的中资企业九洲沙场的来电，称该企业一名员工突发高烧而产生晕厥，因时处疑似流行性脑膜炎疫情期间，当地各医院都因医疗基础设施落后等而不敢接收治疗，情况十分紧急，只能寻求防暴队一级医院帮助。在这种危急情况下，防暴队迅速启动应急预案，第一时间选派医疗队员连夜赶赴该企业，为该员工提供救治。经过精心治疗，该员工身体各项机能恢复正常，并排除感染流行性脑膜炎的可能。

在疑似流行性脑膜炎疫情期间，防暴队成立"海外党员医疗先锋队"，主动承担了驻利比里亚的中资企业的卫生防疫和医疗救治工作。同时，"海外党员医疗先锋队"携带 B 超机、心电图机、半自动生化仪、血糖仪等医疗器械第一时间进入各中资企业，为中资企业的员工提供血糖、血压、心电图、B 超、血液检验等项目检查，指导中资企业进行防疫消杀，给中资企业员工讲解流行性脑膜炎、疟疾、霍乱等常见热带病病理及预防方法，并给近期患病的中资企业员工进行义诊，免费向员工发放青蒿素、蒿甲醚、复方氨酚烷胺胶囊等常用药品，缓解他们的心理负担。

防暴队始终牢记"为人民服务"的宗旨，进驻任务区以来，先后到江苏省建筑工程集团有限公司、中铁五局集团有限公司、中国水利水电第九工程局有限公司等14家中资企业开展"送医上门"服务活动45次，接诊疟疾、伤寒、皮肤病、心血管疾病和胃肠道疾病患者66人；帮助测量血糖、血压，进行心电图、B超检查，血液检验230人次，发放抗疟药等的日常药品350多盒；开展营区消杀46次，举办健康讲座7次，有效解决了中资企业防病难、看病慢、治病贵的问题。防暴队还帮助中国驻利比里亚大使馆、中资企业维修车辆11辆次、空调12台次、发电机5台次，有效保障了中方机构、企业的正常运转，确保其集中精力谋发展、创精品，为党和国家的战略意图顺利实现贡献自己的力量。

中国港湾工程有限责任公司蒙罗维亚自由港项目部党支部书记冯球林说："防暴队多次上门给我们中国员工开展义诊，还送来了各类药物，我们感到非常温暖和亲切。在利比里亚，有这么一支时时刻刻为我们着想，守护着我们安宁的防暴队，我们工作更踏实了，家人也更放心了！"

驻利比里亚中资企业的支持是保障防暴队圆满完成各项任务的强大后盾。在6次千里长途巡逻武装勤务过程中，各中资机构主动服务防暴队长巡队伍，提供食宿、踩点引路、铺路修桥，生动体现了"军民团结如一人"的鱼水深情。在深化海外双拥共建过程中，驻利比里亚中资企业主动为防暴队营区的建设提供水泥、砖块、沙石料等建材，帮助完成搭建哨楼、猪圈、枪库、无土栽培蔬菜大棚以及营房改造等基础设施建设，为防暴队节约成本20多万元。各驻利比里亚中资企业还在"七一""八一""国庆"等时间节点向防暴队赠送蔬菜、鱼类等农副产品，为队员们改善了伙食、增强了营养。

捍卫世界和平的力量

防暴队行动一分队三小队指导员　李　想

李想在报告会上讲述维和故事

　　我是中国第五支赴利比里亚维和警察防暴队行动一分队三小队指导员李想，也是防暴队的擎旗手。归建回国，很多人问我，你们执行维和任务，是不是像电影那样，和武装分子硬碰硬地干？我回答：“完成使命，我们靠的是中国力量、中国智慧、中国方案。”

　　在利比里亚，我执行了很多任务。2017 年 11 月 2 日的联合巡逻，我记忆犹新。我们小队奉命护卫联合国驻利比里亚特派团军事观察员到曼巴区了解社情民意。当车队驶进狭长的巷道，成百上千人一下子涌了出来。这时，观察员还要求下车察看，我的心提到嗓子眼上。

　　我命令：“警卫组保护观察员，护卫组保护车辆。行动！”队员瞬间展开战斗队形，在观察员周边构筑起警戒圈。黑压压的人群挤压过来，有的高呼谩骂，有的打起侮辱手势。我走在最前面，一边警告："Back，Back！（后退，后退！）"一边拨开人群引导车队前行。

有几个人瞪着眼珠子靠了过来，我用自动步枪敲击防弹衣，警告对方我有武器。在战友掩护下，我引导车队突出重围。突然，一辆三轮摩托车猛冲了过来，战友赶紧拉了我一把，摩托车擦着我的鼻尖冲了过去，我和死神擦肩而过。

我指着巡逻车上的五星红旗大声喊："China，We are China FPU！（中国，我们是中国维和警察防暴队！）"人群这才把注意力落在五星红旗上，缓缓地让开了。我们成功摆脱险境，完成了任务。

背靠伟大祖国，这就是防暴队威慑力的源泉。有一次，我们20名队员前往哈勃市开展武装长途巡逻，途中遭遇了一伙车匪路霸。按照联合国规定，我们使用武力有严格限制。我们下车交涉，严正声明我们是中国维和警察防暴队。对方说，"China，friends！（中国，朋友！）"接着，他们就赶紧让开了。我们常常感叹："不出国，不知国之安宁；不出国，不知国之强大。"

完成使命需要"中国力量"，同样需要"中国智慧"。2018年2月7日，一伙人聚集在联合国驻利比里亚特派团总部示威。上级命令紧急处置，我们火速赶到现场，看到近百号人拉着横幅，高喊口号，极可能演变成骚乱。

联合国驻利比里亚特派团要求我们隐蔽待命，人群一旦冲击，坚决处置。这种"事后灭火"思维，和我们"事前防范"的中国模式发生碰撞。我们研判认为，可以通过武力展示形成威慑，促使人群回到对话轨道上来。

基于我们的科学研判，联合国驻利比里亚特派团对中国防暴队的信任，最终同意采用"事前防范"的处置模式。我们部署了观察哨和狙击手，开展对抗演练，模拟处置人群冲击，轰轰烈烈做给示威人群看。我们演练了一整天，不战而屈人之兵，成功地化解了危机。联合国驻利比里亚特派团对处置突发事件的"中国智慧"高度赞誉，认为我们为联合国维和警队树立了更高标准。

"授人以鱼，不如授人以渔"。2017年8月，经过联合国驻利比里亚特派团授权，我们防暴队培训利比里亚国家警察，让他们依靠自身力量维护秩序。这，是我们履行维和使命的一个"中国方案"。

万事开头难。刚开始，不少学员非常散漫。一名叫詹姆斯的学员，是利比里亚国家警察学院教官，比较有威信。他经常迟到，还随意接听电话。虽然我是要人警卫科目教官，但我尊重他，和他谈心。我说："詹姆斯教官，中国军警纪律严明，训练时绝对不允许使用手机。"

同为教官，詹姆斯将心比心，再也没有在训练时接电话。有一次，詹姆斯训练时中暑，我给他找来解暑药。从此，再遇到我，他都会拍着我肩膀对同事说："Our brother！（我们的兄弟！）"

你把非洲人民当兄弟，非洲人民就把你当兄弟。詹姆斯成了我的"粉丝"，他带动学员认真训练，实现了从"要我练"到"我要练"的转变。一名脚趾受伤的学员，生怕落下一节课，一瘸一拐照样坚持下来。

我非常感动，决心倾我所能教好这些非洲兄弟。有一次，我示范出枪基础动作，右手迅速掏出手枪提至胸前，左右手协同操作，"咔嚓"一声拉套筒上膛，顺势将枪送出，呈据枪射击姿势……学员们热烈鼓掌，高声说"Professionalism（专业）"。

有耕耘就有收获。2017年9月22日，利比里亚国家警察总部举办结业典礼，利比里亚政府、联合国驻利比里亚特派团和中国驻利比里亚大使馆共同检验培训成果。詹姆斯作为学员代表发言，他说："中国真心帮助我们，谢谢你们！我要特别感谢，我的教官李想。"他用特殊的方式，请我接受致敬。我站起来敬礼，全场掌声雷动。这一刻，我从内心深处感受到，"中国方案"是受到非洲人民欢迎的。

"中国方案""中国智慧""中国力量"，在完成维和使命中得到充分体现。这一切，是因为有党的正确领导，因为祖国日益强大。我作为防暴队的擎旗手，升起过五星红旗，升起过联合国会旗。当我挥舞队旗走下飞机，自豪地走在归建队伍最前面时，看到了南宁机场到处飘扬的五星红旗，心中有千言万语，但最想高声呐喊："祖国，我爱您！"

（本文为中国第五支赴利比里亚维和警察防暴队先进事迹报告会报告词）

跟巡记

防暴队指挥中心执勤官　史　静

2017 年 4 月 30 日，我有幸跟随值勤小队外出执行巡逻任务，往返车程耗时 10 多小时。途中亲身体验了战斗队员执勤的辛苦，亲眼看见了利比里亚人民的生活状态。

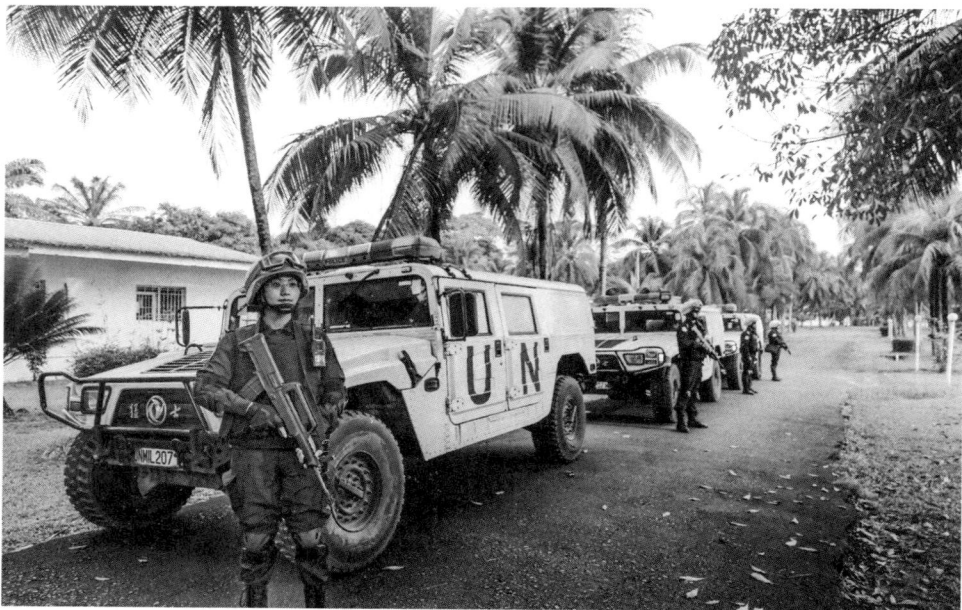

史静跟巡执勤

因为路途较远，所以队伍早晨 7 时就启程了。最初的几个小时，我们新鲜感颇强，挨着窗户坐下，一直好奇地瞧着窗外，想好好看看蒙罗维亚清晨的街道和行人。2017 年 3 月 11 日，从罗伯茨国际机场赶赴营区，横穿整个蒙罗维亚，当时粗粗浏览了蒙罗维亚的概貌，觉得它的城市面貌和经济状况还比不上国内一个普通的县城。因为时间还早，街上车辆、行人不是很多，有三两个人在晨跑，有人头顶商品准备兜售，有商家正拉开店铺的门准备营业，甚至有人就站在路边朝着草丛小便。

　　我参与修订蒙罗维亚地图，翻译了整个城市市区及周边建筑的名字，对蒙罗维亚的城市构造和很多建筑都了然于心。现在乘车穿行在蒙罗维亚大街上，不觉主动寻找记忆中印象深刻的建筑，当看到加百利·塔克大桥不过是长不到百米、宽不到 5 米的"小桥"，"stop & shop supermarket"也仅有一层而已，我内心被蒙罗维亚的落后震撼。蒙罗维亚街头最多的建筑是低矮的房屋，高大气派的建筑寥寥无几，一路上看到的最高的楼不超过 10 层。炎热的天气里，行人面不改色地在街上缓步前进，代步工具多是破旧的日本牌子的汽车，掉漆严重的黄三轮、出租车里塞满了乘客，慢慢悠悠地行驶在拥堵的街上。按常理来说，首都代表了一个国家文明和经济的制高点，但是利比里亚的首都都贫困如此，那其他的城市又能发达到哪里去。

史静与当地儿童互动

　　车队驶进蒙罗维亚最大的农贸市场——红灯区市场，街道两边被各种小贩摊位占满，叫卖花花绿绿的衣服、小饰品、杧果、牛油果以及比肉还金贵的绿色蔬菜，人群熙熙攘攘，当地居民在挑选中意的商品，时不时和商贩讨价还价。把装满东西的箩筐或袋子顶在头上，似乎是蒙罗维亚街头一道常见的风景，据观察，街上头顶东西的多是没有摊位的小贩，他们把冰水、苹果、杧果等小物品顶在头上，形成"移动摊位"，遇人就兜售自己的商品。除了"移动摊位"，市场里的景象与国内普通的乡镇集市很相似。在红灯区市场，我注意到路边站着一个约莫 10 岁的小男孩，头上顶着袋装的冰水，有点茫然无措地站着。他看着我们的车，目光与我交汇，我冲他友好地笑了笑，他立即害羞地低下头去，但是马上又抬起头，大方地笑着向我挥手。这是当地人比较热情大方的地方，我们中国人天性含蓄内敛，孩童碰到这种情形很可能会一头扎进旁边亲人的怀里，不好意思直视陌生人。

我们的车队由 5 辆车组成，其中 3 辆装甲车、1 辆中巴车和 1 辆越野车，车身上都有 UN 标志，车队一字排开，浩浩荡荡，震慑力极强，这种规模即使在国内也会引人注目，在蒙罗维亚街头更是引起大量居民的惊呼。当地人对我们的态度大都很友好，笑着冲我们招手，还有竖大拇指的，因为他们知道我们代表了联合国，是来帮助他们的，我们的枪口也绝不会对着他们。

车队驶出蒙罗维亚市区进入郊区，天很蓝，云很低，绿色植被繁茂，但是城市踪迹难寻，更多的是三三两两错落着的像是临时搭建的低矮的民居，用泥墙围一圈，顶着一层薄薄的混凝土板或一堆茅草，就是一户人家。这时候已经是上午 11 时多了，连续坐车 4 个多小时，腰酸背僵，身体的疲惫提醒着我：机关有机关的辛苦，基层有基层的不易。

当我们驶进蒙罗维亚郊外的一处热带雨林，对贫困的认知再次被刷新。我们的车艰难地攀爬过一个又一个长而坎坷的坡道，冲过接二连三积满泥水的路坑，溅起一人多高的泥水花，我明白，以往防暴队宣讲的事迹都是真的，在这样的环境里执行任务，如果车辆半途出现故障，那真是叫天天不应，叫地地不灵。更让我们震惊的是雨林深处居然有人家，他们看到我们的车队，异常惊喜，大人远远地冲我们挥手，小孩成群结队跟着车队跑。但无论是大人还是孩子，都向我们做了同样的动作：手心向上朝我们伸出手，嘴里喊着钱、食物、水。还有孩子双手做出拿食物往嘴里送的动作，我知道他们是在朝我们要钱、食物和饮用水，心里震撼而同情，但是联合国有文件规定，我们不能私自给当地人物品。对于善良的中国人来说，面对弱者却不能伸出援手，良心会受到煎熬，会比需要帮助的弱者更痛苦。

在返程的途中，我们又困又乏，很多队员都睡着了，但是我一直看着窗外，从太阳西垂到红霞满天，再到繁星点点，路上没有路灯，车辆稀少，行人很多，为安全起见，所有车辆开着双闪灯低速行驶。我睁大双眼，努力寻找现代文明里万家灯火的气息，无奈只有星星点点昏黄的灯光，甚至时有火光闪过。明明是晚饭时间，却不见有人家升起炊烟，当地人三三两两坐在屋外纳凉。想起在国内，老师跟我们讲，因为缺少食物，利比里亚人每天只吃两餐，看来是真的了。

据了解，1989～2003年利比里亚爆发内战，十多万人丧生，国库被掏空，经济跌入谷底，民不聊生。在利比里亚的居民区都有一个共同点，当地人多为青壮年和儿童，老人少不可见，而这个现象正是由内战造成的，太多的人死于那场内战。

在这样一个贫困而落后的国家执行维和任务，免不了拿这里的方方面面与国内比，看到这种巨大的差距，越发觉得国内千好万好。当我们穿戴整齐，吃自己想吃的饭菜，跟家人朋友谈论理想，并有可能去实现理想，这才是幸福，也是文明社会的一种基本必然性。念及此，我越发觉得此次参加维和经历对我意义重大，不仅增加生命的厚度，而且最重要的是，明白我在国内拥有的一切，都会让身在利比里亚维和的我倍加珍视。

马丁·路德·金在个人演讲中多次提到他有一个梦想，希望黑人民族平等。现在，我也有一个与黑人有关的梦想，我梦想我们努力守护的这个国度，所有人民能通过自己的努力拼搏，尽快过上富足的生活；梦想他们有饭吃、有衣穿，梦想孩子都有学上；梦想他们手心向上伸出手，是给予，而不再是索要。这个国家可能要10年、20年甚至更久才能实现这个梦想，但是有梦想总是好的，梦想是一种盼头，是开创未来的动力。

泥泞险途，我的联合巡逻之旅

防暴队行动三分队九小队翻译　周子尉

2017 年 9 月 11 日早上 6 时，淅沥的雨声终于停了，乌云消散之后，露出清澈的蓝天。

我们早早起床洗漱，穿戴装备，准备自热米饭。根据联合国驻利比里亚特派团下达的任务书，此次联合巡逻的目的地是博米州的加岩希尔镇，往返路程有 100 多千米。路程看似不远，但这可不像国内有高速公路，要途经森林、山地、高坡，不明路况多，用指导员的话说："我们很有可能要在非洲原始森林里风餐露宿了。"我参加过好几次联合巡逻，但跨州还是第一次。况且利比里亚总统大选进入白热化阶段，街道上随处可见党派候选人的竞选海报，游行人群涌动，形势可谓扑朔迷离。

根据与军事观察员约好的时间和地点，8 时整，巡逻小队出发前往联合国驻利比里亚特派团星基地（联合国驻利比里亚特派团后勤基地）。碰面后，我们拿出地图，简要沟通了此次联合巡逻的路线。军事观察员的任务是对加岩希尔镇官员及居民进行走访，了解当地治安状况和总统大选形势，而我们主要提供武装保护和安全警戒。巡逻车队从星基地出发，经蒙特塞拉多州一路向北，向目的地博米州驶去。

进驻任务区近 200 天，我明白危险并非天天有，而是来自一瞬间。在外执行勤务时必须专业、谨慎，不能有半点疏忽。车队经过杜拉市场时，迎面遇上多支游行队伍，路口有多名交警在指挥交通。每支游行队伍约 100 人，游行人员高举标语，情绪高昂。杜拉市场是蒙罗维亚最大的商品交易市场之一，过往车辆和行人密集，我们坐在车上时刻关注着过往人群的动态，保持警戒态势。根据军事观察员的指令，车队立即换用备用路线，避免与游行人群发生正面冲突。

跨过圣保罗河大桥，视野才渐渐开阔起来，车队继续前行。往远处眺望，我们看到的是一望无垠的树丛、草地、香蕉林和棕榈林，绿色从低到高，从缓至陡，层层递进，一直延伸向远方。一路上，当地居民看见中国维和警察防暴队的巡逻车队，对着车窗挥手和微笑致意，露出真诚的笑容，就像雨后温润的微风，从车窗外拂过我的脸庞。这是一片经过战火践踏的土地，但人们对于幸福生活的期盼永不止息。

再往北行驶，道路前侧出现一个路牌，上面写着"Welcome to Bomi（欢迎来到博米州）"，经过3个小时颠簸，我们终于抵达目的地——博米州。不过，要前往加岩希尔镇，还要经过一段山路，那里树木茂密，人烟罕至，很少看到车辆。水泥路也变成泥泞的土路，道路刚好可以通过一辆车，而且遍布凹凸不平的泥坑，被雨水浸泡后变得松软，同时会出现一些深不可测的"小池塘"。车队的行进速度明显放缓，连绵不断的山坡上好几处地方铺设有桥梁，但都是年久失修的木桥。出于安全考虑，我们采用人车分离的方法逐一通过。

临近12时，我们抵达了此次联合巡逻的目的地——加岩希尔镇。看见联合国的巡逻车队开进村庄，就像老朋友来访，村民们纷纷挥手微笑表示欢迎。加岩希尔镇虽说是镇，但更像一个村落，人口约4250人，镇上只有1个诊所，且诊所内只有护士，没有医生，缺乏药品，医疗卫生条件恶劣。我站在小山坡眺望，镇里找不到一座两层楼以上的建筑，均是低矮的平房。当地的小朋友开始还有些害怕，慢慢就围过来绕着车辆左右打量，和我们微笑聊天，纯真的脸露出羞涩的笑容，如同盛开在非洲大地上的香草花！

结束对加岩希尔镇的走访，我们开始返程，村民们站在路口向我们挥手道别，透过车窗，他们脸上那温暖的笑容变成涓涓细流，一直在我心窝流淌。虽然彼此的语言、民族和肤色不同，但微笑是世界通用语言。笑容比任何语句都要真实、强烈，更能表达善意和友谊。

"有缘千里来相会，再见了朋友们！"我对着村民们挥手告别。

巡逻日记

防暴队指挥中心主任　王振江

5月，利比里亚进入雨季，大雨每晚如约而至，冲洗蒙罗维亚的每个角落，早晨的长空如洗，新日耀眼。2017年5月11日，我带领三分队八小队的队员开展日常巡逻任务，目的地是距营区110多千米的邦州邦镇。

参巡队员6时30分起床，整理内务、检查车辆、准备巡逻保障物资、吃早餐、领取弹药，队员们紧张而有序地完成所有程序。8时10分，3辆猛士准时从营区出发，向目的地行进。

城区的道路如往日一般拥堵，行人和满载客人的三轮车如游鱼般在车辆的夹缝中穿行，头顶各式商品的小贩在车流人群中灵活地扭转身躯，机敏地寻找商机。我们的车辆驶进人流车流中，车身上的UN标识硕大显眼，所有人驻足观望，不知是在对维和人员投来注目礼还是对陌生肤色的一种好奇。

出了城区，路上的行人和车辆明显减少，我们紧张的心情也稍微放松。车队经过广阔平静的圣保罗河，阳光照耀着河面，折射出粼粼波光。圣保罗河发源于几内亚高原南麓，蜿蜒流经利比里亚，最终汇入大西洋。这条古老的河流见证了数不清的文明跌宕，养育了沿岸的百姓，见证了历代子民的幸福与痛苦。

9时，我们途径20世纪70年代威廉·理查德·托尔伯特总统的官邸，曾经的辉煌与骄傲已消逝在历史的长河中，留下的只有眼前的凋敝与破败。

9时40分，巡逻车队进入蒙特塞拉多州州府所在地本森维尔。这里是19世纪初美国黑奴解放后移居到利比里亚的第一站。无数黑人抱着开创新家园的希冀，漂洋过海，回到祖先的土地，他们照搬美国的立法、行政、司法的三权分立体制，试图创造第二个辉煌的"美利坚"。时光飞逝，100多年过去了，我们眼前只剩下1个卫生院、1所学校、1个教堂，还有一条未修建完成的沥青路。

10时，巡逻车队经过利比里亚大学新校区，这所学校由中国于2006年援建。想知道一个国家的未来，那就看教育所处的地位。利比里亚大学新校区崭新而时尚，操场上的学生朝气蓬勃，教室里的读书声朗朗动听，这一切，让我们看到了利比里亚未来的希望。往前走不远，又看到了中国援建的蒙邦公路，这条路的路况远优于其他任何一条，全长 180 千米，路面铺设沥青，双向单车道，平坦而通畅。车队行驶在这条道路上，没有飞沙扬起，视野开阔，我切身感受到祖国的强大以及对非洲兄弟慷慨而实际的援助。

10 时 10 分，车队经过总统候选人尤瑞的私人庄园，据说庄园内养了许多牛、马、鳄鱼等动物，他是前总统泰勒时期的海事局局长，在当地有较大的影响力，当选呼声较高。

2003 年，利比里亚长达 13 年的内战结束，此后多年，在联合国的帮助下，利比里亚社会秩序趋于稳定。利比里亚人民饱受战争摧残，有人失去至亲，有人背井离乡，切身经历了战争的血腥与残酷，现在只希望国家和平，希望过上舒适体面的生活。我们维和人员为守护他们的希望、维护和平而来，几批维和警察防暴队更替，付出了巨大的心血与努力，看着当地人从容地走在街上，努力地谋生，脸上写着对未来的憧憬，我们的任何辛苦和付出都是值得的。

距离目的地最后的 10 千米是上山的沙石路，坡陡路弯，地面坑坑洼洼，车辆颠簸得厉害，队员们始终保持高度戒备，防护装备不离身，枪不离手。我也警惕地盯着窗外，因为我知道这一带的抢劫偷盗十分平常，我们要随时做好准备。

王振江（左三）巡逻期间带队走访当地警察局

11 时 50 分，我们到达此次巡逻的目的地——邦镇，在中利联投资邦矿有限公司的所在地，在与邦矿负责人交流之后我了解到，原邦矿是德国 1962 年兴建，1989 年因利比里亚内战撤走。中资企业中利联投资邦矿有限公司于 2010 年进驻该矿区，矿区面积 600 平方千米，投资 5.5 亿美元。2013 年 8 月开始生产，业务繁忙时有上千员工，为当地提供了大量的就业岗位。而 2015 年 9 月全球经济下行，铁矿石价格巨幅下跌，公司停产至今尚未恢复。因物资看管、设备维护的需要，公司现还雇佣了 100 多名当地人维持基本运转。因矿区面积太大，经常会发生偷盗事件，一些机器设备也遭到破坏，对今后恢复生产造成了很大影响，当地一些社会闲散人员也常来惹事。了解到这些，我让队员拉响了汽车警报，部分队员与我一道下车持枪徒步巡逻。警报声回荡在矿区山谷，表明联合国的维和力量正在履行着他们的使命，违法犯罪不能为所欲为。既然选择了伟大的事业，我们就不惧怕与邪恶势力对抗，山间一脚深一脚浅的足迹是中国警察对世界和平的庄严承诺。

18 时 30 分，我们回到营地，结束了白天的巡逻任务，行程 240 千米，用时 10 多个小时。炊事班端上了可口的饭菜，队员们开始狼吞虎咽起来，不仅是因为肚子饿了，还因为晚上的夜巡即将开始。

一路西巡——承载和平使命

防暴队指挥中心行动官　李　涛

随着利比里亚总统大选日益临近，按照联合国驻利比里亚特派团的统一部署，中国第五支赴利比里亚维和警察防暴队7月重装上阵，再度出击，对利比里亚西部博米州、大角山州、巴波卢州开展武装长巡。期间，执勤小队风餐露宿，与危桥险路搏斗、与烈日暴雨较量，在野外宿营3天，总行程近600千米，走访了土伯曼堡、罗伯茨港、博普鲁等州府警察局、移民局、医院等执法医疗机构，巡查了联合国驻利比里亚特派团原分部营区、飞机场、边境通外路桥等重要部位。同时，与各州州长、执法机构负责人进行座谈，实地了解当地安全形势与当局治安管控能力，为大选期间有针对性地加强各州安保措施提供了重要的参考借鉴和工作建议。

"泛首都"的艰险行军路

执勤区域博米州、大角山州、巴波卢州位于利比里亚西部，与首都蒙罗维亚所在的蒙特塞拉多州接连相通，但由于经济落后，巡逻途中罕见硬化路面，多为崎岖山路，行车一路便"历险"一路。尤其是正值雨季，山地道路上三步一坑、五步一洼，积水最深处几乎能淹没半个车身！每每通过一处狭长泥泞的险坡和只有车身宽的简易木桥，全体队员都全力以赴——人车分离、逐车通过、侦察护卫、指挥引导、报告通联，将之比喻为一场战斗一点也不为过。虽然土伯曼堡与博普鲁相距仅50千米，行车用时却超过4小时。当执勤车队行至距离博普鲁20千米处的一座危桥时，附近村庄10多名当地青年男子冲上前来挡在桥头，企图强行索要物品。防暴队冷静判明情况，果断下令处置，警戒队员迅速按预案展开护卫战术，对人群施以语言警告与武力展示，有效震慑其进一步的企图，护卫车队安全通过险桥。这样的险情仅仅是此次长巡行军的一个缩影。

风餐露宿的苦与乐

天色渐黑，土伯曼堡的一处废弃营区升起袅袅炊烟，这里是执勤小队的临

泥泞的巡逻道路

时宿营地。执勤期间，队员们每天早上 7 时从营地准点出发，冒雨执行长达 12
个小时的巡逻勤务，路上饿了啃几口压缩干粮，渴了就喝几口凉开水，防弹头盔、
防弹背心、武器弹药从不离身，每人负重 20 多千克，雨中的身影始终坚毅挺拔。
安排好岗哨警卫后，队员来不及脱下身上湿透的警服，就又按分工有序地忙碌
起来，清理场地、消杀环境、搭建帐篷、检修车辆、生火烧水……随着一团暖
融融的篝火点燃，大家的话匣子随即打开，久无人声的野地里"热闹"了起来。
干捞方便面、老干妈炒自热米饭、榨菜蛋花汤……防暴队从来不缺多才多艺的
队员，就连每天一顿的速热米饭都做得花样百出，营地的空气中弥漫着别样的
战地欢乐。

州长湿润的眼眶

2015 年开始陆续裁撤军警力量之后，联合国驻利比里亚特派团首次组织防
暴队深入这 3 个州的行政区域开展长途武装巡逻。车队路过乡镇村庄时，沿途
群众纷纷驻足观望、挥手致意，各州官员对长巡小队的冒雨到访更是难掩感激
之情。在主街道仅有 300 米长，建筑物屈指可数的博普鲁，巴波卢州的官员们
早早翘首等候。车队刚刚停稳，州长便将执勤队员们"拉"进简陋的会议室，
倾诉当地政府的"困境"——交通闭塞、通信手段匮乏、执法基础条件极差，

甚至警员制服都无法得到保障，导致无法有效管控治安，犯罪率不断攀升，请求执勤小队通过联合国驻利比里亚特派团向利比里亚政府高层反映情况，协助解决迫切的困难，以确保总统大选期间该地区安全稳定。话到深处，州长声音颤抖，眼眶依稀泛起了泪光，那一刻，仿佛风雨无阻的中国维和警察防暴队是他们坚强的依靠……

　　西部长巡勤务已经结束，但年轻的队员们知道维护和平的使命一直在路上。

防暴队在博米州走访当地政府

在非洲雨都体验缺水的生活

防暴队指挥中心主任　王振江

晚上9时30分，我结束夜跑，绕着营区散步，想借着蒙罗维亚的晚风消消汗。走到集体洗漱间外，一个端着洗漱用品的队员走出来，脸上和头发上却没有清洗过的痕迹，看到我，他马上站定问好。

"咋了，又没水了？"

"是的，主任！"

我穿过洗衣房来到洗手池，装着脏衣服的脸盆在池内一字排开，池内不见半点水迹，拧开水龙头，只有气流的"嘶嘶"声。

维和队员给拉水车装水

不远处的厨房边，几名队员正在把接着蓄水罐的水管拉向海边。

我看看手机：2017年9月15日——来任务区6个月了，但是营区已经陆续停水91天了。

走到营区东北角的满洲里哨下，两个蓄水量为10吨的水袋已经空了。

这时，突然起风，有雨滴落在后颈，激起一身鸡皮疙瘩，不到 5 秒钟，大雨滂沱，不多时，营区就浸在一汪水中，天地被密布的水线连起来。

5 月，蒙罗维亚就进入了雨季，暴雨每晚如期而至，恨不得下到天地融为一片，然而，不在蒙罗维亚，谁也不会相信，在年降水量为 5000 毫米的蒙罗维亚，市政却三天两头停水。

因此，"找水"成了我们维和期间的一项重要工作。

利比里亚持续了 13 年的内战，彻底摧毁了该国的公共设施，供水系统也未幸免，至今未得以修复。

战争产生的大量垃圾污染了淡水资源，导致地表水无法饮用，而利比里亚衰弱的经济无力建设净水公司，首都的供水能力很差，只能保证少数政府机关的日常用水。

这两个原因致使利比里亚的自来水少而贵，10 吨水需 100 美元。驻地公司或企业在营院自挖深水井使用，而当地普通民众无钱购水又没有深水井，只能直接饮用没有经过净化的地表水。

还好，联合国驻利比里亚特派团专门为所属部队及工作人员设置了拉水点，距离我们营区 20 千米。

"咚咚咚……"敲门声打断了我的思考，是二小队的小队长覃朗来签派车单。

"报告主任，我们明早驾驶两辆拉水车，8 时外出拉水。"队里每天派出 2 辆车外出拉水 2 趟，每辆拉水车可承载 10 吨。

"好的，辛苦了，注意安全。"

每天，全队 140 人吃饭、洗衣、洗澡，浇灌 700 平方米的菜地，饲养 10 头猪，共需水 35 吨。队里目前有 3 个蓄水袋，10 个蓄水罐，总蓄水量为 70 吨，可满足全队 2 天的用水需求。

16 日上午 9 时许，指挥中心向我报告外出拉水车辆出现故障，无法继续行驶，现抛锚于距离营区 15 千米处的三区基地。担心的事情终究还是发生了，我们现在使用的车辆均服役近 5 年，再加上这里路况极差，更加速了车辆的损耗，因此外出车辆出现故障是常有的事。

"马上派出 2 个车辆维修小组前去修车，务必确保修复！"我们只有 2 辆拉水车，今天的用水全指望它们了。

正常情况下，2 辆拉水车可以在上午和下午各拉 1 次水，像今天的状况以前也经常出现。

10 时，修理组与拉水小队汇合。

11 时，修理组排除车辆故障，队伍继续前往拉水点。

12 时，拉水车取水完毕，启程返回营区。

拉水车返回途中碰到堵车，只能缓慢挪动，原本 2 小时的路程足足走了 3 个小时。

20 吨水徐徐注入蓄水袋，翘首以盼的厨师立即开始取水做饭，即将开展夜间巡逻任务的分队也着手准备勤务期间的饮用水。然而，20 吨水只能撑到第二天早上，"搬运工"们匆匆吃过午饭又出发了。

每天，队员们开展勤务训练、全副武装外出执勤、修建蔬菜大棚、维修车辆电器……尽管现在是雨季，但是偶尔晴天的时候，赤道附近的太阳炙烤着大地，队员们常常浑身是汗，衣服上结了一道又一道汗碱。

有几次午饭后，我走在营区里，有队员身穿制式背心，坐在马扎上和家里视频，当被问到"为什么只穿背心"时，每次听到的回答都是"因为短袖和外套上全是污渍与汗渍，怕家里看到会担心，所以干脆不穿"。

因为缺水，队里规定每晚 9～10 时开放澡堂，队员抓紧时间洗澡洗衣服，为了节水，其余时间均为停水状态，这期间只有厨房和医院两个重要地方供水。

也正是由于水资源紧缺，队员们的节水意识变得更强：收集雨水浇菜，用海水冲厕所，换下的脏衣服能手洗就不用洗衣机洗……

每天，队员们站岗、做饭、值班、执勤、修修补补，忙忙碌碌，勤勤恳恳，但从未听到他们叫苦喊累，也从未抱怨过。

很多时候，我听见他们在跟家人视频的时候，都乐呵呵地说"我在这里很好，什么都不缺"。

很多时候，我问他们后不后悔选择这么辛苦的路，每一次他们都斩钉截铁地说"很珍惜这来之不易的维和机会"。

我看到越来越多的队员渐渐"以队为家，苦中作乐"，我既心疼他们，又感到欣慰，正是因为他们的任劳任怨、甘于奉献，才能圆满完成一项又一项维和勤务。

正当我陷入沉思的时候，覃朗又过来签派车单。

"报告主任，营区用水告急，我们明天还要外出拉水。"

……

祖国，今天我为您升旗

防暴队行动一分队三小队指导员　李　想

清晨6时10分，利比里亚首都蒙罗维亚还沉浸在一片静谧，清晨的第一缕曙光刚刚映入眼帘，大西洋海畔的中国维和警察防暴队营地里正在举行升旗仪式，100多名防暴队队员警容严整、庄严肃立，面向旗杆的方向，我肩扛国旗，站在升旗队伍之中。"齐步——走！""一步、两步……"我心中默数，一共38步。下肩、松索、挂杆……准备就绪，"升国旗，奏国歌！"甩旗、敬礼、拉绳索，动作一气呵成，五星红旗伴着雄壮的乐曲缓缓上升，我的思绪也随着那一抹鲜红飘向天空、飘过大洋……

我叫李想，出生在祖国首都北京，父母都是军人。妈妈告诉我，我出生以后，爸爸总说："等孩子再大点儿，就带他去天安门广场看升旗仪式，这是最好的人生第一课。"

至今我还清晰地记得那一天，幼小的我和父母来到天安门广场。记得当时，一轮明月仍挂在天边，但广场早已是人山人海，虽然秋风萧瑟，却吹不散人们的热情，华灯之下是一张张自豪而庄重的脸庞，我躲在母亲温暖的怀抱中，略有些不解地望着这一切。伴着《歌唱祖国》的雄壮旋律响起，我看到英姿挺拔的国旗护卫队员排着整齐的队伍，踏着矫健的步伐走向升旗台。当国歌奏响，国旗在初升的晨光中缓缓上升，人们齐声高唱《义勇军进行曲》，旋律回荡在广场上空。我抬头望向父母，惊讶地发现平时不善言辞的父亲，眼中似乎闪烁着晶莹的泪光，这一刻，生为一名中国人的自豪感在我幼小的心中开始萌芽。我下定决心："升旗的解放军叔叔真帅呀，我也要当解放军！"

那一天，在晨光中飘扬的国旗，成了我心中永难忘怀的壮丽景象。

高中毕业以后，我跟随父母的步伐，从军入伍，实现了儿时的梦想，成为驻守在祖国西南边陲的一名军人。到单位的第一年，正值中越开展共建友好活动，共创平安边境，在中越边境上两国边防部队举办了一场盛大的活动，我非常荣幸地参加了，并担任仪仗队的执行队长。

那时训练很辛苦，为达到最佳的效果，一天训练七八个小时是常有的事，手上磨出了泡、鞋底踢出了洞、喉咙也变得沙哑，但战友们没有一个喊苦喊累，大家只有一个共同的心愿：要为祖国增光添彩。带着这份信念，我站在了南疆雄关——友谊关城楼下。那一天，在中国广西凭祥，中越两国来宾齐聚一堂，场面庄严肃穆。我手握军刀，踢着正步，向国旗献礼。当我望着五星红旗缓缓升起，在巍峨的群山间高高飘扬，思绪又回到了儿时，在天安门广场看升旗的那个清晨……

这一天，边境线上飘扬的国旗，让我感受到了一名中国军人的荣誉与使命！

2016年，广西壮族自治区公安边防总队独立组建中国第五支赴利比里亚维和警察防暴队，我毫不犹豫地报名参加，经历重重考核选拔，光荣地成了中国维和警察防暴队的一员。来到异国他乡，我们面临着许许多多的困难，远离祖国亲人、陌生的语言文化、动荡的社会形势，还有艰苦的生活条件，但我们每天都准时面向祖国的方向，迎着朝阳举行升旗仪式。每当望着五星红旗在营区上空飘扬，我们就充满了战胜一切困难、完成维和使命的信心。5月29日被联合国确定为国际维和人员日，我作为中国防暴队方阵的一员，参加了联合国驻利比里亚特派团检阅仪式，并荣幸地担任升旗手。

这天，正处雨季的蒙罗维亚万里晴空、骄阳似火，来自5个不同国家的

防暴队队员在联合国维和人员日活动中担任旗手

维和人员齐聚联合国驻利比里亚特派团总部的广场，接受联合国秘书长特别代表和利比里亚总统的检阅。当我手捧着联合国旗帜，笔直地站立在旗杆下，感觉时间仿佛停止了，但胸中却是心潮涌动。我默念着为维和事业献出生命的中国维和先烈的名字，回想着自己参与维和以来的所见所闻，紧紧地将天蓝色的联合国旗帜握在手中。当联合国国歌奏响的那一刻，我熟练地拉动绳索，看着旗帜缓缓上升，在心中大声地呼喊：我，一名中国军人，一名中国维和警察，今天，为世界和平而升旗！为祖国升旗！

一面旗帜，象征着一段历史，代表着一种精神。而五星红旗就是我们炎黄子孙永恒的精神依托。今天，虽然我们远在相隔祖国万里之遥的西非，但是只要我们营区飘扬着五星红旗，我们中国维和警察就能够团结一心、拼搏奋斗，战胜一切困难，完成祖国赋予的神圣使命。

激情岁月　奋斗不止

防暴队行动二分队五小队战斗队员　张前明

时间，三维空间里最神奇的一维。时间领着你不停往前跑，当你以为跑了很远，背景应该已经完全模糊时，蓦然回首，却总会惊叹发生的一切仍犹如隔日，那些关于青春和梦想的点滴仿佛就在昨天，回想起那些沉淀的岁月带给自己的感动依然常在。

维和路好比长征，充满了艰难险阻。今天是我离开工作单位踏上维和征程的第 122 天，也是抵达利比里亚维和任务区的第 122 天。出征前夕，队员们面对的是亲人的牵挂和担忧，带着的是对妻子、恋人的无限眷恋，当然也包括各种不理解。维和期间，有的队员经历了孩子的出生、亲人的离去，喜悦和悲伤让我们想马上离开这里，去分享、分担，曾经也彷徨过，犹豫过，但是我们没有打退堂鼓，没有离开这个光荣的队伍，因为我们在为同一个梦想奋斗，那就是"维和梦"。

维和选拔，梦想启程的地方

9 月的南国，骄阳烈日。千余名八桂子弟在国旗下集合，接受祖国与组织的选拔。那一天看着一张张陌生的面孔，但我心里却没有丝毫距离感，因为我们心中都有一个头戴贝雷帽为国出征的"维和梦"。通过层层的选拔和考核，我有幸来到了武警学院维和培训中心。岁末寒冬，冰天雪地、雾霾重重，这是培训中心给我的第一印象，但是我们没有畏惧、没有退缩，纵你数九寒天，我亦激情似火，面对每天不一样的训练科目及近十个小时的训练时间，很多队员都有些吃不消。每当训练场上进行战术训练时，队员们被冻得满脸通红，牙齿咯吱咯吱响，手不停地发抖，但是队员们没有畏惧严寒，一次一次地把标准的战术动作体现得淋漓尽致。每当在冰天雪地下进行射击训练时，队员们不知穿了多少双袜子、多少件绒衣绒裤，但是依然抵挡不住寒冷的天气，头盔上的雪花积了一层又一层，枪支上的准星已经被雪花覆盖得模糊不清，但当休息时小队领导给队员们端上暖暖的姜汤，此时此刻再冷的天气也抵挡不住这炙热的情感。

每当在沙尘严重的天气下进行人群控制科目训练时，训练场上的队员们如同在沙漠中行军一样，大风中夹着尘土一轮一轮刮到队员的衣服及脸上、鼻子上，嘴巴满是沙土，但是越是这样的天气越能激起斗志，队员们用一次次专业及完美的配合克服了天气，感动了教员，征服了考官，以全员全科全优的优秀成绩通过维和选拔。

第一次在空中飞行了近22个小时，我们安全抵达利比里亚首都蒙罗维亚机场，从下飞机的那一刻我忘却了劳顿、时差和疲惫，心中只有一个想法，自己选择的路，跪着也要走完，而且还要走出精彩。

默默坚守，拼写梦想的图画

"23：55，帕里哨交接完毕；00：20，蓝卫宇队长及张宏副队长查哨；00：25，小队巡岗员王振国巡查至修理厂后方；00：28，巡岗员王振国巡查至帕里哨位置并与我对答了口令，我提醒他注意防蛇；00：35，发现帕里哨位正前方的水井有一名黑人男子在洗澡；01：05，帕里哨外围停车场发现有一名着长衣长裤及水鞋、头戴鸭舌帽的黑人男子向我稍微东张西望"。这是一名普通战斗队员站岗时记录下的哨位周边情况，维和任务既光荣又艰巨。

我想起《士兵突击》里的一句话——光荣在于平淡，艰巨在于漫长。在过去的100多天的日子里，在夜深人静时，在心情低落时，在哨位上守候漫长的黑夜时，不知多少次，我们的思绪也开始涌动，想念国内的家人，想念家乡的一草一木；不知多少次，当体能已经到达极限时，当眼皮已经不受控制时，当身躯已经疲惫无法挺直时，当新伤老伤折磨身体时，我们还是靠着信念、相互鼓励地坚持着；也不知多少队员，不能见证亲朋好友人生中最重要的时刻，不能在亲人遇到困难时助一臂之力，不能在新生儿降生时陪在妻子身边，不能看那位自己最在乎的人最后一眼。但是收拾收拾心情，拍拍身上的灰尘，眺望无边无际的大西洋，我们每一名队员都默默选择了坚持，选择了以饱满昂扬的斗志迎接新的一天，投入新的任务，选择了用正能量来驱散阻挡在我们前行路上的阴霾，而把对家人的种种牵挂、愧疚、遗憾深埋心底。

铭记感恩，不忘初心继续前行

走出国门，更能深刻体会到，无论我们身处何方，我们都有一个共同的身份——中国人。5月28日，端午佳节即将到来，防暴队在使馆的邀请下在中国大使馆内与海外华人齐聚一堂，大家站在"齐心向党、聚力报国"的交流平台上，让我们在远离祖国万里之外也能感受到家的温暖，当与会的全体人员共唱《歌唱祖国》时，再一次让我感受到祖国的强大，此时我的眼眶已经控制不住地湿润了。5月29日，联合国维和人员日，防暴队仪仗队应邀参加，我们在泛非大厦接受联合国驻利比里亚特派团和利比里亚政府及总统的检阅。炎炎烈日，闷热难耐，活动时间长达3个小时，一旁的利比里亚部队方阵的指挥员都差点晕倒，但是我们中国防暴队仪仗队的每一名队员依然屹立如山丝毫不动，自始至终都保持着挺拔的军姿。活动结束时，尼日利亚防暴队的一名指挥员特意走到我们身边树大拇指说道："China, good job.（中国，好样的。）"

利比里亚总统就职典礼，我们应急备勤

防暴队行动二分队四小队小队长　吴茂辉

2018 年 1 月 22 日上午，利比里亚新任总统、前世界足球先生乔治·维阿，在首都蒙罗维亚中国援建的 SKD 体育场举行隆重的就职典礼。此次典礼备受瞩目，许多外国政府首脑、高级政要和外交使团出席，习近平主席特使、国家卫生和计划生育委员会主任应邀参加。为保证典礼的顺利进行，蒙罗维亚市区许多交通要道关闭，当地政府派遣了大批军警到现场维护秩序。联合国驻利比里亚特派团预测，因活动参加人员众多，极有可能引发混乱，一些别有用心的犯罪分子还会趁机实施盗窃和抢劫。

联合国驻利比里亚特派团命令中国防暴队派出一个行动分队，前往联合国驻利比里亚特派团总部泛非大厦执行应急备勤任务，以保护联合国驻利比里亚特派团人员、设施安全，其余人员在营区待命，随时做好应对各种突发事件的准备。

上午 7 时，我行动分队集合完毕，荷枪实弹，乘坐猛士越野车 2 辆、装甲车和防暴运兵车各 1 辆，准时从营区出发。

由于交通管制，营区至联合国驻利比里亚特派团总部路段人车稀少，道路通畅，20 分钟左右我们就提前到达了目的地。联合国驻利比里亚特派团防暴办负责人奇兰向我们下达了行动任务，并简要通报了目前就职典礼的基本情况。领受任务后，我们迅速按既定方案对联利团总部泛非大厦主楼、附属区域、应急撤离点等重要场所主要出入口、哨塔岗亭、制高点等进行定点部署，并在内部区域组织徒步巡逻，加强警戒，强化机动支援力量，确保警卫区域全覆盖。

旱季的蒙罗维亚炎热少雨，天气闷热，空气像着了火一样，全副武装的我们汗流浃背，异常难受。但不论天气多么恶劣，我们始终坚守着自己的岗位，警容严整，精神振奋，警惕地观察着周围的一切。

8 时 20 分，防暴办下达了预先号令。据利比里亚国家警察通报，乔治·维阿的支持者非常狂热，前一天晚上就有大量未持入场券的群众聚集在体育场附近，试图在当天第一时间混入会场参加典礼。SKD 体育场设计容量为 22000 人，而今天到场的参会人员约有 40000 人，虽然执勤军警做了很多努力，但拥挤的人群还是在入场时发生了意外，造成体育场 2 扇大门损坏并有多名群众受伤。据利比里亚国家行动中心证实，现场有 50 多人受伤，其中已有 9 名受伤群众被送往肯尼迪 JKF 医院，另有其他数名受伤人员被送往艾尔瓦医院。为防止事态进一步扩大，利比里亚国家警察局已增派人员前往体育场维持秩序，联合国驻利比里亚特派团也要求中国防暴队迅速做好准备，随时待命，前往支援。

防暴队队员在联合国驻利比里亚特派团总部泛非大厦主楼进出口严阵以待

接到命令后，防暴队立即进行战前动员，应急备勤分队也迅速做好了执行人群控制紧急救援任务的准备。为了能在第一时间获得情报信息，我们在不断和防暴队指挥中心通联的同时，还通过网络直播密切关注现场情况。时间一分一秒地流逝，在当地军警的共同努力下，混乱的局面逐渐得到了控制，就职典礼顺利举行并取得了成功。

在乔治·维阿的就职仪式中，有两个镜头让我印象深刻。一个是乔治·维阿用中文"谢谢"向中国表示感谢的镜头。他说："对中国，我想说'谢谢（中文）'，我将坚定不移地支持'一个中国的原则'，中国是利比里亚最值得信赖的伙伴之一，我希望我在任期内能继续发展与中国的友好关系。"他还说："我们现在所在的体育场就是中国援建的项目，这里是我的足球启蒙之地，它不仅是中利友谊的纪念碑，也是利比里亚人民和平、和解的象征。"另一个是现场安保人员维持会场秩序的镜头。视频里，我发现有两名安保人员是我们去年培训的利比里亚国家警察。当时，防暴队为提高利比里亚国家警察在总统大选期间的安保能力，有针对性地为 150 名国家警察进行了人群控制、要人警卫、大型活动安保等 9 个科目的培训。从今天对现场的管控能力来看，他们学有所成，运用得非常好。

下午 3 时 30 分，此次任务在利比里亚总统就职典礼的顺利闭幕中圆满结束了，联合国驻利比里亚特派团防暴办对我们雷厉风行的战斗作风和专业周密的勤务组织给予了高度肯定。今天，对于联合国和利比里亚来说是个重要的日子，球王乔治·维阿从执政长达 12 年之久的前总统瑟利夫手中接过了总统权力，这不仅标志着该国自 1944 年以来首次实现了政权的和平交替，也标志着联合国在利比里亚的维和行动取得了圆满成功。

希望这位"球星总统"在接管权力后，能将自己的辉煌从球场延续到政坛上，尽快实现其消除腐败，为人民提供更好的生活、就业和教育机会的竞选承诺，带领利比里亚人民走出贫穷与落后，早日走向富裕与辉煌。

瞄准镜里守护和平

防暴队行动一分队一小队战斗队员　王荣华

狙击手，战场上不可预测的变数，他的一发子弹有可能改变整个局势的走向；狙击手，既可能是杀人无形的冷血猎人，也有可能是献身和平的热血卫士。而我有幸成为中国第五支赴利比里亚维和警察防暴队的一名狙击手。

清晨，蒙罗维亚的天空特别湛蓝，柔和的霞光照耀着非洲这片广袤的大地，让人几乎忘却了这里曾是饱经战乱的国度。

联利团下达演练指令，"驻利维和部队、中国防暴队与尼日利亚防暴队密切协同，迅速转移机动处置突发情况。中国防暴队负责联合国利比里亚特派团官员转移护卫工作"。一阵急促的警报划破长空，部队迅速集结、整装待发。此次我们参与联合国驻利比里亚特派团联合演练的任务背景设置为利比里亚大选全面铺开，任务区安全局势恶化。

我仔细地检查着手中的狙击枪，这曾经陪伴我执行多次任务的"老战友"，装上瞄准镜后，我迅速跃上装甲车，跟随行动分队一起奔赴任务目的地。此时天边阳光穿透云层，照耀着营区上空飘扬的五星红旗和联合国旗帜。我转头眺望，内心的责任感、使命感更加强烈。

演练就是实战！

按照既定任务部署，我登上联合国利比里亚特派团总部泛非大厦的制高点，占领1号狙击位，城市全景尽收眼底。利比里亚内战虽已结束多年，但战争留下的印记还未褪去，破败的建筑、墙上的弹孔向人们述说着战争的残酷。来不及细想，我迅速做好伪装，开始对我警戒的目标区域进行侦察。随后，尼日利亚、利比里亚军方狙击手也相继进入战位。

不知不觉已至中午，地表温度飙升至40多摄氏度，厚重的防弹衣让我几乎透不过气来，全身上下都湿透，汗水顺着脸颊流入眼睛，感到火辣辣的痛。

3个小时后，撤离人员陆续到位，联合国秘书长特别代表扎里夫先生到场观摩演练。我睁大眼睛不断向目标区域搜索扫描，发现1名手提黑包、四处张望的可疑男子试图接近要员，形迹可疑。

"101！101！狙1号呼叫，要员2点钟方向50米处，发现1名可疑男子，请立即查看、立即查看！"

"狙1号，密切观察，如若发生突发情况，可随机决断，但要保证要员绝对安全。"101通过对讲机下达指令。

"收到，保证完成任务！"我的视线穿过瞄准镜锁定目标，我根据多年的经验，现场判断风向为东南风4级，风速每秒6米，距离嫌疑人200米，立即调整好密位，随时准备扣动扳机的右手食指，缓缓移向扳机……

一念一动，关乎生死。我全神贯注，顿时感觉世界寂静下来，只剩下瞄准镜中的目标，还有那穿透我耳膜的呼吸声。我的精神高度紧绷，如果可疑男子有任何危险举动，对讲机一旦下达指令，我将毫不犹豫扣动扳机，完成这神圣而艰巨的任务！

温度不断攀升，汗水一滴滴划过脸颊……

可疑男子不断向警戒区靠近，机动组的队友迅速成战术队形上前对男子进行识别盘查。

"狙1号注意，经核实，此人身份已确认，他是联合国利比里亚特派团为配合演练派来的未事先告知的假想蓝军，现已被我方控制，险情解除。"

我心里一块石头落了地，手中"老战友"的握把早已沾满汗水。

一刻钟后，联合国利比里亚特派团安全主管走到我身前，竖起大拇指对我说："中国维和警察狙击手，专业！"

4个多小时后，紧急撤离演练工作终于圆满地落下了帷幕。包括特别代表在内的众多联合国利比里亚特派团高层，都对中国防暴队的专业表现和敬业精神给予了高度评价，称中国防暴队是联合国利比里亚特派团最为可靠的武装力量，并对中国防暴队为利比里亚和平稳定做出的贡献致以衷心感谢。

任务结束，装甲车驶回营区，五星红旗再次映入眼帘。我擦拭手中心爱的狙击枪，卸下瞄准镜，小心翼翼地将它放入枪包。在远离祖国13000千米的西非，我们追逐着蓝色的维和梦，在维护世界和平的伟大事业之中，我们永远记得在五星红旗下承诺的誓言。

宁巴州萨尼克莱维和长巡记

防暴队行动三分队分队长　马　幸

　　说到非洲，很多人首先想到的是炎热和干旱，而位于非洲西海岸的利比里亚维和任务区绝对是个"奇葩"，这里没有春夏秋冬之分，一年只有2个季节——雨季和旱季。

　　在刚到达任务区后的雨季，我们行动三分队接到了联合国利比里亚特派团的长巡任务。去的地方比较远，是宁巴州的萨尼克莱市，从任务书上看，三天两夜的行程安排非常紧凑：第一天与尼日利亚防暴队一同前往邦加搭建营地并开展巡逻勤务，第二天前往萨尼克莱市和几内亚边境耶科帕，第三天安排与当地的警察会面并返回。由于是首次执行长巡任务，大家显得非常兴奋，准备得也非常充分。但是，没想到这次应是一马平川、一帆风顺的"长征之行"，一路上却充满各种"意外"和"反转"，情节之精彩，可媲美好莱坞大片。

　　登车之前，我们认真对携带的武器、装备、物资又重新检查了一遍。记不清是第几次检查了，但是在维和任务区，不管检查多少次都不为过。因为一旦出了营区进行巡逻，除了手头的物资，没有任何的补给支撑。尤其是这次长巡，要穿越上百千米的原始森林，如果发生意外，只能靠储备应对。

　　巡逻车辆已经在营区门口等着我们，一同等着我们的，还有未出勤的所有领导和队员。这是防暴队的惯例：长巡前列队送行，完成任务后列队欢迎。在维和任务区，不管距离长短，每次执行勤务就是一场战斗，谁都不知道会遇到什么困难和挑战。就像前几天，在距离营区不远的蒙罗维亚市中心，发生当地人员拦截我巡逻车队并向车辆扔不明物体的事件。原来，当巡逻车队巡逻至蒙罗维亚市中心路段时，突然一名男子跑到马路中间拦住车队的去路，经过多次警告后，该男子仍不离开。当巡逻队员准备下车劝离该男子时，他突然朝猛士车扔不明物体并迅速逃离，车队指挥员当机立断，快速通过该区域。事后，发现该男子扔向我车队的不明物体是块抹布，队员们有惊无险，顺利完成了巡逻任务。

　　从蒙罗维亚一路驰骋至邦州准备进入邦加市时，车队突然报告前方有上百名群众向我巡逻车队奔跑而来，车队减速后，道路两旁的人群不时有人拍打车前盖和车窗，非常激动和兴奋。这场景让车上的每名队员都紧紧握住枪支，脸上的表情紧张而凝重，随时准备应对突发情况。由于人数太多，道路已无法通行。

正当我们一筹莫展时，一名当地荷枪实弹的警察向我们走来，通过交流得知，原来是总统候选人乔治·维阿的 3000 名支持者正在游行集会，所以导致交通不畅。

在车上等了近 1 个小时，车队像蜗牛一样前进。根据指挥中心传来的消息，今天的游行集会是总统大选前的造势，是和平集会。总统大选在即，各方势力都在明里暗里互相角力，游行集会活动经常举行。好在战乱重建后的人们明白和平来之不易，所以游行集会活动虽多，但相对来说比较有秩序。像今天这种游行，人群并无混乱甚至骚乱局面。车外黑压压全是人群，看来车队要通过还得等上一些时间。

好不容易通过游行的人群，在前往邦加联合国营地的路上我们犯了难。首次长巡，邦加市对我们来说完全陌生，从地图上看通往邦加市主路旁 1 千米的联合国营地有道路可以通行，但当车队前行至离营地 300 米的地方却发现道路已被雨水淹没，而且无法判断积水的深浅，不知车辆是否能够通过。

在经过短暂商议和请示后，我们决定先派一辆车况较好的车在前方探路，万一不能通过再想办法把车拖回，这样可以减少风险。当前导车驶入水路中时，每一名队员都感到忐忑，当看到前导车跌跌跄跄通过水路时，大家不约而同地开始欢呼。

到达邦加联合国营地时已是 14 时 30 分，通过实地考察发现营地只有 2 个空余的房间，最多只能容纳一个小队居住。经过简单交流后，我们决定把这两个房间留给尼日利亚防暴队队友，而我们则落脚在一个当地的中资企业。长巡出发前我们已做好预案并提前与河南国际合作集团有限公司驻邦加项目部负责人鹿经理进行了联系。指挥员向指挥中心报告行进路线并得到准许回复后，我们继续驶向我们今晚的宿营地。

从邦加联合国营地出来已是下午 3 时，午餐吃的是随身携带的联合国应急食品，这种单兵食品里面有面包、饼干、巧克力、燕麦片、咖啡等。按照联合国利比里亚特派团的要求，每月有 2～3 天我们必须消耗应急食品。刚到任务区时吃着挺有味道，一旦吃多就索然无味。在维和任务区，食物的标准不是以美味来衡量，而是以吃饱为标准。对比利比里亚当地居民的生活，我想起管仲说的"仓廪实而知礼节，衣食足而知荣辱"，非常符合我们所处的环境。

匆匆填饱肚子后，我们向河南国际合作集团有限公司驻邦加项目部继续前进。到达营地后，我们立即搭建宿营帐篷。相比邦加联合国营地，我们不用再担心会风餐露宿，鹿经理给我们15人安排了4间铺就水泥地面且带空调的活动板房，在营区外能享受这种待遇已极为奢侈。利比里亚基础设施落后程度远超想象，当地居民大多居住的是泥土房。经过简短分工后，所有队员各自忙开了，队员们开始消杀、搭帐篷、放置武器和行李、整理个人物品。

完成帐篷搭建后，有队员长长地舒了口气，感叹道："晚上我们在这可以美美地睡上一觉了！"在中资企业宿营，不仅是环境相对较好，更重要的是感觉很踏实，如同在异国他乡有归属感。

晚餐后我们开始在邦加市各街道巡逻。虽然车内空调已开到最大，但是我们都身着厚重的装备，队员们都觉得热不可耐，还是雨季时的那种闷热，全身冒汗、掌心发热、太阳穴隐隐作痛，有一种胸闷欲吐的感觉，但出于安全考虑，车窗是绝对不允许打开的。

第一次出现在当地居民的眼里，他们比较茫然。也许对于他们来说，习惯了尼日利亚防暴队（尼日利亚防暴队之前驻扎在邦加联合国营地，2017年3月转移至首都蒙罗维亚）的巡逻，当看到我们威武的猛士车和军姿严整的队伍，他们的眼神有敬畏、有羡慕、有疑惑。这种心情我能理解，就像小时候在家里看见警察叔叔时的那种神情。

后来知道我们来自中国后，他们很快就与我们热络起来。在他们的印象中，中国往往象征着友好与和平。巡逻的后期，很多小孩子甚至主动给我们当起了向导，嘟噜着浓重的非洲口音的英语，吵得耳朵有些受不了。但是我的心里很享受，甚至感到有点温暖和感动。

第二天闹钟响起，我们迅速醒来，匆匆吃了鹿经理为我们精心准备的早餐，驱车前往帕拉拉镇与尼日利亚防暴队会合。当我们赶到指定地点时，尼日利亚防暴队刚好也赶到，一同驱车前往宁巴州萨尼克莱市和几内亚边境耶科帕。

行进中发现车窗外云层逐渐变厚，不时有闪电出现，一道道光划破天空，黑沉沉的乌云显得更加压抑。没过多久，豆大的雨点像冰雹一样砸向我们的猛士车。虽然天公不作美，但我们依然顶着暴雨向目的地驶进，所有队员都憧憬着接下来的经历，当然还有沿路美丽的风景。

中尼联合巡逻小队在前往萨尼克莱路上穿过原始森林

　　从邦州帕拉拉镇到萨尼克莱市约 100 千米，我们在雨中的泥路上穿越原始森林，走了 3 个多小时。到达萨尼克莱市时，天空已放晴。我们和尼日利亚防暴队队员前往当地警察局走访。通过走访，我们了解到萨尼克莱市治安状况总体稳定，犯罪率较低，总统大选对当地居民日常生活影响不大，由于人口较少且分散，游行集会活动并不多，规模也不大。

　　在走访过程中，当地警察局长邀请我们前往警察局旁的州立小学进行参观。经过简单准备，我们带上书包、足球跟随警察局长前往萨尼克莱州立小学。看到我们，不时有小学生呼喊："China！ China！（中国！中国！）"迎接我们的是州立小学校长，简单介绍情况后，校长带我们来到一、二年级的教室。由于教室数量不足，学校不得不安排一、二年级的学生共用一间教室，老师给一年级学生上课时，二年级学生则被安排写作业或做练习。校长向学生介绍和说明我们的来意后，教室里的学生开始向我们打招呼，我们的队员也开始教他们说简单的中文，如"中国""谢谢""你好""再见"等。把足球和书包捐赠给学生过程中，我们把中利两国国旗和联合国旗帜进行了分发，看着整个教室都飘扬的国旗和联合国旗，伴随着学生天真烂漫的笑容，每名队员都为之动容。这让我感觉到这里孩子心里的快乐也许与物质的丰裕没有必然联系，这些孩子们打着赤脚、没有书包却天天上学，他们一样可以在阳光中充满欢声笑语。

离别萨尼克莱州立小学后，我们继续向耶科帕前进，地图显示从萨尼克莱到耶科帕有 34 千米，几乎全是原始森林。从进入这片原始森林开始，突发状况接踵而至。先是通信完全中断。我们手机使用的是利比里亚本地的 4G 卡，在蒙罗维亚信号还算好，但前一天离开蒙罗维亚后，信号开始时断时续，今天一进入原始森林就信号全无；车载电台也没用，距离营区太远波段达不到；海事卫星电话由于雨季云层太厚，从开始进入森林时的信号断断续续到现在也"罢工"了。我们完全与外界"失联"。

这片原始森林树木不算太高，但面积很大，道路全是纯天然的泥路，在雨季绝对考验车辆性能，越是往森林深处走越是提心吊胆，万一车辆出问题，我们必然面临"前不着村、后不着店"的尴尬。车队在原始森林中慢慢行进，偶尔能遇见摩托车从车队后面超过。沿途美丽的原始森林美景并未让我们有所放松，正在我们忐忑时，前方终于出现了一个集市，我们便向集市中的人们打听地名。"耶科帕，我们终于到达了耶科帕！"对讲机里传来了激动的欢呼声，手机也恢复了信号。完成与指挥中心的情况报告后，我们顾不上休整继续向几内亚边境驶去。

"前导车报告，我们现在离几内亚边境 10 千米。"

正当我们为即将到达目的地兴高采烈时，对讲机里传来了一阵急促的声音："前导车 20709 报告，车辆出现故障，请求随车修理工进行修理！"

这如同晴天霹雳，马上就要到达我们此行的目的地几内亚边境，车辆却在这原始森林中"趴窝"，但幸运的是天空已放晴，我们可以通过海事卫星电话与营区联系上。我们一边向指挥中心报告情况一边焦急等待着修理工能带来好消息。原始森林可怕的地方在于不仅处处有泥潭，野生动物更是多，绿曼巴蛇、蟒蛇、蝮蛇等蛇类不少，鳄鱼、豹子、猩猩等攻击性动物也时常有所耳闻。部署在车队周围的防御队形不停对周边情况进行警戒，但发动机修理了老半天，它仍然"我自岿然不动"。

经排查，修理工发现是发动机中的风扇零件损坏，我们当机立断用猛士车拖运故障车辆返回宿营地，同时与营区联系安排专人送配件至邦加宿营地。经与随行的长巡负责人和尼日利亚防暴队沟通，最终确定联合长巡小队返回邦加。为了减轻重量，我们都挤到了前面的猛士车上。由于车辆长时间行驶，加上雨季路况差、车辆零件磨损较严重，装备车辆时而会出现故障。尽管我们从国内出发前已采购了充足的零配件，但在远离营区的地方也只能依靠后方支援。

车队以时速 20 千米的速度在泥路上缓慢地向邦加开进，之前只知道修车是个技术活，其实拖车更是考验驾驶员的技术，还有拖车与被拖车驾驶员的配合默契程度。前拖车速度不能太快，否则被拖车在过水坑或泥潭时会承受突然拉扯的张力，关键是让拖车与被拖车速度保持一致，受地形、拐弯、上下坡等因素影响，拖车与被拖车驾驶员必须随时保持对讲机通联和随机应变。

下午 6 时，夜幕降临，我们不得不面临新的安全问题。拖车与被拖车通过拖车绳保持动力前进，万一有车辆插入车队怎么办？如果不能杜绝此情况的发生，必然会发生交通事故。经过反复研究，我们将反光背心缠绕在拖车绳上，这样即使在黑夜中，路过的车辆也会提前发现两车间的拖车绳。

晚上 9 时当我们到达宿营地时，队友们已将配件从蒙罗维亚送达宿营地。进入河南国际合作集团有限公司驻邦加项目部大门的那刻，有队员眼里依稀泛出了泪光。

第三天一早我们接到通知，邦加警方因工作安排取消会面。早餐过后，我们开始收拾行李，与鹿经理及其员工们进行了简短的告别后，我们与尼日利亚防暴队踏上了返程的旅途。

当车队到达蒙罗维亚自由港的大门时，大家没有什么时候比现在更想念营区里的集装箱板房。在进入蒙罗维亚后，我们第一时间与营区取得联系，听到我们的声音后大家一阵欢呼。

车队缓缓驶入营区的时候，本来站得整齐的迎接队伍一下子涌上来，大家欢呼着扑向车辆，和我们拥抱在一起……

万水千山只等闲

——赴马里兰州哈勃长巡纪实

防暴队行动一分队一小队小队长 邓敬华

2017年8月9日至8月14日，中国第五支赴利比里亚维和警察防暴队圆满完成了赴马里兰州哈勃长途巡逻勤务，并为到哈勃出席会议的联合国利比里亚特派团副特别代表雅库伯·海罗等要人的直升机提供护卫。

在5天5夜的时间里，防暴队长途奔袭1400多千米，横穿利比里亚蒙特塞拉多、马吉比、大巴萨等7个州，每天在颠簸崎岖、泥泞湿滑、树高林密的雨林道路上行车十几个小时，是行车距离最远、依靠力量最少、后勤补给最难、动用人员装备最多的一次长途巡逻勤务。

直面困难，认真研究，精心做好各项准备工作

领受任务后，防暴队第一时间召开赴哈勃长巡动员部署会，认真分析研究联合国利比里亚特派团地区安全官员、中资企业工作人员搜集到的沿途路况信息，确定开进线路。结合之前赴洛法州沃因加马地区、博米州地区开展联合长途巡逻勤务经验，制定了巡逻计划和应对突发事件的预案。同时调配性能良好的猛士车、哈弗车，强化维修保养，及时更换了4个不符合长巡要求的特种轮胎。组织开展通信、水电、汽修、医疗等专业培训和长途巡逻勤务战术训练，检修车载短波电台，配备并调试卫星电话，提前下载谷歌、MAPS.ME离线地图，认真做好长巡期间的车辆、卫勤及通讯保障。

根据《赴马里兰州哈勃执行长途巡逻和护卫勤务手册》中需要携带的住宿帐篷、发电设备、炊事用具、各类食品、备用油料、照明系统、汽修工具、医疗药品、武器弹药等物资，针对猛士车装载能力有限的实际，队员们在每辆猛士越野车后座上加装木板，充分利用车尾箱空间，将物资分类装车、见缝插针，提高物资装载能力。将敞篷车上的物资重叠放置，利用尼龙绳捆绑加固，并在敞篷外加装钢丝绳，以确保运输途中万无一失。

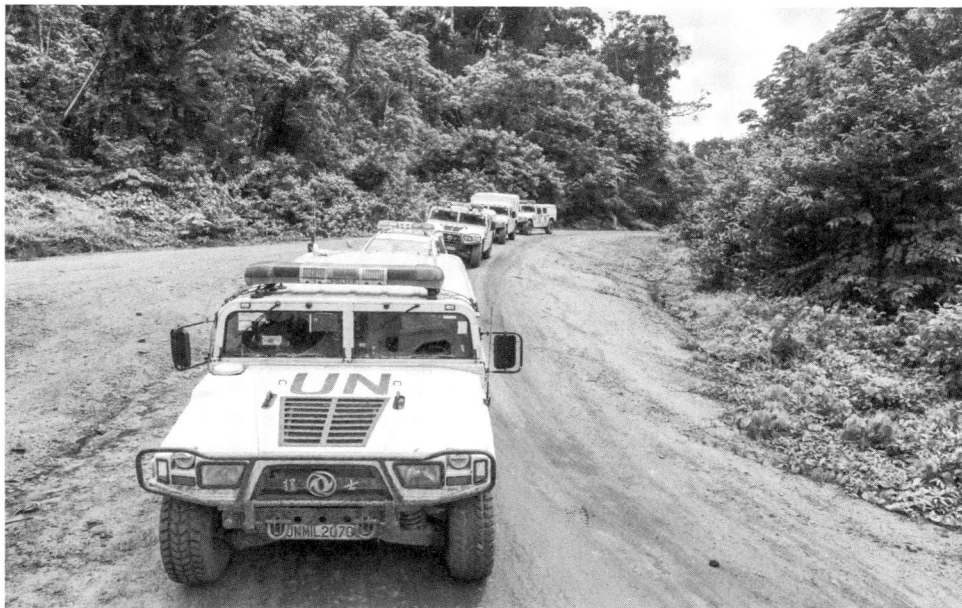

在赴马里兰州哈勃长巡期间，车队在丛林道路上行进

严密组织，规范有序，确保勤务运行顺畅有序

每天在形势复杂的地区连续长途行驶 10 多个小时，如何确保人员和车辆安全，勤务组织是关键。车队派出前导车利用离线地图等软件先行勘察行进路线，与后方车队保持 1000 米左右的距离，并时刻保持通联。

在行进过程中，为确保通联顺畅，相互间利用车载短波电台进行通联，没有安装车载短波电台的车辆在行车期间只开通一部对讲机，以节省耗电。驾驶员每驾驶 2 小时就强制轮换休息，按照循环轮转的方式换人换车。行驶在遮天蔽日的雨林道路时，在参考离线地图的同时，落实专人在纸质地图上对道路进行标注，及时登记行进路线和路过的主要地点和时间，不断参照对比，以确保线路无误。在手机信号较弱或无法覆盖地区，及时利用卫星电话汇报车队行进情况及停靠地点，保证通信畅通。

2017 年 8 月 13 日，当车队在返回至距离布坎南大约 34 千米处的路段堵车时，正是使用了卫星电话及时向指挥中心汇报了途中路况，才在车队需要绕行 200 多千米，油料即将耗尽，队员体力透支的情况下，与前来布坎南接应的小队上演了百里救援接力。

千里奔袭，雨林穿梭，成功克服重重艰难险阻

战后重建的利比里亚，各项基础设施恢复得十分缓慢，特别是雨季，道路坑洼不平、泥泞湿滑、积水严重，有时甚至是无法通行。整个国家高达80%的失业率让大多数民众生活在极度贫困之中，疟疾、脑膜炎、萨拉热等疾病发病率极高，武装抢劫、强奸、偷盗等案件频频发生。

而对于在热带雨林的道路上来回穿梭的长巡小队，在整个勤务期间都必须时刻保持清醒和警觉，随时做好应对突发情况的准备。2017年8月9日上午8时，当长巡车队驶出布坎南市区约1千米处，有着大量积水和深坑的波浪形"搓衣板"式的路面，给装有大量保障物资的敞篷猛士车来了个下马威，造成了该车左前轮爆胎漏气。针对这一情况，车队迅速反应，立即按照车队护卫队形展开。车辆维修人员马上对故障车辆进行维修，尽管身穿厚重的防弹背心，行动十分不便，但队员们卸轮胎、压千斤顶、拆螺丝丝毫不含糊，在最短的时间内将车辆恢复正常。

来回1400多千米的路程，由于糟糕的路况，车队共在沿途更换轮胎3次，造成3个车胎、2组蓄电池报废，14个球头、3组避震器不同程度受损、断裂，个别车辆的水箱、排风扇、油管、电路出现故障。

在途经各个村镇时，见的较多的是当地村民用泥土垒起的简易减速带和由绳子或木杆做成的临时检查站，这估计是当地政府、民众为了收取过路费而设的。当车队在途经大克鲁州巴克利维尔郊外必经路段时，前导车车长尹鹏突然报告："前方有一减速带，一伙当地人正设卡拦阻过往车辆，且部分手持长刀的人员向我们做出要钱的手势。"接到报告后，队员们立即打起十二分精神，紧握手中武器，保持高度戒备。蓝卫宇队长要求所有车辆打开警灯警笛、携带长枪的队员立即将枪立在座位上，充分展示武力。一时间，警报声警笛声响彻整片区域，形成了强大的震慑力。可能是被车队强大的武装力量震慑后，该伙人员不得不让路放行，整个过程有惊无险。过后，每次经过人群聚集区或简易的检查站，队员们无一例外地保持高度警觉。

2017年8月10日，当长巡小队行至距离马里兰州普利博大约50千米处时，一座危桥挡住了去路。由于桥面出现了倾斜和塌陷，桥下用于承重的树干已经部分断裂，稍有不慎，人车极有可能掉入河中。最后经过细致勘察，采取人车分离的方式，找准承重的位置逐车引导，车队才顺利通过。在车队返回至离布

坎南大约 34 千米的堵车路段时，车队遭遇了严重的交通阻塞，无法通行，不得不绕道遮天蔽日的热带雨林。这一绕，路程立即从 34 千米增加到了 200 千米，时间从预计的 1 个小时延长至 8 个小时，这考验的是队员的体力耐力和心理的承受能力。特别是当天色渐暗，队员在雨林深处下车对车队进行警戒护卫时，尽管喷洒了花露水、防蚊液，但依旧不能挡住密密麻麻的蚊虫，不停地骚扰队员裸露的皮肤。一名队员因为光线昏暗，在执行车队警戒任务时差点就踩到了一个硕大的蚂蚁窝。长巡路上，虽然处处充满了困难险阻，但是丝毫没有动摇队员们完成防暴队进驻以来时间和距离跨度最长巡逻任务的信心和决心。

完美表现，赢得赞誉，专业素质得到完美体现

中国维和警察防暴队一直以来都是一支训练有素、专业高效的队伍，也是联合国利比里亚特派团最信赖最可靠的防暴力量。

就在中国防暴队出发后的一天，联合国利比里亚特派团另一支防暴队——尼日利亚防暴队也领受了赴锡诺州格林维尔长巡的任务，但因为路况不佳等原因，他们只去到了绥德鲁便折回，没能到达指定地点。因此，当联合国利比里亚特派团副特别代表雅库伯·海罗先生看到中国防暴队队员以严整的警姿、专业的动作出现在直升机护卫现场，并开展外围巡逻、排查封锁、狙击观察、定点值守等任务时，不禁惊叹于中国防暴队出色的能力和完美的表现。他在会议结束，接见中国防暴队队员时称赞道："中国防暴队，你们的表现无与伦比！"赞扬中国防暴队不愧为中国的"硬汉"、联合国军警的楷模。

正是得益于队员们一路上的不懈努力，攻坚克难，才能圆满地完成长途巡逻和直升机护卫任务，才能很好地将中国防暴队良好的精神风貌和顽强的战斗精神展示给联利团及各国官员，赢得他们的高度肯定和广泛赞誉。

这次历时 5 天 5 夜，1400 多千米艰难路途的长途巡逻，创下了防暴队自进驻任务区以来的多个之最，打破了历次长巡记录。期间，长巡队员克服了缺乏补给、社会情况复杂、天气炎热、道路不通等困难，不辱使命，勇往直前，圆满完成了长途巡逻和护卫任务，不仅很好地磨砺和锻炼队伍，更体现了防暴队不畏艰险、勇挑重任的顽强战斗精神，向联合国利比里亚特派团官员和利比里亚民众展现出中国防暴队过硬的专业素养和良好形象，传递了和平声音。

维和 "数来宝"

——中国第五支赴利比里亚维和警察防暴队赴利比里亚百日纪实

防暴队行动一分队二小队小队长　覃　朗

中国第五支赴利比里亚维和警察防暴队进驻任务区已经 3 个多月，在这"百日"之喜将近之际，我从一名战斗分队队员的视角，用数字谈谈维和生活的酸甜苦辣。

13000 千米征程

2017 年 3 月 11 日，肩负着维护世界和平的使命，带着祖国和人民的寄托，带着亲人的思念，中国第五支赴利比里亚维和警察防暴队顺利抵达利比里亚，开展为期 1 年的维和任务。从北京到利比里亚首都蒙罗维亚，距离 13000 多千米，单程飞行时间达 26 个小时。远离祖国，踏上西非的土地，队员们的"维和梦"真正成了现实。

2 支维和防暴队

根据联合国 2333 号决议，联合国利比里亚特派团进行裁撤后，在利比里亚仅保留 2 支维和警察防暴队，即中国防暴队与尼日利亚防暴队。2 支防暴队进驻任务区后，本着增进了解、互相学习、共同提高的目的，开展业务交流 20 多次、联合演练 8 次、联合勤务 15 次，建立了深厚的友谊与坚实的合作关系，为将来共同应对利比里亚总统大选与联合国利比里亚特派团撤离期间可能发生的各种突发事件，打下了良好的基础。

3 支战斗分队

中国第五支赴利比里亚维和警察防暴队，除了指挥中心、政工组、后勤分队，承担勤务与战斗任务的分队共有 3 支，指战员 90 名，均系从广西壮族自治区公安边防总队各级单位中精挑细选，经过总队初选、公安部考核、联合国甄选的层层选拔、优中选优,兼具军事技能、政治素养、思想品质、文化水平。进驻任务区以来,开展各项工作多次获得联合国利比里亚特派团及驻在国各级领导的高度赞扬。

20 千克负重

防弹背心、防弹头盔约 10 千克,各类警械、装备约 5 千克,枪支弹药约 5 千克,这是执行日常勤务时,每名防暴队队员需携带常规装备的重量,再加上 30 多摄氏度的高温、炎炎烈日的炙烤、持续数个小时的勤务,对于每名队员都是一种考验,每次勤务归来,汗水都浸透了他们的衣物。但如果你问他们累不累,队员们坚定的目光和洋溢的笑容会给你最好的答案。

5 种巡逻勤务

日间巡逻、夜间巡逻、联合巡逻、空中巡逻、长途巡逻,这是中国第五支赴利比里亚维和警察防暴队所担负的 5 种常规巡逻勤务,截至目前,各项巡逻勤务均正常开展,累计巡逻时间 33232 分钟,路程 25473 千米,出动人员 2394 人次,车辆 620 余辆次,实现了安全、顺利、圆满,向驻在国人民、联合国利

防暴队开展日间武装巡逻

比里亚特派团人员展示了中国维和警察专业、规范、高效的职业素养。

60 千米路程

这是防暴队每次日常勤务平均路程（单程），别看 60 千米的距离不太起眼，由于利比里亚公共交通不完善，道路状况十分差，许多地区甚至没有可通行的道路，人员、车辆时常不得不在树林、沼泽、泥泞地带艰难跋涉，"雨天一身泥，晴天一身土"是巡逻的真实的写照。就这样，队员们用车轮和脚步丈量着大地，为的是一个共同的心愿：把和平与友谊的种子撒满利比里亚这片饱受战争创痛的土地。

巡逻车辆经过险途

一周 7 天全勤执勤

作为全勤式战斗序列单位，中国第五支赴利比里亚维和警察防暴队一周 7 天、一天 24 小时都处于高强度的执勤战备之中。对他们而言，没有下班、没有节假日，有的只是日复一日、忠诚地履行职责，去守护珍贵的和平。

8 小时时空穿越

世上最长的距离，是我在今天思念，而你在明天依恋。蒙罗维亚地处零时区，比北京时间晚 8 个小时。当清晨的第一缕阳光照亮祖国大地时，西非的蒙罗刚刚进入昨夜恬静的梦乡。时空交错中，队员与亲人、异国与故乡，用思念与爱演绎着"穿越"的浪漫。

10 人战斗单位

10 人，一个战斗小队的基本组成人数，也是防暴队开展各项勤务的基础单位。10 个人，级别、职务、分工、专业都不尽相同，但对党的忠诚、对祖国的热爱、对使命的担当、对和平的追求是相同的。一个口令，一个动作，一道指令，一种信念，10 个人站在一起，同样能组成一道铜墙铁壁！

"0" 的坚定承诺

不起眼的 "0"，同样是一种奇迹、一项光荣。中国维和警察防暴队就有令人无比自豪的 3 个 "0"，即自组建成建制维和警队以来，保持着"零伤亡，零遣返，零违纪"的纪录。作为一个承担着大量维和任务的国家，这在全世界都可以说是绝无仅有的。但这简简单单的 3 个 "零" 的背后，是一代又一代中国维和警察以崇高的使命感、荣誉感，严格的纪律性、原则性，展现着中国作为一个诚信、文明、和谐、法治、负责的大国形象。中国第五支维和警察防暴队进驻任务区以来，坚决把做到 3 个 "0" 作为必须完成的政治任务和原则底线，这一光荣的传统，必将在他们手中得到继续传承。

结　语

回首过往，我们流过艰辛的汗水，流过感动的泪水，留下不可磨灭的回忆。100 天，仅仅是一个开始，维和之路正在脚下延伸，承载着故乡亲人与战友的期望，八桂蓝盔必将勇往直前，取得更多骄人的成绩！

长巡宁巴州

防暴队指挥中心执勤官 史 静

2017年11月19日一大早，在指挥中心王主任的带领下，我和队医小梅姐2名女队员及其他21名男队员全副武装赴利比里亚宁巴州执行为期三天两夜的武装长途巡逻任务。

车队驶过市区，穿过村庄，经过6个小时的跋涉，直到下午我们才抵达临时居住的营区：中国援利比里亚农业技术示范中心。队员们来不及休息，兵分几路，这边我和男队员一起，搬行囊，整装备，打扫卫生；那边小梅姐马上动手和1名小队卫生员负责营地消杀和防蚊防虫工作，点蚊香、撒硫磺。利比里亚旱季蚊虫传播疾病高发，为了保障队员们的安全，防蚊消杀容不得半点马虎；厨房里，王主任和厨师班长在忙着洗菜、切菜、烧菜，为大家准备午餐。

营地条件简陋，队员们把仅有的一间客房留给我和小梅姐，他们则在走廊的空地上支起了帐篷。房间许久没人居住，不仅闷热，还弥漫着潮湿和腐朽的味道。趁着天亮，我俩快速把房间整理干净，点上蚊香，铺好床褥。就在我们忙得浑身冒汗的时候，老化的空调发出吃力的开机声，出风口缓缓送出凉风，中心的工作人员过来告诉我们："这里的发电机老化，所以每天限电，7：30～11：00、18：30～22：00有电。""限电总比没电好，晚上总不至于摸黑洗漱。"我和小梅姐互相安慰着。但是没想到，热水器是坏的，只出凉水，没有热水。还好我们带了水桶，我和小梅姐就拿烧水壶烧热水，再兑上凉水，简单用毛巾把身上的灰尘和汗水擦干净，匆匆洗漱后，我们赶在停电前躺在了床上。就在我们迷迷糊糊快要进入梦乡的时候，断电了，空调停了，我们不舍得开窗，希望残存的凉意能扛到第二天早晨。但是进入后半夜，我还是被热醒了，意识迷糊间，我听到小梅姐轻手轻脚地下床开窗，霎时间，外面此起彼伏的虫鸣声冲入耳内。她轻轻拿起褥子盖在我的肚子上，那一刻，我仿佛回到儿时的姥姥家：夏夜炎炎，姥姥摇着蒲扇为我驱赶蚊虫和酷暑，我沉沉地睡去，一夜心安……

在接下来的2天里，我们走访巡逻了利比里亚几内亚边境线、邦州及甘塔警察局、当地中资企业。11月正值利比里亚旱季，在烈日的炙烤下，地表温度高达40摄氏度。防弹背心、防弹头盔、护膝护肘、作战靴再加上枪支弹药，总重将近20千克，只要站室外，瞬间就汗流浃背。但巡逻和走访期间，要在没有任何遮蔽物的烈日下徒步行走，全程必须保持注意力高度集中，一旦周围有异常，确保能立即做出反应。为了减少上厕所的时间，不影响工作进程，队员们自发地严格控制饮水量。一路的巡逻、走访，豆大的汗珠一直挂在大家的脸上，身上的衣物湿了一遍又一遍，队员们的外套上都结了一圈圈的汗渍。尽管我和小梅姐是女队员，但我们面对艰苦的长巡任务时没有退缩，闷热得难受了，喝一支藿香正气液继续行走。

令我印象最深的是，在长达6个小时的行车途中，除去身体的疲惫、精神的紧张，身体也会发出"警报"——尽管出发前考虑到利比里亚基础设施落后，女队员上厕所很不方便，我和小梅姐都严格控制饮水量，出发前没敢喝水，途中实在渴了，就稍微抿一口水润润喉咙。但是，行驶4个小时后，身体的承受能力已经达到极限。细心的王主任帮我们找到一个看起来很安全的"天然厕所"——道路下面的通水涵洞，它凹进路面，低于过往行人的视线，又有丛生的杂草遮挡洞口。车队在距离我们100米的前方等待。我和小梅姐仔细观察了周围的情况，确认没有车辆行人经过后，便相互搀扶着走进涵洞。既紧张又忐忑，怕身上的枪弹丢失，也怕有车辆，行人经过。

后来，我和小梅姐每次聊起这次长巡经历，都会把这件事翻出来互相打趣。

欣慰的是，在长巡途中，不时会有过往的行人向我们示意友好；走访中，许多当地人都表示看到中国维和警察防暴队的身影会让他们有安全感，希望能够得到防暴队的帮助；在对中资企业员工的义诊中，他们那渴盼医治的表情和病痛得到救治后感激不尽的眼神给我留下了难以磨灭的印象。尽管饭菜简单，我们也吃得香甜，尽管住宿条件艰苦，我们也睡得安稳；长巡条件艰苦，但大家丝毫没有怨言，反而乐在其中。我们每名维和队员都具备的苦中作乐的优良品质，让我越发为自己的维和警察身份而感到骄傲自豪。

最爱一抹维和蓝

防暴队行动二分队五小队战斗队员　王振国

2017 年 11 月 30 日，中国第五支赴利比里亚维和警察防暴队 140 名队员被联合国授予和平勋章，以表彰他们为和平事业做出的杰出贡献。低头看着胸前的勋章，内心的自豪感油然而生。一枚联合国和平勋章凝结着我们在维和征程上点点滴滴的记忆，更是在任务区一个个感人故事的见证。

巡逻回来衣服从里湿到外

初到任务区，维和队员首先需要面对的就是这里高温炎热的天气。3 月的北京春寒料峭，需要穿毛衣毛裤。而此刻的利比里亚却是一年中最热的时候，短衣短裤，走几步就大汗淋漓。中午地表最高温度 40 多摄氏度，巡逻车驾驶室内温度更高。巡逻时队员们早晨从营区带上一壶凉开水，到中午能被晒成四五十摄氏度的热水。防弹衣、防弹头盔、护膝护肘、作战靴将执勤队员包裹得严严实实，每次巡逻回来，衣服从里湿到外，都能拧出水。担负战备训练队员们的外套湿了又干、干了又湿，衣背形成一层又一层的白碱花。

恶劣的自然环境改变不了队员们以苦为乐的积极心态。由于长时间的执勤训练，强烈的紫外线辐射，很多队员的脖子被晒得脱皮，手臂黑白两节、泾渭分明，被大伙形象地称作维和印记。

维和队员住的是集装箱式板房，隔音效果很差，隔壁宿舍掉落一支笔都可以听得很清楚。夜里查哨查铺的队领导在走廊都能听到宿舍的打鼾声，因为白天高温下巡逻执勤消耗了他们大量体力，每个人都很疲惫了。

世界雨都的雨季同样缺水

蒙罗维亚是世界雨都，年降水量约 5000 毫米。雨季蒙罗维亚的雨每天都会不期而遇，或大雨滂沱，或细雨绵绵，但雨季的蒙罗维亚生活用水同样困难。蒙罗维亚集中了利比里亚全国近一半的人口，生活用水量大，市政供水不稳定，周一至周五经常停水，周末根本不供水。一桶水洗澡、洗衣服是同志们用水难的真实写照。

为解决用水难的问题，防暴队积极拓展用水途径，号召大家节约用水。利用海水冲洗厕所，利用雨水罐收集雨水用于农副业生产和卫生用水。每天 2 辆水车前往几十千米外的取水点拉水，往返五六个小时，遇到堵车或者雨天时间会更久。

承担日常拉水任务的驾驶员刘学威说："虽然每次拉水时间很长，很辛苦，但通过自己的劳动方便大家的生活，自己辛苦点也值得。我们遇到的困难与雨季利比里亚民众艰难的生活相比不算什么。"

"我们的一言一行代表祖国的形象"

经过联合国和国际社会十多年的共同努力，利比里亚国内局势总体稳定可控，国内执法权实现平稳移交。但是随着 2017 年利比里亚总统大选日趋白热化，各方势力暗潮涌动，示威集会人群增多，内战参战人员因不满待遇问题扬言破坏大选，"逢选必乱"为日常巡逻勤务增加了不确定因素。近期，防暴队巡逻车队就遇到不明身份人员拦截拍打车窗的事情，严峻的大选形势对巡逻安全提出了更高的要求。因此，每次出勤前、执勤中，各级指挥员都会提出要求，确保勤务安全，维护良好形象。

有一天，我们分队外出执行巡逻任务，车队已经进入蒙罗维亚最繁忙的商业街——水街，带队领导曹雪峰通过无线电对讲机提醒："各车注意，车队已经进入闹市区，人员、车辆较多，路况拥堵，各车务必保持高度警惕，保持车距车速，注意观察两侧。"所有人员随即按照勤务安排，加强警戒，谨慎驾驶。

谈及每次外出巡逻的感受，驾驶员农忠虎说："每次外出勤务，我都会提前仔细检查车况，做好出车前准备，巡逻途中，精神高度集中，全神贯注。如果处理不当，就会影响中国维和官兵的形象，更会影响联合国利比里亚特派团维和工作的有序开展，因为胸前的五星红旗时刻提醒着每一个队员，我们的一言一行都代表着祖国的形象。"

"最遥远的牵挂和思念"

"我在西非的星空下思念祖国朝阳下的你。"从北京到蒙罗维亚有 13000 千米，8 个小时时差，时空的距离带给维和官兵与家人联系诸多不便。当任务区是白天，大家在训练执勤时，国内已经是下午或傍晚，当结束一天勤务想和家人联系时，国内的他们已经进入梦乡，加上当地手机信号不稳定，再联系上已经是一两天之后了。

在维和防暴队这个大家庭中，有 15 名官兵的宝宝是在维和培训和执行海外维和任务期间出生的，因为这份特殊的维和情缘，他们被大家亲切地称为"维和宝宝"。尽管错过了孩子们的出生，错过了孩子们牙牙学语，但这份爱并没有因为距离而减弱，一张呆萌的照片，一段成长的视频，足以让远在万里之外参加维和任务的爸爸们高兴半天，忘却身体的疲惫。

"树欲静而风不止，子欲养而亲不待。"在国外执行维和最遗憾的事情莫过于亲人离世。战斗队员谭全杨的父亲在 2017 年 4 月 28 日因癌症去世。如果他在国内，就可以回家给老人尽孝，而身在万里之外只能将悲痛和思念深埋心底，坚持一线工作，与战友们先后完成 3 次长途武装巡逻任务。现在每每提及父亲两字，他依旧泪湿双眼。

"这幅剪纸真漂亮，栩栩如生。"在中秋节前夕，维和官兵收到国内家人寄来的维和剪纸，抚慰着维和官兵的思乡之情。140 名队员，140 个家庭，每个家庭以不同的方式支持着远在万里之外执行维和任务的亲人们，期待他们在异国他乡建功立业，盼望他们早日平安归来。

1 年的维和任务期，有的亲人离世而不能在身边尽孝，有的家庭变故而不能为其分忧，有的妻子分娩不能陪伴身边，但一枚枚和平勋章见证了维和队员们的无限赤诚和无私奉献。

当一个人的青春与拼搏可以和国家形象联系在一起，这是一件多么幸运和荣耀的事情！感谢在最美好的年华参与到维和事业中，感谢这段难忘的维和经历，因为它有我们的青春，有我们的梦想，有我们为梦想实现付出的汗水和坚持！

驰骋西非的"铁骑手"

防暴队行动一分队一小队小队长　邓敬华

他长得不高，也就一米六几的个头，但却给人一种诚实稳重、做事稳妥的感觉。他平时说话不多，甚至让人觉得有些木讷，但与他接触后就会觉得他踏实稳健，是你心目中完成各项任务最放心的人选。他就是中国第五支赴利比里亚维和警察防暴队行动一分队驾驶员黄文聪。

入伍 14 年来，从乡村到城市，从国内到国外，无论时间如何改变，地点怎样变换，他始终保持一种积极乐观的工作态度和迎难而上的工作干劲，在驾驶员岗位上兢兢业业、勤勤恳恳，展现了一名边防官兵、一名维和警察的良好精神风貌。

义无反顾行西非

2016 年 9 月，当黄文聪看到广西壮族自治区公安边防总队要组建中国第五支赴利比里亚维和警察防暴队的通知时，他的激动、兴奋之情一下子涌上心头。这次在家门口组建维和警察防暴队，对他来说是一次千载难逢的机会，是一次为国争光、圆梦维和的机会，如果能参加，将是自己平凡的军旅生涯中的一次最不平凡的经历，这怎么不令人激动和兴奋呢？

但同时他也有一丝犹豫，如果自己有幸被选上，这意味着有 1 年多的时间不能陪伴家人，之前为妻子补办一个温馨热闹婚礼的承诺将会成为一句空话。但为了实现心中的维和梦，不给自己的军旅生涯留下遗憾，他毅然报了名。他一路过关斩将，凭借过硬的素质和能力，在众多竞争者中脱颖而出，成为一名正式的维和队员，远赴利比里亚执行为期 1 年的维和任务。

出征前，他没有让妻子到机场送行，妻子已经怀有 4 个多月的身孕，他不想让她看到自己愧疚的表情和不舍的泪水，这会令他联想到孩子呱呱坠地时自己不能相伴左右的场景。他带着对妻子的牵挂和思念，踏上了远赴利比里亚维和的征程。

进驻任务区 4 个月后的一天，在执行拉水勤务返回营区时，他收到了妻子分娩的消息。当他通过网络视频看到自己刚出生的儿子那稚嫩的脸庞、听到儿子"哇哇"的哭声时，他感到幸福满满，初为人父的激动之情顿时难以自抑，喜悦之情溢于言表。人生角色的转变让他对事业、对家庭有了更深刻的认识，此时他感恩妻子，感恩家人，正是有了妻子及家人的默默支持，才使自己在异国他乡能够安心地投入到维和事业中，实现自己的人生价值。

从容应对克险情

来到利比里亚，虽然没有枪林弹雨的惊心动魄，但却时刻面临着安全风险和隐患。当地糟糕的路面状况、混乱的交通秩序、安全意识淡薄的行人，导致交通事故频频发生。进驻任务区后，当地脆弱的供水系统使防暴队营区经常出现断水情况，外出拉水更是成了家常便饭。

外出拉水的车辆是载重量为 10 吨的水罐车，由于车辆长时间在坑洼、泥泞的道路上行驶，损耗严重，已出现性能老化的情况。可以说，外出拉水成为在蒙罗维亚市区执勤风险系数最高的勤务之一。作为防暴队中兵龄最长、驾驶经验最丰富的行动分队驾驶员，面对风险和困难，他没有退缩，主动请缨，担任起外出拉水勤务的专职司机，将风险留给自己。

一天下午 2 时，就在黄文聪拉水返回至加百列塔克大桥大约 800 米的连续下坡路段时，因为天气炎热、车载过重等原因，运水车挂低速挡竟然无法放慢速度，点踩刹车也失灵，车辆顺着坡不断向前行驶，速度越来越快。怎么办，前方桥面上已经出现了交通拥堵，再不让车辆停下来，极有可能出现车辆追尾情况，酿成交通事故。面对这种情况，只见他把紧方向盘，保持车辆方向，双脚来回在刹车、离合间不断变换，眼睛始终目不转睛地盯住前方，就在距离前车还有 10 多米的地方，他判断刹车已经无法使车辆停止的情况下，果断拉起了手刹，由于车辆惯性巨大还是往前了好几米，但最终还是在距离前车不到 3 米的地方止住了这庞然大物前进的步伐，避免了一起交通事故的发生。

2017 年 7 月的一天傍晚，黄文聪到中资企业执行拉水勤务，当车辆返回即将驶入考德维尔大桥时，突然感觉车辆挂低挡后马力并没有增加，车辆渐渐停了下来，直接在路中间抛锚了。"糟了，有可能是连接离合器的传动轴坏了。"这是凭他对车辆的了解和经验给出的第一判断，他对带车干部说："帮我警戒车的后方，我马上进行检修。"果然是传动轴出现了断裂，他迅速将这一情况向后勤分队报告，建议立即拆除，并用前轮驱动慢慢将车开回营区。

此时正值交通高峰期，由于运水车的抛锚一时间造成了交通拥堵，面对后方车辆喇叭声、过往车辆司机及行人的质疑声，他镇定自若，排除干扰，集中精力投入到车辆维修的工作中。当车辆故障排除，车辆缓缓启动的那一刻，他舒缓了一口气，继续双眼紧盯前方，还不忘告诫自己一定不能操作失误导致车辆熄火，要安全地把这车水送回营区。正是得益于他的准确判断和及时处置，这次勤务才得以圆满完成。

砥砺硬功强保障

作为一名多年在偏远地区服役和磨砺的驾驶员，黄文聪的驾驶技术自然没得说，但他并不满足于此，平时还认真学习车辆维修技术，对于车辆的油路、线路、刹车、水温等常见的问题他都能第一时间判断出来，并想方设法排除。

为了更好地熟悉猛士越野车、装甲车、水罐车等车辆的性能特点，他一有时间就到防暴队车辆修理所，爬车头、钻车底，了解车辆构造，向有经验的队员学习。汽车配件补给到营地后，他带头更换执勤车辆的部件，压千斤顶、扭螺丝、搬轮胎、测性能，他都亲力亲为，一丝不苟。

7月中旬，在迎接联合国驻利比里亚特派团装备半年核查过程中，他在检查车辆性能时发现有一辆装甲车的排障铲无法升降，如果不及时解决，将会影响该车辆通过的核查。在没有相关经验借鉴的情况下，他一边向后勤分队专业人员询问了解，一边对装甲车的电路、气管、液压阀等部件进行细致排查，最终确定为排障铲部分部件被卡死导致无法正常起降。他立即与其他驾驶员一起，边摸索边比对，将排障铲部件逐一拆解，并对部件进行上黄油处理。最后在他们的共同努力下，排障铲恢复正常工作。最后该车辆也顺利通过了联合国的装备核查。

2017年8月，在接到赴马里兰州哈勒长途巡逻的任务后，他第一时间带领分队驾驶员检查车辆性能，对每一辆车的轮胎、刹车、灯光、避震、电路、油路、空调以及备胎等逐一检查，按照国内车辆年检的标准逐项核查，逐项对照，做到列单销号，发现隐患和问题就与后勤专业人员一起维修解决，做到对每辆车的情况都了然于胸。在长巡过程中，他作为车辆保障组负责人，白天驾驶车辆在各种复杂地形中艰难跋涉，夜晚还要对车辆进行检修，承受着繁重的工作与精神压力。但正是凭借着强烈的责任感与过硬的专业技术，黄文聪克服了种种困难，保证了参加长途巡逻的车辆性能良好，使车辆经受住了来回1400多千米的颠簸、泥泞和坑洼不平道路的考验，为圆满完成长途巡逻任务打下了坚实的基础。

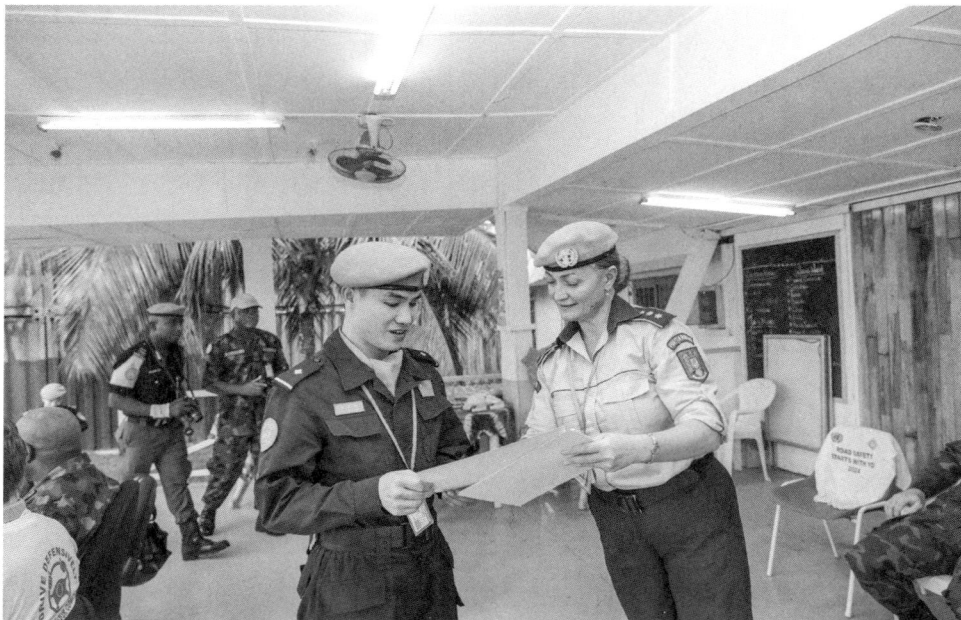

在联合国驻利比里亚特派团基地，联合国驻利比里亚特派团官员向黄文聪颁发
"安全驾驶员"证书

　　凭借着勤勤恳恳、一丝不苟的工作态度和认真钻研、踏实肯干的工作作风，黄文聪出色地完成各类行车任务 300 多次，安全行驶 15000 多千米，成了防暴队里赫赫有名的"铁骑手"。2017 年 11 月，他更是获得了联合国驻利比里亚特派团颁发的"安全驾驶员"称号，并在 2017 年 12 月与 139 名队友一同被联合国授予和平勋章。

从少林俗家弟子到维和警察

防暴队行动二分队四小队小队长　吴茂辉
防暴队二分队四小队指导员　王延亮

都说警营多奇才，在中国第五支赴利比里亚维和警察防暴队中，就有一位少林俗家弟子。维和任务与少林功夫碰撞，注定演绎出一段佳话。

从小心怀壮志　少年拜师学武

这名维和警察防暴队队员名叫李江南，山西运城人，2012年入伍，是名"90后"。他体形魁梧，是典型的北方汉子。说起拜师学武，成为少林俗家弟子的缘由，李江南不好意思地笑着说，这源于一次打赌。

读小学三年级时，小伙伴们跟李江南打赌，赌他不敢真的去少林寺拜师学艺。争强好胜的李江南一心想习武，但是毕竟年纪太小，家人自然不同意，李爸爸为此还发了火，父子俩吵了一架。倔强的李江南一梗脖子，执意要去，父母拗不过他，最终还是同意他到少林寺俗家武校学习。

从12岁至16岁，李江南在少林寺俗家武校习武4年，总的感受用一句话形容，那就是"苦，但是值得"。

学武的生活很枯燥，上午上半天文化课，学习小学到高中的课程，下午上半天武术课，没有周末，没有暑假，只有到了寒假临近春节才能回家团聚。

虽然爱学武，但刚到武校时，李江南也有过不适应。"刚进学校时，6个师兄帮我拉腿筋，一个按头、两个按腿、一个帮拉腿……小孩子柔韧性好，我两个月就拉好了。"李江南常在执勤间隙这样跟战友们讲述自己的故事。

学武最大的收获是什么，出乎意料，李江南的回答不是功夫。"我觉得学武最大的收获是从小就开始学习的礼仪和吃苦耐劳，武校里很注重礼节礼貌，训练后见到师长都要主动问好。回家后家里人发现我勤快了好多。"

冬练三九、夏练三伏，武校的训练很严格。"4年挨了一万棍。"李江南说，平时训练开小差、不用心就会被惩罚。打电话回家也不敢诉苦，不敢哭。远在外地，家长难得来看望一次，能来一次就觉得特别幸福。这段经历虽然很辛苦，但很值得。

满怀报国之心，终成边防武警

李江南从小就有一个"军人梦"。从武校毕业后，因为年龄达不到征兵要求，他先去北京一个大型物流公司打了 2 年工。因能吃苦耐劳，又有一身武艺，深受领导的器重，入职半年就被提拔为小组长，月薪 7000 多元。2012 年 10 月，李江南终于到了入伍年龄。得知征兵的消息，他不顾公司领导的再三挽留，毅然辞职回家报名应征入伍。3 个月的新兵集训后，被分配到防城港市边防支队机动大队，成为一名光荣的边防武警战士。

走出少林，步入警营，武术功底和吃苦耐劳的精神让李江南对军营的训练适应得很快，开始时甚至觉得训练很轻松，比较单一，不如武校里来得痛快。"但这样的训练其实很有实战性，特别是在出任务的时候。"

2014 年国庆节，李江南和战友们接到一个紧急反恐任务，到山区搜捕几名犯罪嫌疑人。他们近 200 人分批搜山，两天两夜没合眼，抓到了 5 名犯罪嫌疑人。他说，类似的任务很多，完成后特别兴奋，特别有成就感。另有一次李江南跟一名战友接到命令紧急出动，当时犯罪嫌疑人想要开车逃跑，李江南扑上去抢方向盘，却差点被甩到车轮子底下。后来问他当时怕不怕，他却憨笑着说："当时就想着抓坏人，别的其实真没想啥。"

李江南为联合国驻利比里亚特派团官员讲解"刀术"

响应祖国号召，履行维和使命

2016年9月，广西壮族自治区公安边防总队承担中国第五支赴利比里亚维和警察防暴队组建任务。收到队员选拔通知后，李江南马上向中队党支部递交了申请书。有人问他难道不怕利比里亚的战乱、疫情吗，他憨笑着说："怕啥？俺现在是一名军人，只要祖国需要，就应该挺身而出，勇往直前。"

入围选拔非常严格，李江南的确非常优秀，但其他战友也同样是百里挑一。李江南一直咬牙坚持着，每天训练他都争取做到最好，如果达不到自己的要求，就给自己加"小灶"。李江南爆发力强，但耐力不好，为提高自己的成绩，他就在训练中给自己加量。别人跑10千米，他就跑15千米，别人轻装训练，他就穿上防弹衣负重前进。在中国维和警察培训中心3个月的培训期间，不管北方的冬天多么寒冷，他都从不间断训练。通过自己的努力，李江南各项成绩提高得很快，终于从1000多名战友中脱颖而出，顺利通过了联合国的甄选评估，成了一名光荣的维和战士。

十八般武艺，成就"李师傅"

2017年3月11日，李江南和战友们飞抵远离祖国13000千米的利比里亚执行维和任务。

维和任务是光荣和崇高的，也是艰苦和繁重的。在这里没有节假日，只有严格专业的巡逻走访、营区驻守、战备处突、联合演练等专项勤务。全队全时高速运转，非常辛苦。李江南从不叫苦，他说："能代表祖国参加维和，是军人的崇高荣誉，也是难得的历练机会，这里的每一天我们都要珍惜，因为这也是一种'修行'。"

战乱后的利比里亚历经十几年仍然贫穷落后，发展停滞不前。当地居民也许不了解中国，但很多人看过中国电影，知道"中国功夫"。"天下武功出少林"，李江南这个俗家弟子让当地人见识了真正的中国功夫。

十八般兵器，九长九短，李江南样样精通，尤其擅长枪、棍、刀、剑、鞭。为了能更好地传播中华武术，他在防暴队组建了"江南武术班"。平时利用勤务间隙开展武术培训，每逢联合国重大节日和重要活动，为各国到访嘉宾表演中华武术，传播中国文化。他们的表演非常成功，每次表演结束后，外国友人都争着和他们合影留念，崇敬之情溢于言表，这让李江南很自豪。

李江南为利比里亚国家警察局代表团进行武术表演

　　慢慢地，整个联合国驻利比里亚特派团都知道中国防暴队里有位武林高手。联合国驻利比里亚特派团的工作人员、尼日利亚防暴队和利比里亚国家警察中的很多武术爱好者，都想向李江南学两手正宗的中国功夫。就这样，李江南又成了联合国驻利比里亚特派团的"李师傅"，联合国驻利比里亚特派团防暴办请他和队友们每周为尼日利亚防暴队进行武术擒拿授课。在授课过程中，李江南深深地感受到外国友人对中国的尊重和对中国文化的热爱。他常对战友们说："和当地人接触越久，就更为自己是一名中国人而自豪。论功底，我代表不了少林功夫，更代表不了中国文化。但我今天站在这里，就应该成为传播中国文化的一面旗帜，为让更多外国友人了解中国和中国文化而不懈努力！"

维和警察防暴队的"中医大使"

防暴队医疗防疫组医生 陈 达

傍晚，蒙罗维亚的骤雨初歇，中国第五支赴利比里亚维和警察防暴队营区里便响起机器的轰鸣声，冒起滚滚浓烟。透过浓烟，只见一个穿着防护服、戴着防护面具的身影，手提着防疫消杀烟雾枪在烟雾缭绕中行走。

原来这是防暴队一级医院的老罗在进行营区防疫消杀工作，队员们戏称这为防暴队的"饭后一支烟"。装满药液的消杀烟雾枪重约 15 千克，工作时产生超过 100 摄氏度的高温，瞬间能让防护服里的人汗流浃背。当看到满脸汗水、浑身"臭味"的老罗，队员总是关心地说："老班长，你就在医院坐诊值班就可以了，这些体力活让新同志去做行了。"而老罗总是严肃地回答道："我是一个兵，我做的都是自己应该做的工作，尽的都是自己应该尽的职责，这样才对得起我参加维和的初心，才能不辜负组织对我的信任。"

老罗名叫罗傅文，是中国第五支赴利比里亚维和警察防暴队后勤分队医疗组卫生员，1998 年 12 月入伍，三级警士长警衔。入伍以来，罗傅文被公安部政治部评为公安现役部队优秀士官记二等功 1 次，荣立三等功 2 次，被评为公安边防部队卫生工作先进个人，荣获公安现役部队士官优秀人才二等奖 1 次，获总队级优秀士兵标兵 1 次，获支队级优秀士兵 7 次，多次获嘉奖。罗傅文如今兵龄已达 19 年，堪称防暴队当"兵"最久的战士之一。19 年来他一直从事部队卫生工作，干一行、爱一行、钻一行，把"救死扶伤"、为战友解除病痛作为自己奋斗的目标。通过努力，他在推拿按摩、手法正骨、针灸等传统中医上取得不错的造诣，也是防暴队里当之无愧的"李时珍"。

2016 年 8 月，当得知广西壮族自治区公安边防总队将组建维和警察防暴队的消息时，老罗的内心既激动又忧虑。激动的是身处和平年代，能戴上蓝盔为国出征是每个军人至高无上的荣誉；忧虑的是家里的父母都已 70 多岁高龄，需要人照料，女儿才刚上小学，同样需要父亲的陪伴和照顾。就在老罗犹豫不决之时，他的妻子轻轻拉着他的手说："去吧，不要担心家里，家里有我呢，你好好工作，为国争光，我和女儿等你胜利归来。"妻子的话让素来坚毅的老罗流下了热泪，同时也坚定了他为国出征、努力拼搏的决心。

利比里亚因连年内战，导致卫生防疫系统落后，医疗设备和药品严重缺乏，当地大部分医院连基本的医疗设施都没有。加上蚊虫和毒蛇较多，疟疾、伤寒、黄热病等热带病肆虐，民众防疫意识淡薄，高致死率的埃博拉病毒一直没有完全消亡。这些都让老罗及其他医疗队员感到任务艰巨，防疫责任重大。

2017年4月下旬，利比里亚发生了疑似流行性脑膜炎疫情，共造成30多名当地居民患病，其中13名患者死亡，而其中一名死亡患者的居住地距离防暴队营区仅12千米。这给刚到达任务区的防暴队队员带来了巨大的压力。针对这种情况，老罗和4名医疗队员临危不惧，组建"党员先锋医疗队"，共同抗击疫情，担负起了防暴队140名队员的疾病预防、营区消杀防疫和维和日常勤务的卫勤保障工作。在任务分工时，老罗说他在2003年"非典"和2004年"禽流感"的抗击战中，积累了对付烈性传染病的经验，主动要求战斗在抗击疫情的前线。

当队员们还在睡梦中的时候，老罗已经背起了重达20多千克的消杀喷雾器在营区开展消杀工作；他每天都对营区进行仔细巡查，对在营区内因不明原

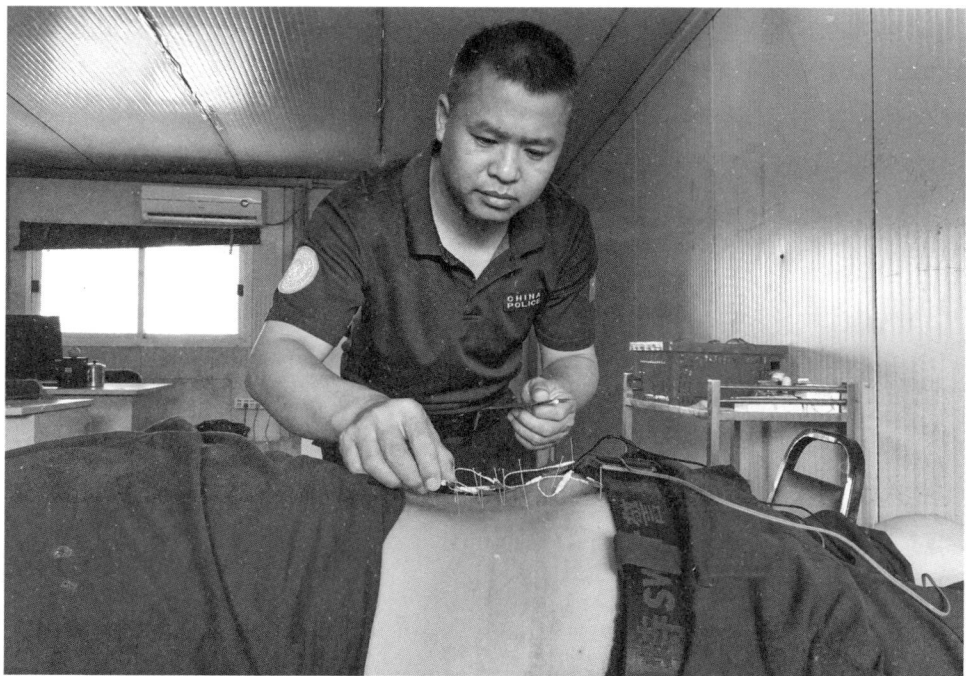

罗傅文发挥中医特长为防暴队队员解除病痛

因死亡的小动物及时进行消杀掩埋处理；他每天都走进队员们的宿舍，对队友的体温进行测量，并第一时间进行记录和存档。在老罗以及全体医疗队员的努力下，有效阻断了病毒细菌传播，防止了流行性脑膜炎、伤寒、疟疾等传染病和热带病在防暴队内出现。

防暴队维和勤务繁重，每天都要执行 2 次甚至是 3 ~ 4 次巡逻任务。执行任务时，队员们全副武装，身上穿戴着 20 千克装备，很多队员陆续出现头疼失眠、脖子僵硬、腰酸背痛等症状。了解情况后，老罗定期为队员们进行诊疗，运用他所擅长的推拿、按摩、针灸、拔罐等治疗方法为队员解除病痛，同时指导队员做好预防。对于一些来不及到医院就诊和复查的队员，他主动到队员宿舍上门服务，询问伤病情况并予以及时复诊。而对于因出现伤病产生思想负担，担心影响防暴队工作正常开展的队员，老罗以一个老大哥的身份与他们谈心聊天，减轻他们的思想负担。

老罗精通中医正骨、针灸、拔罐等传统中医疗法，因而他精湛的中医医术成了防暴队的一张"金名片"。随着中国在国际影响力的扩大，中医药文化也驰名国际，特别是针灸、推拿、按摩等传统中医疗法在西非国家十分受欢迎。来自波兰的联合国驻利比里亚特派团任务支持部官员艾比·菲力佩奇

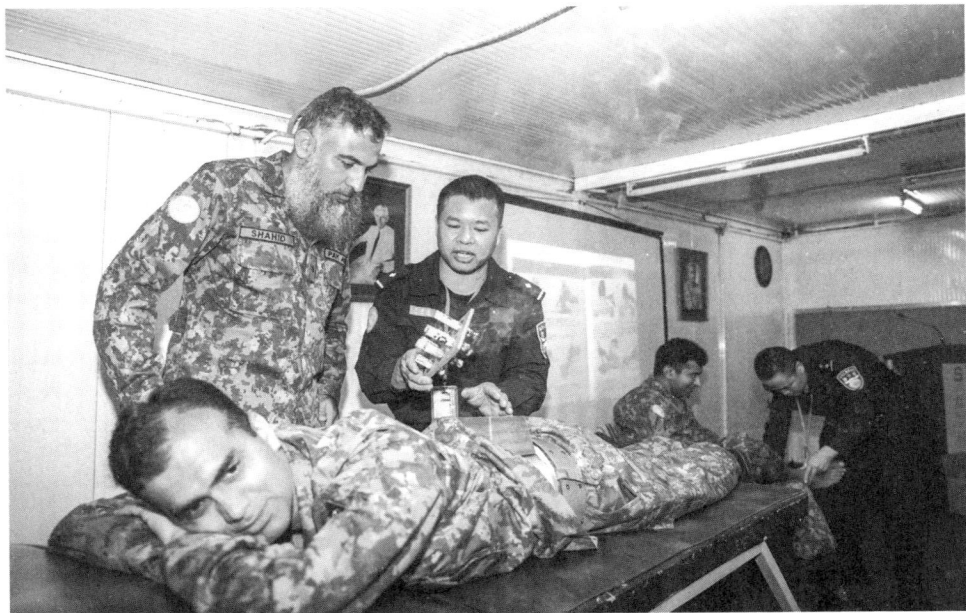

罗傅文在联合国驻利比里亚特派团二级医院传播中医文化

（Abby·Filipechi）先生喜欢运动，在一次运动中不慎将右臂拉伤，但因没有及时治疗，久而久之发展为右肩转动不便、手抬不过头的症状，给工作和生活带来极大的不便。他遍访欧洲各国名医，均无法治愈。当得知中国防暴队有一位中医时，他专程来到防暴队营区寻求帮助。老罗详细询问其病情后，诊断为右肩外伤性肱二头肌腱炎，并设计了一套中医理疗方案，包括拇指刮法、双手捏法、抓抖法、双手虎口搓法和拍打法等为他理气活血、疏通经络。经过一个月的持续治疗，艾比·菲力佩奇先生的右肩恢复正常，又可以游泳、打高尔夫球了。艾比·菲力佩奇先生对老罗的医术更是赞不绝口，直称他为"Magic Doctor"（魔幻神医）。

巴基斯坦驻利比里亚维和二级医院更是直接邀请老罗前往营区举行传统中医知识讲座，讲座常座无虚席。老罗通过 PPT 演示、临床示范、学员参与体验的形式，概述中医中药发展创新的历程，阐述中医诊疗、中医养生、健康管理等中医基础理论，及中医在治疗颈肩腰腿痛、风湿病、心脑血管病等慢性疾病的原理和成效。期间，老罗还与巴基斯坦二级医院的医务人员开展互动体验，通过实际操作和体验的形式，直观地展示中医针灸、电针、艾灸、拔罐、推拿按摩等中医理疗方法，特别是针灸治疗急性扭伤、颈椎病、神经性头疼等病症。一枚小小的针灸用的银针在罗傅文手里大放异彩，中医的神奇也让参加体验的巴基斯坦医务人员叹为观止。

老罗治疗的患者中有联合国驻利比里亚特派团总警监、利比里亚国家警察局局长等多位联合国和利比里亚政界要人，也有中国驻利比里亚大使馆、中资企业等的官员及员工。老罗凭借娴熟的中医技艺，在西非大地上弘扬传统中医文化，被联合国驻利比里亚特派团总警监西蒙·布拉切利（Simon·Bratchly）亲切地称为防暴队的"中医大使"。

在任务区，老罗一如既往、勤勤恳恳地为防暴队卫勤保障贡献着自己的力量。他说："我是维和警察防暴队的一员，我会尽好义务，做好自己的本职工作，为维和队员的身体健康提供最强有力的保障，决不辜负党和人民的期望。"

老兵不老维和"四宝"

防暴队行动一分队分队长　苏子文
防暴队行动一分队三小队指导员　李　想

在中国第五支赴利比里亚维和警察防暴队，有位人人皆知的"老班长"——一个朴实憨厚的山东汉子，入伍16年的四期军士长，韩书旺。他是一个不折不扣的老兵。都说班长是军中之母，咱们的"老班长"有着一副古道热肠，"能帮就帮"是他的口头禅，加上心灵手巧点子多，队里的同志有事都喜欢找他。一来二去，韩班长成了防暴队的大名人，而最出名的就是他的四样"宝贝"。

一对巧手——艰苦奋斗好传统

韩书旺在原单位是一名名符其实的舰艇技术骨干，多次参加舰艇验收、年审、维修工作，还曾因技能过硬、表现突出荣立个人二等功。长期的技术岗位工作，让他养成了勤动手、善发明的好习惯，尤其是他的木工手艺，几乎可以达到专业的水准。来到任务区以后，由于物资相对匮乏，各类生活设备损耗难以及时补充，韩书旺就想用自己的手艺为队里做些什么。

刚进驻营区那会，清理仓库清出了一大批废旧材料，韩书旺每天空闲下来，就泡在废料堆里"淘宝"，一会儿捡几根木材，一会儿拣几条钢管。别人都不解："'老班长'，捡这些破烂干什么？"韩书旺也只是笑笑，说："有用。"果然，"破烂"很快就派上了用场。很多队员带了不少书籍来任务区，但宿舍里没有书柜，每次拿取都很不方便。韩书旺用收集的废旧木材，"叮叮当当"制作了十多个简易木质书柜，还别出心裁的刻上"UN"标志，刷上蓝漆，既美观又实用，还体现维和特色，大家都爱不释手。任务区天气炎热，队员们劳动、训练完，湿透的衣服没处挂，韩书旺又设计出一种折叠式的挂衣架，全部用废旧木料制成，使用方便，不占空间，一次可以挂一整个小队的衣服，一时间成了人人喜爱的"晾晒神器"。还有蚊香盒、小板凳、鞋架、置物架等。大家对韩书旺心服口服，夸他有双变废为宝的巧手。

但这些对韩书旺来说算小意思，他还有更大的用武之地。进驻任务区不久，防暴队决定建设海外党建展厅，展示党的辉煌历程和中国维和成就。各种室内装修、装潢设计工程量大，而且工期很紧，韩书旺主动请缨加入工程组，每天巡逻、站哨归来，脱下装备就一头扎进工地，与中资企业的工人师傅在闷热的室内不分白天黑夜地施工。终于，展厅在 2017 年 7 月 1 日前顺利完工，并举办了海外警地党员重温入党誓词活动。展厅内装饰美观大方、气势恢宏，成为防暴队献给党的一份生日贺礼。

认真工作的韩书旺

一副热肠——乐于助人学雷锋

防暴队里流传一句话："有困难找'老班长'！"这话不假，韩书旺不光有手艺，还有一副乐于助人的热心肠，平时有谁需要帮忙，韩书旺基本是随叫随到。常常看到他一会在菜地除虫浇水，一会在厨房帮着切肉洗菜，一会又在哪个宿舍帮忙修空调，活脱脱的就是一个"万事通"。

对于帮助他人这件事，韩书旺是"能帮的马上帮，难帮的想办法帮。人家说出口的要帮，没说出口的主动去帮"。就拿理发这件事来说吧，队伍驻扎在非洲，理发只能"自力更生"。在热带地区，人的新陈代谢快，头发半个月就长长了，140 名同志要理发，队里原先培训的几个理发师根本忙不过来。而韩书旺早有准备，他掏出自己在国内就采购好的理发工具，"韩氏"理发铺正式开业。韩书旺理发有特点，不仅速度快，发型整齐大方，而且绝对符合部队标准。

原来，出征之前韩书旺就考虑到了战友们的"头等大事"，他专门拜单位的"老师傅"为师，又结合实际情况，专攻条令条例中的几种标准发型，重点在如何提高效率、保证质量上下功夫。他一边练习一边琢磨手法，在单位给战友理，放假回家拿亲戚朋友练，那段时间，他身边的亲朋好友全是一水儿的"刚健式"发型。来到任务区，"韩氏"理发铺一开业就大受好评，大家都排着队来找韩书旺理发，中午、晚上、周末，他常常牺牲休息时间，冒着炎热和蚊虫，在室外一站就是几个小时，浑身沾满碎头发都来不及抖一抖。但韩书旺总是笑呵呵地为大家服务，从来没有不耐烦，他说："能给战友们带来方便，我个人累点也开心！"随着韩书旺的名声越来越响，联合国驻利比里亚特派团的外国顾问、大使馆的领导、中资企业的同胞也慕名光临"韩氏"理发铺，韩书旺的理发手艺正儿八经地走向了世界。

一颗仁心——战友冷暖记心间

在异国他乡执行维和任务，最让人牵挂的还是人身安全问题。来到任务区后一段时间，由于对气候、水土不适应，加上勤务任务繁重，很多队员患了感冒、腹泻、中暑等疾病。韩书旺看在眼里，急在心上，对生病的战友，他主动帮忙照顾，帮拿药，煮病号饭，嘘寒问暖，队员们都感动地说："'老班长'就像我们的亲大哥！"但韩书旺觉得自己做得还不够，他想："军医们不可能随时跟着队伍，执行任务时，小队里如果有卫生员，战友们的健康就更有保障了。"于是，他向队里提议，培训兼职卫生员配备到每个小队，实现基本的救护、保健、医疗服务自我保障。建议得到队领导的高度认可，并立即采用。韩书旺第一个报名参加培训，成了首批兼职卫生员中的佼佼者。从此，无论是外出巡逻、参加训练、定点驻守，他总是随时带着医药箱，臂上别着红十字臂章，在执行任务的同时为战友们的健康保驾护航。

韩书旺心细，什么都能想在前头。外出执行勤务，他总是提前看好天气预报，天气炎热、气温高，就用大桶泡好解暑凉茶，准备好清凉油、风油精、藿香正气水；下雨天，就用保温桶装好热腾腾的红糖姜茶和板蓝根冲剂。韩书旺时时把战友们放在心上，谁有不舒服的症状，他总能第一个发现。2017年5月，联合国驻利比里亚特派团组织开展大规模撤离演练，中国防暴队承担护卫及安保任务，当天太阳极为猛烈，室外气温高达40摄氏度，队员们穿着15千克重的装备在室外执勤近6个小时，对精神和体力都是极大的考验。轮换休息时，韩书旺惦记战友们，拎着医药箱走遍所有的哨点，叮嘱大家及时补充水分，减少皮肤暴晒。来到队员小彭身边时，他发现小彭嘴唇白、眼神飘、脸上的汗不住地往下滴，这是中暑的症状。韩书旺赶紧找到带队领导，将小彭从岗上换下来休息，给他喝藿香正气水，又用湿毛巾冷敷，不一会儿，小彭中暑的症状就消除了。在韩书旺和其他卫生员的努力下，他所在的分队从未在执行任务中出现伤病减员。

一双慧眼——隐患风险无处藏

作为一名老兵，韩书旺在普通队员中军龄最长、年龄最大。但无论是训练还是勤务，他都和比他年轻五六岁的小伙子们一起摸爬滚打，站岗巡逻，毫不含糊，给年轻人做出了最好的榜样。同时，多年的军旅生涯让韩书旺养成了过硬的军事素质和时刻紧绷的警惕意识。在平时的工作、生活中，有什么隐患苗头他总是第一个发现；战友们的装备有了破损，他总是及时提醒。大家开玩笑说："'老班长'人老眼不老"。

韩书旺的认真负责与高度警觉，在他执行营区警卫任务时体现得淋漓尽致。2017年8月正值利比里亚的雨季，一天韩书旺轮到后半夜的哨，凌晨4时左右，暴雨从天而降，雨幕遮挡了视线，50米外无法看清景象。韩书旺敏锐地感到这会给不法分子的潜入带来可乘之机。于是他打起十二分精神，不停用灯光扫射哨位周边区域。忽然，他发现几十米开外铁丝防护网处的草丛中有一个模糊的黑影，他仔细观望，黑影一动不动。难道是看花眼了？韩书旺决定先按兵不动，他把探照灯移开，假装放松了警惕，眼睛却死死盯着黑影的方向。过了一会儿，黑影又缓缓蠕动起来，这下没错了！韩书旺立刻将探照灯指向黑影，同时吹响警笛，并向领班员发出警报，快反小队火速增援现场！黑影处是两名当地男子，见势不妙，他们站起身来狼狈逃跑了。经查看，铁丝网已经被剪开一个口子，现场还留有嫌疑人逃跑时落下的铁钳、刀具。大家都吸了一口冷气，此处离物资库、车库、队员宿舍不到30米，一旦被潜入，后果不堪设想。人们常说，哨位就是哨兵的阵地，近1年时间里，韩书旺共发现、处置影响营区安全的事件12起，驱离、抓获企图盗窃或潜入人员8名。

说到维和，韩书旺总觉得亏欠家人，他一直惦念着母亲的身体，忘不了临出征前一儿一女不舍的泪光和妻子的谆谆叮嘱，但他说，部队也是家，战友也是亲人，只有大家一起平安凯旋，那才是阖家幸福。他愿意为了这个愿望贡献出自己的全部力量。

联利团的"中国师傅"

防暴队行动三分队八小队小队长　钟贻金

1个二等功、1个三等功、15次嘉奖、公安边防部队第三届"带兵模范"，还在全国公安系统英雄模范立功集体表彰活动中被表彰为"全国优秀人民警察"……这是中国第五支赴利比里亚维和警察防暴队的队员方林宝入伍以来收获的各项成绩。

方林宝在十多年的军旅生涯中，先后带领战士协助各级公安机关打击贩毒团伙2个、传销团伙10个，处置突发事件38起，抓获各类违法犯罪人员423人，查获各类毒品20.5千克，在打击违法犯罪一线上战功卓著。过硬的综合素质为方林宝的维和之路打下了坚实的基础，2017年年初他顺利通过联合国的甄选考核，正式成为一名维和警察被派遣到利比里亚任务区。

根据联合国安理会2333号决议，联合国驻利比里亚特派团（联利团）承担着"为利比里亚政府提供咨询，以建立国家警察的领导、内部管理、职业化和问责机制"的任务，此外，中国维和警察防暴队还承担了协助利比里亚国家警察行动能力重建并开展警务培训的任务。

作为一名有着丰富警务实战技能的全国边防实战教官团成员，方林宝被选为对外开展警务合作实战训练教官团成员，定期到联合国驻利比里亚特派团总部为利比里亚国家警察开展警务技能培训，将中国警察的警务实战技能传授给当地警察。在初次警务教学过程中，由于部分警务战术动作难度较大，在训的利比里亚国家警察学员难以掌握动作技术要领，在方林宝第一次演示擒敌格斗术时，其中"一招制敌"这个动作就反复教了好多遍，但效果并不是很好。

首次国外执教便遇到了困难，一连串的疑问在方林宝脑中冒出：为什么会出现这种情况？我们的警务培训内容对他们是否适用？能不能有更合理的改进？怎样才能增强培训效果？带着疑问，方林宝和防暴队其他教官团成员就如何提高警务培训进行了深入探讨，认为警务实战教学不能照搬照抄国内做法，应尊重当地文化差异，契合当地的执法环境和执法理念，在教学上要进一步强化沟通理解。

方林宝结合利比里亚的历史文化渊源和社会现实，分析当地执法面临的问题，并加强与当地警务部门沟通，了解当地执法理念，在教学实践中不断地总结完善警务实战教学培训机制。在联合国驻利比里亚特派团总部的第二次警务实战技能培训中，方林宝巧妙采用战训相结合的方式，同步配合讲解示范教学法，系统教授徒手防卫、别臂控制、压点控制等擒拿技术的战术运用和使用方法。为了让受训学员充分掌握，他一边重复战术动作展示，一边讲解技术要点……示范动作干净利落，讲解要点全面细致，在场的利比里亚国家警察以及联合国驻利比里亚特派团官员们纷纷竖起大拇指，对这名来自中国的维和警察发出由衷的称赞，他们对这种全新的警务培训充满了极大的兴趣。

警务技能培训活动开展以来，当地警察亲切地称他为"Chinese master"（中国师傅）。在和谐融洽的学习氛围中，双方教学相长，建立了良好的感情。每次外出巡逻时，执行任务的当地警察看到方林宝都会主动向其竖起大拇指并跟他打招呼。除了担任实战教官团教官外，方林宝在战备训练、日常巡逻、营区守卫、联合演练等方面也充分发挥其军事才能。他负责组织编排的单兵战术展示方队，先后出色完成联合国特别代表、警察总监以及各级联合国官员来队视察的展示任务，并获各方高度肯定。此外，方林宝还结合任务区工作实际，积极为训练献言献策，所在战斗分队多次圆满完成与尼日利亚防暴队、利比里亚国家警察开展的常规合练、联合演练等任务，队员们的战斗素养也得到了很大的提高。

在方林宝的带领下，防暴队掀起训练"比、学、赶、帮、超"的热潮，"维和超级战士"不断涌现。防暴队全体队员齐心聚力，队伍战斗力越来越强。

联利团的"中国师傅"方林宝在认真讲解训练

维和警察防暴队的"超级丹"

防暴队政工组干事　邓小东

精瘦的身躯，黝黑的脸庞，忙碌的身影，这是中国第五支赴利比里亚维和警察防暴队后勤分队水电工刘丹给我们的第一印象。

"刘丹，空调出故障了，帮忙修一下！""收到！"

"刘丹，房顶漏雨了，帮忙修一下！""收到！"

"刘丹，水管漏水了，帮忙修一下！""收到！"

防暴队对讲机四频道的电波里，"刘丹"是一个被高频率呼唤的名字。一声呼唤，一声应答；一项任务，一定落实，这是刘丹日常工作的真实写照。所以，他也被大家热情地称为防暴队的"超级丹"。他勤奋好学，成为修理的行家里手。

1992年出生的刘丹，从小就有拆装东西的爱好，家里的几台家用电器在他手里拆了装、装了拆，在反复不断的练习过程中，他自学成才，初步掌握了电器修理技术。父母看他喜欢维修电器，就把他送到九江职业技术学校学习电器维修。2011年，19岁的他应征入伍，在武警百色市边防支队机动中队开始了军旅生涯。入伍后，他还是忘不了老本行，为了进一步提高自己的技术，他买来各种电器维修专业书籍，潜心钻研，并在班长的带领下，将所学知识应用在实际工作当中。渐渐地，他不但熟练掌握了电器维修技能，还掌握了水电维修以及木工技术，单位里平时遇到电器故障、热水器安装、厨房蒸饭柜维修、油漆粉刷之类的事情，在他这里都是"小菜一碟"。渐渐地他也能独当一面，单独开展修理工作了。

班长的话，让他铭记一生

上士老张是刘丹的班长。在刚入伍的前两年，刘丹发现一个奇怪的现象，每逢春节来临，其他班长都争着休假回家过年，但是班长老张每次都留了下来。2013年春节将至，已经两年没回家过年的班长又留了下来。刘丹很纳闷，"班长，连续几年了，你怎么都不休假回家过年呢？"刘丹问老张。"我回去过年了，大家可能都过不好年了。"班长笑着回答道。刘丹一下子豁然开朗，原来，营区的水电设备使用多年都已比较老旧，但还来不及全体更换。为了保障大家过一个安稳的年，老班长便放弃了回家过年的机会，一直坚守在水电工的岗位上。"小小的螺丝钉，也发挥着重要的作用"，刘丹突然想到了班长经常和他说的话，这让刘丹感受到了身上责任的重大，更体会到了履行责任的不易。等到他成为士官时，老班长也顺利退伍。含泪挥别老班长，他也就成了那个过年留守的水电工，发挥着"小小螺丝钉"的作用。

拼搏进取，成功入选维和警队

2016 年 9 月，中国第五支赴利比里亚维和警察防暴队开始组建，急需像刘丹这样的维修专业人才。面对维和防暴队的召唤，刘丹心潮澎湃，但却犹豫不决，总队人才济济，我能选上吗？在踌躇中，领导和战友们看出了他的心思。指导员告诉他："防暴队有更广大的舞台，你的能力和素质大家有目共睹，去吧，家里还有兄弟们。"在领导和战友的鼓励下，他报名参加了选拔，与来自全总队各支队级单位的军事骨干和技术精英同台竞技，一较高下。经过层层甄选考核，在强手林立的选拔队伍中，刘丹不管是军事技能，还是专业素质都表现优异，赢得了选拔考官的肯定，在多名竞争对手中脱颖而出，成为后勤分队水电组的一名水电工。

默默奉献，用汗水打造口碑

水电工的工作说起来简单，干起来却非常烦琐，小到窗户插销，大到发电机维修；危险的有吊绳检修，脏的有卫生间查漏止水等，每桩每件都与生产生活息息相关。利比里亚温度高，降水多，装备器材极易损坏，来到任务区后，刘丹的工作比在国内更繁重了。除了维修任务，他还肩负着各种建设任务。在来到任务区半年多的时间里，他完成了海外党建展厅的建设、无土栽培蔬菜大棚的搭建、岗楼的修建……防暴队处处留下了他辛勤的汗水，虽然每天都很疲惫，但是凭着一股锲而不舍的精神，他完成了上级交给他的一项又一项任务，得到了队领导一次又一次的高度赞许。

完成的任务很多，其中最让刘丹自豪的是无土栽培蔬菜大棚的搭建工作。利比里亚长年高温多雨，持续的高温让播下的种子难以发芽，而刚发芽的幼苗一不小心就会被雨季的一场倾盆大雨冲掉。虽然搭建了自己的菜棚，但是营区面积有限，加上蔬菜生长周期长，防暴队的"菜篮子"里基本上都是肉类，绿色蔬菜成了"稀罕货"。大家由于缺乏维生素导致营养不均衡，防暴队领导看在眼里，急在心里，于是想到了利用有限的空间搭建无土栽培蔬菜大棚。这样，搭建无土栽培蔬菜大棚的重任就责无旁贷落在了刘丹的肩上。从地址的选择、图纸的设计、大棚框架的搭建、营养管道的铺设，刘丹都参与其中并发挥了自己的作用。面对建筑材料紧缺、材料规格不兼容、焊接难度大等各种从未遇到过的困难，有时甚至让他毫无对策。最后在同志们的齐心协力下，防暴队克服重重困难，历经 2 个多月，无土栽培蔬菜大棚终于搭建完毕。防暴队队员们终于吃上了"高科技"蔬菜，刘丹的脸上也露出了自豪的笑容。

没有完成不了的任务，没有克服不了的困难，没有战胜不了的敌人——这是刘丹的军旅格言，也是每一个防暴队队员的格言。正是因为有许多像刘丹一样的防暴队队员，才组成了中国第五支赴利比里亚维和警察防暴队这支维和铁军，才能在联合国驻利比里亚特派团树立世界一流维和警察防暴队的标杆。

"超级丹"夜间收集温度数据，高精度控制无土栽培蔬菜大棚内环境

维和警察防暴队的"'90后'车辆维修专家"

防暴队车辆维修组组长　姚佳位

　　他虽然年龄不大，却是防暴队里车辆维修方面的骨干专家；他虽然学历不高，却热衷于钻研车辆维修技术。每天的工作虽然辛苦繁琐，但他始终任劳任怨、兢兢业业。在中国第五支赴利比里亚维和警察防暴队里，大家都亲切称呼"90后"车辆修理队员叶升为"叶师傅"。

　　利比里亚被誉为"非洲雨都"，雨季频繁的暴雨给车辆维护和日常保养维修带来的挑战极为艰巨。

　　初到任务区，由于装备车辆长时间在坑洼、泥泞的道路行驶，且临近海边，执勤车辆磨损严重，防暴队49辆装备车辆就有30辆存在不同程度的故障和问题，如不及时排除故障，将严重影响日常勤务工作，一旦发生突发事件，维和警力将不能快速、及时、安全投送到目标区域。

　　为了不让任何一辆装备车辆"带病"执勤，"叶师傅"和车辆维修组的战友们便给自己立下了刚到任务区的第一个"军令状"：1个月内，排除装备车辆所有存在的问题和隐患。

　　由于任务区物资紧缺，无法在当地购买到合适的汽车零配件，且通过海运运送的汽车配件还未到达，缺少合适的配件便成为装备车辆维修最大的困难。

　　直面困难，唯有迎难而上方能圆满完成任务区的首个重要任务。"叶师傅"几经思量，提出了利用废旧配件及现有材料自制汽车配件的方案，有了想法就立即行动。前几支防暴队拆卸下来的配件便成了他的宝贝，"叶师傅"每天都研究和摆弄它们。

　　3辆车因离合油管爆裂无法正常行驶，他就地取材，利用空调铜管进行改造，经过开喇叭口、焊螺母接头等若干道工序，特殊的离合油管便制作完成。2辆淋浴车因挂挡拉杆腐蚀严重而断裂，他就用钢筋开牙制作挂挡拉杆，成功替换原来损坏的部件。5辆执勤车辆警灯破损，他就收集破损的废弃零配件进行改装更换，材料不足的部分就用细铜丝和胶水将饮料瓶及薄铁皮缝合粘补替换。1辆救护车和1辆防暴运兵车因老化造成2块玻璃完全损坏，他就用铁皮包裹木板做成了木窗,再打上玻璃胶喷上黑漆,既能防雨还能防风,又保证了美观,还解决了难题。

他的钻研劲儿不仅表现在技术上,还表现在实际工作中认真总结经验,由表及里,触类旁通。如今,他练就了一身硬功夫:只要驾驶员简单介绍,就能大致判断出问题的症结所在。

一天,巡逻小队报告一辆巡逻车在执勤过程中突然断电熄火,无法继续行驶。"叶师傅"经过一番仔细询问后,便做出了准确判断:车辆搭铁线松动。驾驶员在进一步的检查中证实了"叶师傅"的判断,经数十分钟的远程通信指导,便顺利将车辆修复,使巡逻勤务得以顺利完成。

一天夜里,一辆执行拉水勤务的车辆报告,车辆可能由于离合系统损坏,致使离合器无法正常使用,车辆不能继续行驶。"叶师傅"根据对该车辆的熟悉程度,马上做出准确判断:问题应该出在车辆传动轴上,建议驾驶员拆除断裂的传动轴,启用前轮驱动。经一番仔细检查,问题果然出现在了车辆传动轴上,原来由于分动箱至中桥传动轴因长期高负荷工作而断裂。"叶师傅"的准确判断,一次又一次成功地化解各种车辆的险情,为维和警察防暴队各项勤务的顺利进行提供了强有力的技术保障。

憨厚、朴实的"叶师傅"知道自己学历不高,要想在国际大舞台上出色地完成维和任务,唯有勤奋工作、刻苦钻研。"叶师傅"几乎把所有业余时间都用在了钻研汽车修理业务上,他积极向老汽车修理工请教工作中遇到的难题,同时利用休息间隙对拆换下来的零件进行研究和分析,认真研究车辆各系统工作原理和结构特点,将自己的满腔热情完全投入到了忘我的工作之中。

当被问到对汽车修理工作为什么这么执着和热爱时,"叶师傅"总是笑着回答:"只有保障好每一辆装备车辆365天、24小时无故障运行,我才是一名合格的汽车修理工、合格的中国军人、合格的中国维和警察防暴队队员。"

真情架起友谊桥　青春绽放和平花

防暴队行动一分队三小队小队长　韦　肖
防暴队行动一分队分队长　苏子文

李想，一名"90后"北京大男孩，一米八的个头，两条大长腿，身材匀称挺拔，浓眉大眼高鼻梁，笑起来露出一口整齐的白牙，颜值之高放到演艺圈也是妥妥的一枚"小鲜肉"。穿上维和制服，戴上蓝色方巾、贝雷帽，更让他显得英气逼人。而且，他不光颜值高，还有才华、有本领、作风硬，称得上是中国第五支赴利比里亚维和警察防暴队的形象代言人。

首席旗手——旗帜飘扬永不落

国旗代表着国家的精神，军人重视国旗甚于自己的生命。尤其对身在海外的维和防暴队队员来说，国旗有着重于生命的意义。李想，正是防暴队里当之无愧的一号旗手。

李想入伍第二年，就被选入广西壮族自治区公安边防总队仪仗队进行了严格的训练。2014年，他更是参加了中越边境平安建设年的升旗和阅兵仪式。拥有国际重大活动仪式的经历，于是他当仁不让地成了防暴队"国旗班"的班长，在紧张而繁忙的勤务、训练、学习之余，带着一群青春勃发、英俊帅气的小伙子，站军姿、踢正步、走队形。将近1年时间里，李想带领防暴队"国旗班"参加各类仪式22次，升旗50多次，让五星红旗高高飘扬在利比里亚的天空，将光辉投洒在每名维和队员的心中。

作为旗手，李想心中有两个最难忘的瞬间：第一个是当防暴队乘坐飞机抵达利比里亚首都机场时，李想作为防暴队旗手，高举鲜红的国旗走在队伍首列，让五星红旗在西非大地迎风飘扬，防暴队全体队员迈着矫健的步伐，踏上了西非的大地，正式宣告着维和任务的开启；第二个瞬间是李想被联合国仪仗队队长一眼相中，在联合国维和人员的检阅仪式上，担任升旗手，负责升起联合国会旗。这是中国维和警察第一次在联合国重大仪式中担任升旗手，开创了历史的先河。仪式当天，骄阳似火、晴空万里，李想在联合国和利比里亚政府官员、社会各界名流、各国维和警察的注视下，肩扛旗帜，步伐矫健，下肩、松索、挂杆、甩旗、一整套动作如行云流水，只见他气定神闲，缓缓拉动绳索，天蓝色的联合国会旗伴随着雄壮的会歌缓缓升起，曲终，到顶，分毫不差，现场响起一片惊叹之声。中国维和警察完美的表现征服了全场。仪式结束后，联合国秘书长特别代表里德·扎里夫、时任利比里亚总统瑟利夫专门走到李想面前，对他竖起大拇指。当有人问李想练好升旗动作的诀窍时，他笑笑："牢记要领，勤加练习，还有每次升旗时，心中想着祖国！"

仪仗队长——军刀挥舞展国威

伴随着雄壮的仪式进行曲，联合国秘书长特别代表法里德·扎里夫开始检阅中国第五支赴利比里亚维和警察防暴队。在他身旁，高举军刀护卫检阅的仪仗队队长正是李想。

来到任务区一段时间，随着防暴队表现优异，名声渐响。联合国驻利比里亚特派团、利比里亚政府高层纷纷发出请求，到防暴队营区参观学习。为此，防暴队组建了仪仗队，用于开展欢迎仪式。李想，又成了仪仗队长的不二人选。

仪仗训练，那可是队列训练中的顶级难度，要求动作的标准到位必须分毫不差，而且挥臂、举刀、脚步、眼神、声音要达到协调一致。仪仗队长更是仪仗的灵魂，容不得半点失误。李想身上的压力特别大，但他深知，代表祖国接受检阅是无上的光荣，决心已定："非专业的身份，专业的水准！"为了把流量卡省下来下载学习资料，他和女朋友都舍不得视频通话。每天边看边学边练，在宿舍、走廊、食堂，甚至在洗澡房，都能看见李想一遍遍地练习动作，口中还念念有词，大家都笑称他是"走火入魔"了。终于，全套动作顺利拿下。仪仗队成了中国维和警察防暴队又一张闪亮的"金名片"。

2017 年 11 月，联合国驻利比里亚特派团在中国防暴队营区举行和平勋章授予仪式，全体中国防暴队队员接受联合国秘书长特别代表检阅并授勋。这是全体队员日思夜想的一刻，更是对中国维和警察防暴队忠诚履职、拼搏奉献的最大褒奖。李想为了在仪式上表现出最佳状态，每天加倍苦练。然而，白天执勤、晚上站岗，再加上训练的极度疲劳，他在温习最难的"一刀入鞘"动作时，不慎将虎口割裂数厘米，血流不止。卫生队建议他缝针，但李想坚决不干，因为他知道，手一旦缝针，短时间内不能够做抓握动作，将无法参加检阅仪式。于是，简单包扎后，李想忍着疼痛又投入了训练。仪式举行当天，盛况空前，联合国驻利比里亚特派团高层、利比里亚政要数十人齐聚防暴队营区，海风猎猎、骄阳当空，防暴队队员整齐列队，李想手持金光闪耀的"天下第一刀"，英姿勃发，挥刀、报告、护卫检阅，流畅自如。检阅完毕，当联合国秘书长特别代表为李想授勋时，长久地握着他的手，动情地说："我记得你，升旗手！你是最棒的！"仪式完毕，李想脱下白手套，只见伤口包扎处已然渗出缕缕血丝。

在联合国驻利比里亚特派团举行和平勋章授予仪式上，作为护卫检阅的仪仗队队长
李想展现良好的风采

文化使者——增进友谊促交流

文艺青年，是李想身上又一张醒目的标签。生长于书香门第，母亲还是部队文工团的高级演员，从小耳濡目染，李想可谓一身文艺细胞，歌咏、舞蹈、朗诵、主持样样精通。而他最在行的是萨克斯演奏，达到了专业九级的水准。在防暴队中秋国庆晚会上，他一曲悠扬而深情的萨克斯独奏《回家》，勾动了思乡之情，将在场官兵和海外华人的思绪带回了远在万里之遥的祖国，许多人都忍不住流下热泪。凭着这门绝技，李想多次参加大使馆、孔子学院组织的中外文化交流活动，专业水准的演奏让各国听众为之折服。

李想还是维和警察防暴队龙狮队的队员，担当着重要的"职务"——舞龙珠。比篮球还大的龙珠，将近2米长的铁杆，十多斤的重量，李想舞起来虎虎生风，挥、甩、抛、接、翻、滚，伴着两条金龙穿越翻腾，时而游龙戏水，时而龙腾九天，各种高难度动作将中华民族的龙的神韵、龙的精神展现得淋漓尽致。可谁能想到,这么专业的表演水准,李想和战友们仅仅在国内进行了1个月的培训。来到任务区后，李想和战友们抽出时间排练动作、编排节目，每个人都瘦了好几斤，持杆的手磨出了血泡，长出了老茧。但功夫不负有心人，防暴队龙狮队成为中利文化交流中一道亮丽的风景线，多次出现在重大文化交流活动和仪式上。中国援建利比里亚国家体育场落成仪式上，李想带领防暴队龙狮队献上精彩的演出，将整场仪式推向最高潮，在场的来宾包括时任利比里亚总统瑟利夫、时任中国驻利比里亚大使张越都起立鼓掌，称赞"中国龙"为利比里亚人民带来了和平、友善、祥和。李想还带领龙狮队走进利比里亚大学，为学生社团表演和传授舞龙舞狮技巧，帮助当地大学生组建了自己的龙狮队，让中华龙文化在西非大地生根发芽，绽放友谊之花。

战斗先锋——危急关头挺身上

李想多才多艺，但可别认为他只是文艺特长。其实，他是正宗的实战专家、军事标兵、带兵骨干。11年的军旅生涯，李想历任班长、排长、副中队长、指导员，多次参加军事比武，还被部局评为优秀教练员。总队每年的骨干集训、新兵培训，每次都抽调他带队。

报名参加维和，李想更是凭借着优良的军事素质一路过关斩将，在总队初选、部局选拔、联合国甄选中都名列前茅，体能、警务技能、射击成绩样样拔尖，被防暴队领导委以重任，成为队中最年轻的小队领导之一。到达任务区后，李想带领小队人员团结一心、顽强拼搏，多次圆满完成重要任务。每次执行任务，李想总是要求将自己部署在风险最高、最靠前方的位置，在处置各类情况时冲在前头，为队员们做出了榜样。李想带领所在小队执行各类勤务110多次，处置各类事件22次，抓获违法嫌疑人3人，全部实现了圆满、顺利、安全完成任务。

2017年7月，联合国驻利比里亚特派团组织大规模紧急撤离演练，模拟任务区形势恶化，全部人员疏散撤离。中国防暴队承担集合点——联合国驻利比里亚特派团总部定点驻守与安全保障的任务。李想带领小队在各个通道、出入口巡逻，一刻也不敢松懈。演练开始后，数百名联合国各部门工作人员全部集合至联合国驻利比里亚特派团总部，大院里一时间熙熙攘攘，热闹非凡。这时，联合国驻利比里亚特派团警察部门负责人——总警监西蒙带领防暴办人员到场视察，李想按照既定方案对总警监展开要人警卫，他本人担任贴身护卫，眼观六路，耳听八方，神经高度戒备。忽然，李想发现 2 名身份不明、神色异样的人员向总警监快速走来，他立即指令队伍收缩保护，并用英文发出警告。但这两人不但没有停下，反而加快速度冲来，李想临危不乱，一步跨上前以身体护住总警监，手枪出套，指挥队员聚拢，形成人墙，在武力威慑下，嫌疑人见无机可乘，举手"认输"。原来，这是联合国驻利比里亚特派团安排的一个模拟警情，在事先没有通知的情况下，想给中国防暴队一个"惊喜"，结果成就了一个成功处置的典范。总警监非常满意，专门问了李想的名字，拍拍他的肩膀，说："李，你的表现堪称完美，我为你骄傲！"

国际教员——传道授业在西非

防暴队在任务区除了执行维和勤务，还有一项重要的任务就是帮助利比里亚国家警察进行重建。防暴队经过精挑细选，组建了一支精干的教官队伍。作为部局优秀教练员、总队军事骨干的李想是其中不可或缺的一员，他承担着要人警卫、武器分解结合、警务实战技能等科目的授课任务。面对一群黑皮肤、说着怪异腔调的"英语"、文化水平平均初中以下的"学生"，李想的心里不免"打鼓"，但他知道，这项任务不仅为满足利比里亚安全需要，更是中国履行大国承诺、展现大国担当的一部分。李想敢啃硬骨头的劲头又上来了，他咬咬牙：只许成功！不许失败！于是，他不分白天黑夜地编写教案，收集各种资料，光专业词汇就写了整整一个笔记本。他还利用巡逻和外出公干之机，尽可能与当地群众交谈，模仿和适应利比里亚式英语口音。功夫不负有心人，李想的授课深入浅出、切合实际，广受利比里亚警察学员们的欢迎，在培训的结业仪式上，学员代表托马斯警官深情地表达了对李想等中国教官的感谢："感谢你们的耐心与付出，你们亲身示范，手把手地教授，我们永远铭记，你们是最好的老师！"就这样，李教官的名声在利比里亚警察中也传开来了。一些学员甚至在工作中遇到难题，还打电话给李想进行咨询。

这支由中国维和警察防暴队培训的，为数 150 人的利比里亚成建制警队，在随后的利比里亚总统大选期间发挥了重要作用。他们被部署在首都和人口密集区域，多次成功处置群体性事件、暴力犯罪案件，并负责大型游行集会的秩序维持，有力地确保了大选顺利开展和社会持续稳定。

第四篇

多彩生活

没有我们中国人干不成的

防暴队后勤分队土建水电施工组队员　侯松林

侯松林在报告会上讲述维和故事

　　我是中国第五支赴利比里亚维和警察防暴队后勤分队水电施工组队员侯松林。打仗，就是打后勤。有一次，我们和一支外国防暴队开展联合武装长巡。我们顺利完成任务，而他们半路上就打道回府，为什么呢？他们后勤保障跟不上！

　　没有强大的后勤保障，就不可能圆满完成维和使命。维修设备，种菜、养猪，做饭、炒菜，通讯、防疫，都是后勤队员的职责使命。我们有车辆组、军需组、医疗组、通讯组、水电施工组，构建了"全员参与、全时供应、全程跟进、全方位保障"的战地保障新模式。我们都是一专多能，扛上枪就是战斗员，放下枪就是医生、就是厨师、就是修理工、就是水电工。

　　我就是水电工，主业是维修保养发电机组和冷藏设备。营区没有外接电源，就靠 3 台国产发电机发电。这些"老爷"发电机有些年头了，经常出状况。我常常对发电机说："我把你们供着，你们可别掉链子。"在我们精心维护下，发电机都能正常运转。

记得 2017 年 9 月 10 日，我例行检查机房设备，发现一台发电机漏油了。我一检查，是机油泵出油口的接头破裂。我的头一下子大了。这种两端粗细不同的接头，当地根本找不到。

找不到，就自己造！我在库房里翻了半天，找到两节铜管。我比对了一下，先把铜管焊接起来，再用锉刀把焊接部位打磨光滑，小心翼翼地攻螺纹，打磨、匹配，再打磨、再匹配。我琢磨了一上午，终于做出了合适的接头，发电机又欢快地轰鸣起来。

我通过小创新、小发明，多次自制零配件，为发电机保驾护航。把发电机"伺候"好了，营区就方便了、安全了。

任务区生活条件十分艰苦，特别是饮食方面。联合国驻利比里亚特派团提供的补给有限，肉类全是冻肉，蔬菜就以洋葱、土豆、胡萝卜为主。食材单一，时间久了，队员们出现便秘、口腔溃疡等症状，影响了战斗力。大家想吃口青菜，都是奢侈的事。

"建设西非南泥湾！"防暴队临时党总支发出令人振奋的号召。我们利用上一支防暴队留下来的大棚，播下蔬菜种子。但是，驻地土壤是盐碱地，蔬菜很难长起来。我们拉来了猪粪、木屑改良土壤，后来，黄瓜、南瓜、茄子、豆角等蔬菜长得还不错。

为了丰富菜篮子，我和战友撸起袖子加油干，搭建了 2 个无土栽培蔬菜大棚。把 PVC 管接起来，形成水流通道，在管道上方均匀开孔，再把固定在定植杯里的菜苗放进孔内培育。

困难接踵而至。我们从国内带来的 PVC 管不够，从联利团申领回来的PVC 管是欧洲标准，比我们的管要大一点，而且很多已经变形。我们发扬工匠精神，把国外水管破损部位锯掉，把弯曲部分压直，用铁丝固定。中国标准和欧洲标准如何对接，是突破无土栽培的"瓶颈"。我们开动角磨机，小心翼翼地磨薄国外水管接口，一个接一个地套入中国水管接头。

成了！我们建成了自动循环的现代化无土栽培蔬菜大棚。2017 年 9 月，我们种上了生菜、小白菜、空心菜、茼蒿菜。20 天后，就开始有收成了。

双管齐下，我们发展了有土种植、无土栽培，栽种了 15 个蔬菜品种，战友们每天都能吃上新鲜蔬菜。利比里亚总统事务国务部部长感叹说："我们祖祖辈辈生活在这里，都种不出无土栽培的蔬菜，中国防暴队却种出来了。"

有青菜吃了，我们又琢磨起吃新鲜肉的问题。我们想养猪，但难题又来了，出于环保考虑，而且由于宗教信仰原因，联合国驻利比里亚特派团不同意我们在营地养猪。

我们提交立体循环生态养殖方案，并请联合国驻利比里亚特派团按照联合国的核心价值观尊重多元化。最终，我们迈过了这道坎，甩开膀子搭建猪圈。我们捡回石头砌墙，把废旧的镀锌瓦翻新做成顶棚，建了4间猪舍。用剩菜剩饭来喂猪，用猪粪施肥种菜，实现了"潲水—禽畜—肥料—种植"循环利用。我们先后饲养了40多头生猪，基本做到肉类自给自足。

我们建起的绿色环保生态圈，成为联合国维和任务区一道靓丽的风景。中国驻利比里亚大使在微信朋友圈写道："如今的南泥湾，与往年不一般，再不是旧模样，是西非的好江南……我们的部队开到哪里，哪里就是一派丰收景象。"

我们建起的绿色环保生态圈，成为中国防暴队海外保障的"金名片"。联合国驻利比里亚特派团任务支持部主任惊叹："无土蔬菜大棚在联合国任务区内属于首创，极大增强自我维持能力，值得在联合国推广。"

是的！我们很骄傲，后勤不"后"，保障先行，我们不一样！我们很骄傲，修修补补、种种养养也是听党指挥、履行使命；我们更加骄傲，进入新时代，没有我们中国人干不成的事！

（本文为中国第五支赴利比里亚维和警察防暴队先进事迹报告会报告词）

"你们改变了我的生活"

防暴队行动一分队分队长　苏子文

　　清晨的蒙罗维亚，防暴队队员小张刚刚接哨，看到营区正门外不远处的垃圾箱旁有一个当地人的身影正在清理附近散落的垃圾。"嗨！丹尼尔！"小张像看到老朋友一样和他打招呼。年轻的黑人男子抬起头，咧嘴一笑，露出一口白牙。半个小时后，附近基本清理干净，黑人男子检视一圈自己的劳动成果，满意地点点头，对哨兵招招手，说："我去上班了，祝你有美好的一天！"这名男子名叫丹尼尔，家住蒙罗维亚，他的"学雷锋"举动源于几个月前与中国防暴队一次"不打不相识"的经历……

扒箱被擒

　　时间回到 2017 年 10 月，根据哨兵的反映，防暴队设置在正门外侧的垃圾集装箱夜间常常有当地人爬入翻捡物品。这样的行为不但扰乱了防暴队正常的秩序，也不利于当地人的安全和健康，可这些当地人一赶就跑、转头又来，打起了"游击战"，让哨兵们很是伤脑筋。队里一研究，决定来个"伏击战"，抓个"反面典型"。

　　这天晚上 9 时，哨兵报告发现一名黑人男子在垃圾箱附近游荡，行迹非常可疑。快反小队立即到达门侧隐蔽集结，做好了抓捕准备。果然，男子观察一会后，快速地从缝隙处钻入垃圾箱。时机到了，行动！队员们呈网状队形，迅速形成包围之势。垃圾箱大门打开，在几束手电强光的照射下，一名黑人男子躲在垃圾堆的角落瑟瑟发抖，不停地说："别伤害我，别伤害我……"见此情形，赶到现场的蓝队长好言好语劝说半天，男子终于慢腾腾地爬出来。经询问，男子交代他名叫丹尼尔，平时在防暴队驻地——自由港区打零工，过着饱一顿饥一顿的生活，受一起打工的朋友怂恿，想来防暴队的垃圾箱捡些食品和生活用品，想不到防暴队队员行动迅速，放风的朋友见势不妙，自己溜了，让丹尼尔成了"瓮中之鳖"。看着他垂头丧气的样子，防暴队队员们哭笑不得，心里虽然有几分同情，但毕竟违反了联合国规章和当地法律，还是要依法处理。移交给当地警察局前，蓝队长语重心长地对他说："贫穷不是你犯错的理由，我们来到这里是为了帮助你们，有困难可以向我们求助，但前提是你自己要先努力。"得知丹尼尔已经 2 天没吃饭，队员们拿来食品和水给他吃，看着这一切，丹尼尔留下了感动与悔恨的泪水。

幡然醒悟

因为不当的行为，丹尼尔被处以 5 天的拘留。在失去自由的日子里，丹尼尔反复思考蓝队长对他说的话，再想想平日里听到、看到的中国防暴队对利比里亚人民的帮助，真是越想越后悔，他决定要以实际行动来弥补过错。与此同时，防暴队队员们也没有忘记丹尼尔，专门向当地警局回访，了解丹尼尔拘留期间的表现，还利用巡逻的机会，走访了丹尼尔的家，给他的家人送去了一些急需的生活用品。用队员们的话说，这叫"在西非发扬爱民固边传统"。

几天后，丹尼尔的拘留期满，当他听说了中国防暴队对他的关心与慰问后，更加觉得心中不安。一天清晨，他鼓起勇气来到防暴队营区，当面向队员们表

丹尼尔向防暴队哨兵敬礼问好

示了自己的歉意，保证以后绝不再做类似的事情。被警察抓了以后回来道歉的，这可是头一遭。队员们感到意外之余和他攀谈起来。当得知丹尼尔曾经在一家公司开过卡车时，防暴队主动与自由港区管理机构沟通，为丹尼尔在自由港区找了一份驾驶员的工作。丹尼尔有了固定的收入，生活水平大大改善，再也不用捡垃圾了，可他似乎不太满足，还给自己找了一份新的"活儿"。

新的生活

每天清晨7时左右，丹尼尔都会出现在中国防暴队的营区门口，清理落叶和杂物，忙活完一轮后再去上班。队员们问他为什么这么做，丹尼尔眨眨眼，笑着说："你们说的啊，劳动才能有幸福的生活，所以我要多劳动。"一来二去，这个勤快开朗的黑人小伙子成了防暴队队员们的好朋友。

不仅如此，丹尼尔还成了中国防暴队的义务宣传员，常常主动劝阻欲图翻爬防暴队垃圾箱的当地人，还以自己的亲身经历教育大家。提起几个月前被抓的那次经历，丹尼尔会有些不好意思，但又很感慨，他说："以前我老想着不劳而获，中国防暴队教会我努力工作才能过上好日子，感谢他们对我的帮助，这改变了我的生活。"

丹尼尔在防暴队营区外自发清理垃圾

"上帝视角"看维和

防暴队通信组队员　蒙统平

2017 年 3 月，我怀着对非洲大陆绚丽风景的无限向往、对世界和平的期待，踏上了非洲这片神奇美丽的土地，开始执行为期 1 年的维和任务。

用无人机作为新型的摄影器材，拥有震撼的航拍效果及特殊的视角，被广大摄影爱好者称为"上帝视角"。

在维和任务中，无人机能实现对预定区域进行空中侦查，掌控着执行任务时的主动权。在利比里亚维和任务区，中国维和警察防暴队是唯一一支装备无人机的队伍。而我作为维和警察防暴队中的一名战斗队员，同时也担负着信息通信以及无人机操控的任务，因此有幸参与了日常巡逻、联合巡逻、长途联合巡逻等勤务及中国、尼日利亚、利比里亚三方联合训练演练、防暴队警营开放日等活动，并参与大使馆宣传片的拍摄，这些都极大地丰富了我在任务区的经历。

每当无人机升空，看着飞机回传在显示屏上的画面，俯视着利比里亚不同的景色，总有种一览众山小的感受，我用这特殊的视角记录下了在任务区的点点滴滴。无论是拍摄什么，精彩的画面并不是一次就可以拍摄下来的，需要无

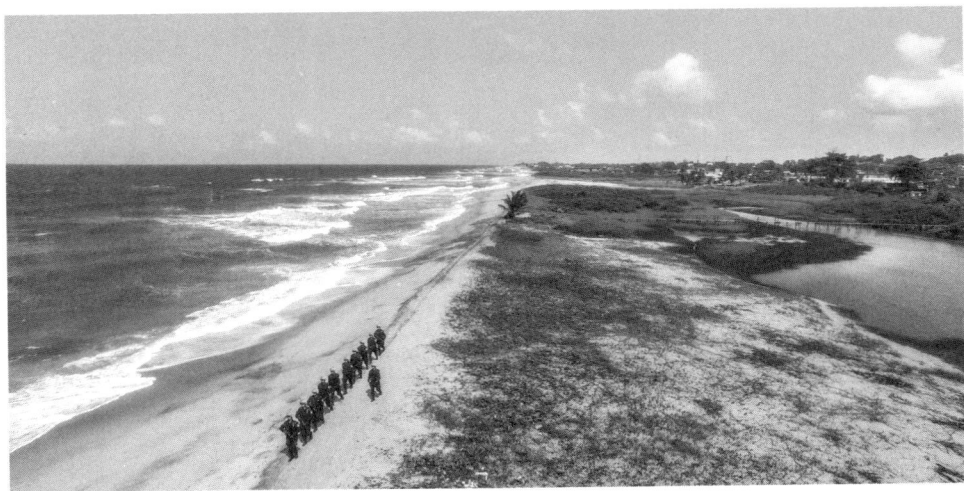

"上帝视角"拍摄维和队员在蒙罗维亚海滩巡逻

数次的尝试，所以每个精彩的背后都凝聚着辛酸和汗水。

记得在参加赴马里兰州哈勃长途巡逻任务时，因为路途遥远需要携带的保障物资比较多，我除了勤务所需携带的武器装备外，还要携带无人机、15 块备用电池、2 部卫星电话、短波电台、电影放映机和个人换洗的衣物，这些设备加起来的重量对于长途野外行军而言，简直是一次艰巨的挑战。蒙罗维亚至哈勃往返 1600 千米，都是在雨林中穿行，正值雨季，道路泥泞、坑洼颠簸。在不断的颠簸中，我的无人机云台摄像头排线断裂，无法拍摄，这是我在这次勤务中最大的遗憾。

非洲大地矿产丰富，许多拍摄地点环境磁场混乱，对无人机的飞行干扰很大。在一次拍摄过程中，无人机的指南针受到地下矿脉磁场的影响，控制系统自动保护无法起飞，但是这场景是整个拍摄任务必须要有的镜头，为了完成任务，我将无人机起飞点转移到 1 千米外的远离磁场混乱区的地方起飞，并且拉高拍摄的高度。尽管干扰还存在，但对无人机飞行安全已不构成实质影响，顺利完成了那次艰难的拍摄任务。

由于无人机拍摄的画面效果震撼，联合国驻利比里亚特派团指定中国防暴队为联合国驻利比里亚特派团星基地拍摄一张平面图，作为星基地的战略地图。队里把这次的任务交给我，让我务必按高标准完成拍摄。在拍摄过程中，由于星基地面积太大，无人机飞得太低镜头不能一次拍完，飞得过高，又会造成图像分辨率低、模糊，达不到理想的效果。当看到无人机在半空回传的图像，我的心就像被浇了一盆冷水：这怎么拍？经过多次尝试失败后，我突然想起有一次朋友在聊天中提起过九宫格照片，让我找到了灵感：对，为何不能利用拼图来完成呢？主意既定，即刻实施。我将星基地按格划分拍摄了 120 张照片，并耗时 2 天对每一张照片进行细致比对、筛选，用图像处理技术完成图像之间的无缝拼接，星基地的全貌终于尽收眼底。星基地主任收到这张星基地有史以来最完整的"自拍照"后，激动地发来感谢信："Many thanks for such an excellent photograph of Star Base, a real professional job – this is exactly what we wanted.（非常感谢你们拍出这么优秀且专业的星基地照片，这正是我想要的。）"

无人机将我的视野带上了蓝天，让我站在更高、更广阔的视角欣赏这个美丽而浩瀚的世界，留给了我维和岁月里最珍贵的记忆。每当看到无人机旋转着机翼缓缓升空，我都会由衷地感谢这位"老朋友"给我带来的欢乐和自由，更感谢它为防暴队留下的不可磨灭的记忆，记录下这段远征西非的峥嵘岁月！

把维和的声音传递给吴京

防暴队政工组干事　梁史卓

2017 年 8 月，《战狼 2》燃爆中国内地电影票房，占据各大媒体的头条，在口碑和票房上均获得巨大成功，足见军事题材电影在国人心中的份量，足见爱国热情在每一个中国人内心的地位。

中国第五支赴利比里亚维和警察防暴队的官兵，在 13000 千米外的任务区通过网络听闻这一"电影奇迹"，精彩的影评和观众的一致叫好不断让每名防暴队队员内心热血澎湃，无奈艰苦的任务区不具备观影条件，队员们依然只能对着不断刷屏的信息"望梅止渴"。

"我们试试联系一下吴京，让我们的队员在西非看一场《战狼 2》。"队领导的想法创意十足。这样的想法是我"没想过"也"不敢想"的，一是平台跨度太大，涉及的环节多，沟通协调的难度可想而知；二是我们与祖国远隔重洋，仅仅为了我们一个小小的心愿而如此大费周折，至少我不敢抱太大的希望。

防暴队队员向吴京"喊话"拍摄现场

我们将这个想法告诉了国内的中央电视台，他们听了我们的想法，表示能联系上吴京，他们还建议我们通过网络视频的方式"喊话"吴京，会更直观和生动。这样做的好处是，通过简单的一个"我们想看电影"的心愿，会让更多的人了解维和警察，让更多的人了解中国参与的海外维和行动。

听闻要"喊话"吴京，队员们都觉得不可思议，彼此各自的领域距离甚远，能与一个头顶明星光环的人对话，这实在让人难以置信。而吴京会不会做出回应，也是每个人心中最大的疑虑。然而无论如何，队员们热情高涨，参加拍摄的战友们在炽热高温下全副武装，即使还没拍到自己的镜头，也一样在现场耐心等待，一边讨论着网上关于《战狼2》的段子，一边畅想着吴京看到片子后的反应。

队员方林宝是第一个出镜的，这位集"十大爱兵模范""全国优秀人民警察"等荣誉于一身的"兵王"，举止语气一如既往地硬气。"看到战狼就像看到我们自己。"他一脸自豪地说。《战狼2》的故事背景是在海外，且同样是在非洲，作为退役军人的冷锋即便已经脱下军装，也依然在人民和国家遭受侵犯时毅然挺身而出，这就是中国军人的本色，"中国军人就是这样，我们，永远都是这样！"

第二个出镜的队员是李想，当我问及他对电影的想法时，他说："我们是军人，也是有血有肉的热血男儿，但由于任务需要，很多时候我们给外界的印象是'神秘'的，即使是家人也经常会误解我们，《战狼2》将中国军人的形象进行了深入的雕琢，我相信会有更多的人对我们有更好的理解。"

在拍摄时，两名"90后"队员平甫、刘东祺毫不掩饰对强大祖国的骄傲和自豪，他们说，每当看到那张冷锋举着国旗走过交战区的海报，总能想起我们的猛士车前窗上贴着的小国旗，每当人们看到贴着这面国旗的车子，总会竖起大拇指称赞"CHINA，GOOD！（中国，好样的！）"这是给予防暴队的肯定，更是给予祖国的赞美。

拍摄完毕，天色已暗，紧锣密鼓整理素材、剪辑之后，营区早已灯火阑珊……

第二天醒来，手机绿色的呼吸灯频繁闪烁，十几条微信占满了屏幕，在过去的8个小时里，我们的声音席卷国内各大网络媒体，一度跃升微博热搜榜排行冠军，点击量破亿，动辄上万条的评论区中，满满地洋溢着网民们的感动和敬意……

早在当天7时34分，吴京已通过微博回话：亲爱的兄弟们，你们在非洲代表祖国进行维和行动辛苦了！收到邀请我非常感动，正在积极联络，希望能以最快的速度与大家分享《战狼2》！如因放映条件实在无法支持，则静待凯旋之日邀请各位战友一同观赏！向你们致敬！

20时12分，CCTV4官方微博回信吴京：我们把吴京微博的回应第一时间反馈给中国第五支赴利维和警察防暴队全体队员，他们表示，前方全体指战员很受鼓舞，士气非常高涨！

8月9日18时29分，吴京再次通过邮箱回信：

致中国第五支赴利比里亚维和警察防暴队：

你们好！我是电影《战狼2》的导演吴京。

收到来函后，《战狼2》剧组倍感荣幸。为了能跟大家尽快分享《战狼2》，我们已准备好一套移动放映设备，正在解决技术问题及等待相关部门的审批流程，争取第一时间送达并安装放映。作为《战狼2》对维和事业的小小贡献，希望这套放映设备能够把更多影片带给你们，并在维和部队中传递下去，为未来每一批参与维和部队的战士们带来精神食粮，充实大家的紧张生活。

感谢你们为维护世界和平做出的贡献！

向英雄致敬！

吴　京

2017年8月9日

百感交集，无以言表。

这次远跨重洋的对话，之所以引起如此规模的关注和热议，完全归结于中华儿女心中的爱国热情和希望祖国日益强盛的夙愿，寄托着每个普通民众对于维护世界和平的希冀。如果能称之为成功，那么这个成功将属于电影人和网络媒体工作者，属于奋战在海外的维和队员，也属于支持和献身国防事业的人，更属于为祖国的强大和腾飞而辛勤努力的每一个中国人！

蒙罗维亚自由港的夜跑精灵

防暴队医疗防疫组医生 陈 达

每当夜幕降临的时候，在蒙罗维亚自由港中国维和警察防暴队营区里，到处都会看到"夜跑族"的身影。他们奔跑在"华灯初上"的宿舍走廊上，奔跑在风景优美的大西洋海岸边，奔跑在距离家乡 13000 千米的西非大地上。

他们有的三五成群，边跑边聊；有的背着小型音乐功放机，制造愉悦的氛围，活力四射；有的独自一人，戴着耳机，伴随着自己略微急促但有规律的呼吸声，享受着奔跑带来的畅快。他们是防暴队的"夜跑精灵"，他们的奔跑给寂寞的黑夜增添了生命的光彩，在夜间的营区形成了一道亮丽的风景线。

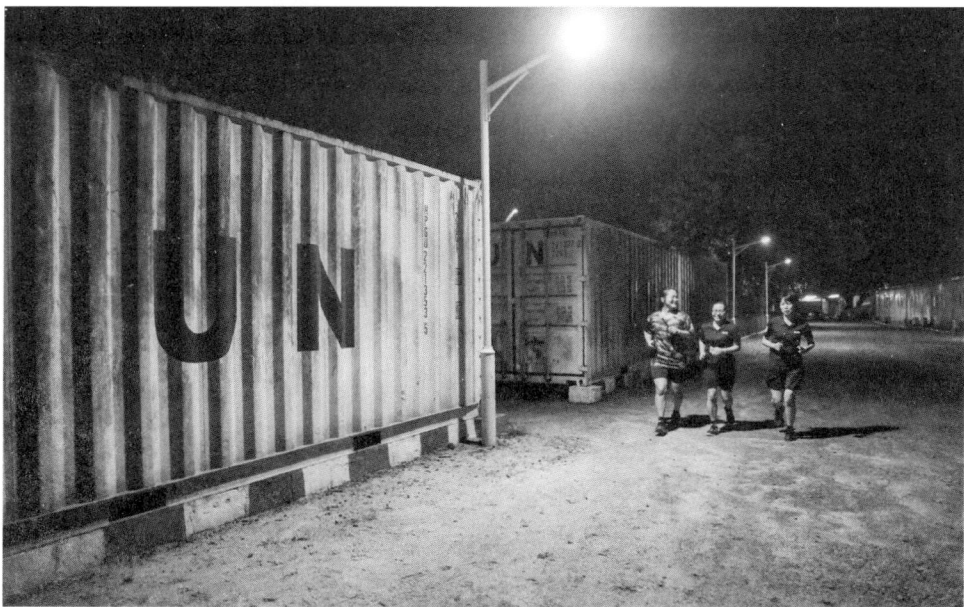

防暴队女队员边闲聊边慢跑

中国维和警察防暴队，是驻守在利比里亚首都蒙罗维亚的维和中坚力量，防暴队队员维和勤务繁重，平日里很难腾出时间进行锻炼，夜跑便逐渐成为他们兼顾时间和精力、平衡工作和健康的两全之策。夜跑不仅增强了队员们的体质,还释放了紧张工作带来的压力,使身心都得到放松,成为健康生活的加油站。

在朦胧的月色下,在昏黄的灯光中,防暴队指挥中心的女队员史静、张莹和一级医院的李丽梅相约夜跑。史静在刚到任务区时就培养了夜跑的习惯:"我喜欢夜晚营区的静谧。"受她的影响,张莹和李丽梅也加入了"夜跑"的行列。在夜幕降临之时,她们绕着营区奔跑,边跑边分享当天在工作上的趣事,又或是回忆过去的难忘时刻。在相互的倾谈中,她们觉得很开心、很充实。

体型健硕、身体矫健的行动二分队教导员秦宗润可是个资深的运动健将,坚持跑步已有 10 个年头,夜跑也是他酷爱的运动之一。作为防暴队夜跑的倡导者,他见证着防暴队夜跑运动的发展,参与者从最初的零零散散到现在的颇具规模。对于夜跑,秦教导员有着科学的计划,每周 2 次 5 千米轻松跑,一次 10 千米健康跑。"自来到任务区后,即使再忙也会每天利用工作之余完成原定的跑量计划。之所以如此,只为心中的一种坚持,这种坚持就如同对待工作一样,初衷不变,心无杂念,一如既往!"秦教导员如是说。

防暴队队员秦宗润在营区中奔跑

"为什么夜跑?减肥呗!"后勤分队的炊事员陈长宁在回答这个问题时毫不犹豫,"早上我们早起,给兄弟们准备早晨,白天就是洗菜做饭搓面,我们要尽力保障好伙食,让兄弟们吃出健康吃出战斗力,所以只有晚上有时间。晚上不仅凉快，而且跑完步回去好好地洗个澡睡一觉，这是最舒服的事。"据了解，通过几个月的坚持，陈长宁的体重从开始的 87 千克下降到现在的 80 千克，既达到了减肥的目的，又有效地锻炼了身体，为更好完成维和任务提供了坚实的保证，这是他选择夜跑的重要原因。

跑步过程中队员们互相鼓励，使得锻炼过程变得轻松愉快，很多队员都由当初一次只能跑 3 千米到 5 千米，慢慢地变成了 10 千米，甚至 20 千米，循序渐进地增加了锻炼强度。"看着自己一天比一天跑得快，哪怕只是微不足道的一秒钟，我都会感到非常激动！"张维的兴奋之情溢于言表。不过谈及夜跑的收获，他觉得最重要的是学会了坚持。"夜跑可以磨炼我的意志。坚持、坚持、再坚持，每天都跑，这就是对我意志的锻炼。"

这样的夜间跑步锻炼，队员们已坚持几个月用各种跑步软件晒出自己的跑步计划和每天跑步完成的里程数，在 QQ 和微信朋友圈分享不同的体会和收获。"我也许不能超越与我一起奔跑的每一个人，但我能在黑暗中燃烧出另一个自己，比以前的我少一分躁动，多一分平静，少一些抱怨，多一些毅力，少一点疑惑，多一份勇气。""夜跑，就像饿了就要吃饭那样自然，生命不息，奋斗不止。""感受生活中最平常的美。""要获得自己从未有过的东西，必须拼了命去做自己从未做过的事。"

对于一支队伍来说，最关键的不是武器装备，而是有一群充满正能量，并且积极进取、勇于追求的队员。中国维和警察防暴队队员奔跑在路上，用脚印丈量青春之路，在夜幕中、跑道上演绎着自己的亮丽青春。

"巴铁"到底有多铁

防暴队政工组干事 段书达

　　在中国人民心目中，巴基斯坦始终是可以信赖的"铁杆"朋友，中国网民亲切地称之为"巴铁"，这是中巴友谊的真实写照。在来执行维和任务之前，"巴铁"这一概念在我的脑海中似乎只存在于网络报道中。在利比里亚任务区，联合国利比里亚特派团巴基斯坦二级医院就坐落在离我们营区不远的星基地。我作为中国维和警察防暴队队员，来到任务区已经超过半年，平时工作与生活中的点点滴滴让我真正体会到了"巴铁"这一词汇所代表的牢不可破的中巴友谊。

"巴铁"兄弟参观防暴队的"八桂田园"

不只是朋友，更是"铁"兄弟

　　2017年4月26日，巴基斯坦驻利比里亚二级医院开始换防工作，新到任的第十四任院长穆罕默德中校刚来到任务区就来到我防暴队进行拜访，他们对中国一级医院高效的卫勤保障能力给予了充分肯定，同时也对中国防暴队为巴基斯坦二级医院提供的大力支持表示衷心的感谢。

第一次见到"巴铁"兄弟，高高的个子，一脸络腮胡，一个标准的敬礼后向我满脸热情地介绍："我叫阿米尔，是巴基斯坦联络官。"我回答道："It's nice to meet you，my friend（我的朋友，见到你很高兴）"，没有想到"巴铁"兄弟马上说道："Not friends，we are brothers.（不是朋友，是好兄弟）"有些尴尬的同时我的内心也瞬间被他的言语所触动，与他紧紧相拥。在准备离开的时候，我的"巴铁"兄弟紧紧握住我的手说："Long live Pak-China Friendship！（中巴友谊万岁！）"。

五星红旗见证两国"铁"一般的感情

应联合国利比里亚特派团巴基斯坦二级医院请求，2017 年 5 月 22 日，中国维和警察防暴队应巴基斯坦二级医院之约向其赠送一面中华人民共和国国旗，并在医院营区举行了庄严而隆重的赠旗仪式。

仪式结束后，和我一同保障摄影摄像的"巴铁"兄弟拿出了自己的手机对我说："我们一起拍张照片吧。"我当然非常开心地同意了，没想到拍照的时候，旁边的"巴铁"兄弟一个接一个地涌了过来争相和我拍照，我真是感到"受宠若惊"，体验了一把当明星的感觉。

中国防暴队队员在巴基斯坦二级医院与"巴铁"兄弟留影

拍照的时候，一个个子不太高的"巴铁"兄弟从人群中挤了过来，兴高采烈地从自己的上衣口袋里拿出一块用手绢包好的东西，我感到十分好奇，是什么让他如此兴奋，待他慢慢打开手绢，才发现是一枚贴在胸前的中国国旗徽章和一枚巴基斯坦国旗徽章。我的内心深深地被他的行为触动，小小的国旗放在胸前，深深的情谊放在心间。我们在鲜艳的五星红旗下双手紧紧握在一起，高呼"中巴友谊万岁"，一同相约在西非加深友谊，维护和平。

任务区的"全天候"友谊

在任务区，中巴之间时常的文化交流与联谊活动中无不体现两国人民为不断深化彼此友谊而做出的不懈努力。

但凡是中国维和队员，无论什么时候来到巴基斯坦二级医院做客，都会受到贵宾般的隆重款待，巴基斯坦军队的各级官兵不论在什么样的场合，只要一见到我们，无不亲切友好、一见如故。而且那种真挚的情感绝对不是客套，而是一种发自内心的真实情感流露。而中国维和警察防暴队也总会为巴基斯坦的客人提供最热情的帮助。

每当回想起这些情景，我都由衷地感到，在距离祖国万里之遥的地方，巴基斯坦军队官兵所展现出的热情与友好，正是中巴"全天候"友好关系的生动展现。

中国有句古话，"博弈之交不终日，饮食之交不终月，势利之交不终年。惟道义之交，可以终身"。中巴是道义之交、患难之交，不仅可以终身，而且可以代代相传。巴基斯坦二级医院是我们防暴队在联利团的合作伙伴，2支部队在利比里亚履行维和期间互相帮助、并肩作战，是名副其实的"好兄弟"，不断书写着中巴友谊新篇章，为持续巩固深化中巴两国友谊而奋斗。

你好，中国！

防暴队指挥中心参谋　韦德臣

　　终于静下心来写几句话时，报回国内的日报已经是第 211 期。到任务区以来，经历了无数个第一次，留下了很多深刻的回忆。但不管经历多少、感触多少，有一声轻柔的"你好，China（中国）！"始终让我感觉最为刻骨铭心、难以忘怀。

　　那天是 2017 年 4 月 5 日，进驻任务区的第 25 天。晚上 8 时许，我第一次随队与联合国利比里亚特派团军事观察员到蒙罗维亚旧玛塔迪住宅区执行夜间联合巡逻任务。在猛士越野车低沉的咆哮声中，我透过车窗看着人们在街头昏黄的光线里穿梭，他们黝黑的肌肤随着闲散的脚步逐渐融入夜色，一切显得神秘而又慵懒。虽然利比里亚停战多年，整体局势日趋稳定，但由于经济发展滞后、基础设施缺乏，即便是在首都蒙罗维亚，市政电力供应只局限特定区域和时间段。像旧玛塔迪住宅区这样的平民社区，基本没有正常的电力保障，视线所及之处就是来往车辆灯光照射的地方。

　　道路两侧，一些摊贩摆着烧烤架，眼睛紧盯着吱吱冒油的食物，双手灵活的舞动着烤签，时而和等待购买的人说着话，时而向过往的行人大声吆喝。在路上闲逛的人们也许是不想早早窝到漆黑的房子里，趁着宵禁之前出来兜兜风、逛逛街。不时有年轻人骑着摩托车快速从车队两侧超过，身体随着车头的转向夸张地扭动，展示他们的车技。蒙罗维亚的夜，显得那么悠闲、那么随性。如果不是周围破败的建筑物外墙还残存着枪痕，如果不是坐在喷涂着"UN"标识的车辆中，如果不是穿着防弹衣戴着防弹头盔，如果不是手里握着冰冷的枪支，我甚至都有一种正在异乡游玩的错觉。初到非洲这块古老、神奇而又陌生的大地，总想找到赵忠祥老师解说的《动物世界》中的场景，总想看看在热带雨林人与自然和谐相处的画面。但作为一名维和警察防暴队队员，现在唯一的想法就是如何完成好这次夜间联巡任务。

　　"军事观察员下车走访时，要人警卫小组要全程护卫，注意观察周围情况。你留在原地负责车队的后侧警戒任务，要坚守战位、高度警惕，如有突发情况要及时报告。"我一边看着车窗外的夜色，一边回想着指挥员在勤前部署时下达给我的任务。

当车队行进到一段车流较少的路面时，对讲机传来指挥员的声音："车队注意准备靠右停车，军事观察员将在这个区域走访，要人警卫小组下车后迅速就位，警戒队员要注意观察周边情况！"

"1 号车收到！""2 号车收到！""3 号车收到！"在连贯的回令声中，车队缓缓停靠在道路右侧。

"警戒人员下车！"听到指挥员的指令，我在确认后方无来车之后，迅速打开车门下车警戒。

"呼……"，刚一下车，热浪就扑面而来，整个人如同进入了蒸笼，即使已过晚上 8 时，但热气仍然未消。

就位报告车队后侧安全后，随着"咔咔嘭嘭"的开关门声音，要人警卫小组成员随着军事观察员离开车队开始进行走访。按照任务部署，驾驶员留在车上随时做好准备，车队前侧和后侧各安排一名警戒队员。现在，车队后方就剩下我一人。

"轰轰轰……"一辆摩托车飞快地从我面前驶过，坐在后座的是一个黑得只看见眼睛的男性青年，全副武装的我引起了他的注意，我甚至能够感觉到他的眼睛像扫描仪一般，从我的头盔到防弹衣再到手中的武器依次过了一遍。车辆疾驶过后，隐约听到他在和车手聊天，中间夹杂着"UN"的声音。

"哒啦……哒啦……"，一个身材臃肿的中年妇女挺着腰杆拖着步子慢慢地走了过来，头上还顶着一个大号的澡盆，虽然看不见盆子里面装的东西，但从她微沉的脚步声中可以判断重量不轻。我通过眼睛余光能感觉到她一直斜瞟着我，她应该对"UN"人员和车辆十分熟悉，从车队旁边走过的时候脚步没有丝毫迟滞。

街头的热浪一阵阵搓揉着我的身体，如同拧毛巾一般，汗水从发际滑落，越淌越大，慢慢浸透了防弹背心裹着的战训服。虽说"心静自然凉"，但在未知的黑夜中，最容易引起无限遐想，最容易引起紧张的感觉。我也没有例外，在陌生的国度、陌生的社区，身边来往着陌生的人群，还接受着陌生眼光的审视，加上这里历经多年战乱，不少枪支散落民间，而且当地民众并非对"UN"都持有好感，说不紧张那是自欺欺人。我绷直着身体，眼睛高速地扫视着周边的环境，警惕地观察着周围每一栋楼、每一处灯光、每一辆车、每一个人，紧张的气氛逐渐弥漫开来，空气都似乎凝固了。

　　突然，身后传来一声"吱呀"的声音，我心里一跳，迅速回头一看，原来是有人打开了身后的居民住宅大门，紧接着一个小小的脑袋从门缝探了出来，头上还扎着非洲十分流行的"脏辫"，亮晶晶的眼睛在黑色的皮肤衬托下像两颗小星星，随着眨眼的动作一闪一闪的，显得额外活泼灵动。

　　原来是个十一二岁的小女孩！我确认情况后松了一口气。

　　"你好，China（中国）！"正当我准备转身继续观察路面情况时，突然听到这个小女孩用轻柔的声音说了一句标准的汉语"你好"，还加了"China"表示正在和我打招呼。

　　听到小女孩的声音，我瞬间有些失神，紧接着感觉有一股暖意软化了有些僵直的身体。她竟然会说汉语，而且还主动向我问好！这是我第一次在非洲听到非洲人用汉语和我打招呼，而且还是一个素不相识的小女孩，眼神还那么的清澈。

　　"How are you，You can speak chinese？（你好，你会说中文吗？）"我操着带有浓重壮话口音的"三脚猫"英语十分讶异地问到。

　　"A little！（会一点儿！）"小女孩缩着脑袋怯生生的回答。"The teacher told me that the Chinese are very good！（老师告诉我，中国人非常好！）"然后说了一大串英语，还朝我竖起了她小小的大拇指。

　　虽然我不是语言队员，但凭借多年前积累的英语词汇量，还是能够听得出teacher、told me、Chinese、very good 这几个关键词。

　　"Yes！ we are good friends！（是的！我们是好朋友！）"我微笑着朝小女孩回了一个大拇指。看到我友好的回应，她开心地蹦了起来，并扭头快速地挥手，似乎在招呼另外一个人。虽然我听不明白过于复杂的英语，但从她的表情和动作不难判断是在表达快乐的心情。

　　"吱……"大门又被打开了一点点，从小女孩的腋下突然探出一个更小的脑袋，蓬松的短卷发裹着圆圆的脸蛋，两只亮闪闪的眼睛滴溜溜地乱转，在看到我之后突然就定住了，似乎在脑门上突然出现了一个大大的惊叹号。好卡通的小男孩！借着来往的车灯，我好不容易看清了这个满脸写着好奇的小家伙。我冲着两个小孩微微一笑，转身继续执行警戒任务。

　　"咯咯……咯咯……"我刚一转身，两个小家伙就立刻兴奋的嬉笑打闹起来。也许，中国维和警察防暴队威武之师、文明之师、和平之师的形象已经深入人心，能够得到我的回应，让他们感觉到十分开心。毕竟，在他们眼里，我代表着老师说的"非常好的中国人"。可是，他们却不知道，那个时候我的心里有一种难以言喻的莫名感动，似乎特别温暖、特别自豪、特别骄傲，温暖的是非洲人民对于中国人的信任和友好，自豪的是非洲人民眼中的中国是"very good（非常好）"，我骄傲的是坚持的"四个自信"展现出了魅力。

那晚，两个小家伙一直在门后探着脑袋看着我执行勤务，只要看到我注视他们，就会很兴奋地向我招手、竖大拇指，并且反复说着"你好"。因为在执勤，我不能和她（他）们进行太多交流，只能回以微笑，直至结束任务离开那里。

直到现在，我也不知道两个小家伙的名字，但她（他）们那纯真的笑脸、质朴的性情、清澈的眼神、活泼的笑声，特别是那一声轻柔的"你好，China（中国）！"怯生生的问候带着暖融融的心意，瞬间转变了我的心态，从此让我逐渐融入蒙罗维亚。从那以后，我知道，这一辈子，已和蒙罗结下了永远解不开的缘分。

维和让我更注重细节

防暴队车辆维修组组长　姚佳位

之前常听人们说"细节决定成败"，但我却一直未能深刻领会。在国内，我们所面对的大部分迎检工作通常有 3 个标准："优秀""合格""不合格"。马虎大意的我在工作中常常带着"差不多"的思想，以不在乎"精益求精"为借口，将"合格万岁"作为目标，应付着各项检查。自从参加维和任务以后，作为防暴队车辆维修组组长的我才逐渐体会到细节的重要性，因为在联合国考核标准里永远只有"YES"和"NO"。

记得在中国维和警察培训中心参加驾驶培训时，教员对汽车驾驶的操作规范提了很多要求，如启动前对车辆仪表进行检查、对操纵机构性能进行测试等。已有 10 年驾龄的我却不以为然，自认为就是简单的道路驾驶和侧方停车，没有什么大不了的。

姚佳位在认真维修车辆配件

而就在联合国甄选前，教员们组织我们开展了一次模拟考核。调整座椅、系安全带、检查仪表灯光、调整反光镜，一连串动作我完成得行云流水。但就在我报告获准起动车辆时，突然发现自己忘记检查挂挡杆，于是我立即停止点火动作，伸手检查了下挂挡杆是否归位，不出所料，果然前一名驾驶员操作后未将挡位归回空挡，如果我当时鲁莽地启动车辆，就会造成车辆前冲熄火。

这时，教员笑笑看着我，说："如果这是联合国甄选考核，你就会由于这个失误，因危险驾驶而直接被淘汰掉。"这让我这个"老司机"惊出一身冷汗。一个细节的遗漏，差点让我与维和失之交臂。

抵达任务区后，我所在的车辆维修组负责的主要工作是对防暴队所有的装备车辆进行维修保养。记得第一次维修猛士指挥车，在安装散热网防护板时，我发现少了一颗固定螺丝，当时觉得影响不大，就没打算去找。而当同组的张维师傅发现这个问题后，他就很认真地说："这不是我们维和警察防暴队的工作标准，必须把它找出来。"说完就爬到车底去寻找遗失的螺丝，终于在半个小时后在启动马达输入线头上发现了这枚丢失的螺丝。事后回想起来，如果当时放弃寻找这颗螺丝，很可能会引起启动马达短路，致使马达无法运行，最终极有可能导致外出巡逻的车辆在巡逻路上抛锚，从而影响整个维和勤务的开展。

寻找螺丝这事虽小，但给我的震动很大，利比里亚维和任务区社会治安复杂，如果车辆在营区外发生故障，我方执勤车辆极易引起利比里亚人员的围观，可能会引发各种不确定性安全事故，且装备车辆在公共场合抛锚也会给国家形象带来影响。这让我想起了古英格兰一首著名的民谣："少了一枚铁钉，掉了一只马掌；掉了一只马掌，丢了一匹战马；丢了一匹战马，败了一场战役；败了一场战役，丢了一个国家。"从那以后，对所维修的每一辆车，其配备的每一颗螺丝、每一根管道、每一根线路我们都要加固、加固、再加固，检测、检测、再检测，确保每一辆车都达到最高的防暴队标准。

2017年9月6日，防暴队赴宁巴州执行联合长途武装巡逻勤务，当车队行驶至利比里亚与几内亚边境时，随行的机修组唐涛师傅例行对车辆进行安全检查，发现发动机旁的风扇皮带轮有裂痕，他立即向带队领导报告，该车不能继续行驶，需立即牵引返回营地，否则将会在颠簸行驶中造成发动机冲缸，导致发动机报废，影响后期的各项执勤任务的开展。最终巡逻小队花了3个小时把故障车辆牵引回临时营地，避免了发动机报废的更大损失。在执行维和任务期间，任何一个细节的疏忽都会带来无法弥补的损失，从而影响整个维和任务的顺利完成。

姚佳位在营区维修车辆电路

防暴队一直以"高站位、高标准、高要求、差异化"作为工作准则，在细微处体现大国形象。每次承办外事活动和重大活动以及迎接各类核查，防暴队都会以高于联合国规范的标准开展工作。在纪念中国人民解放军建军90周年的警营开放日活动筹备过程中，队员们头顶烈日，在旗杆前拉线、定位、测量距离，护旗手则进行无数次的彩排，直到动作与音乐融为一体。活动当天，雄壮的国歌，鲜艳的五星红旗，护旗手整齐的步伐，队员们挺拔的军姿、严肃的眼神、整齐划一的敬礼，每一个环节、每一个动作都震撼着在场的每一名国际友人。他们纷纷向我们竖起大拇指，让我深深地体会到我们代表的是祖国，展示的是国家形象，一个细节的失误就会功亏一篑。

心细才能眼明

防暴队修理工兼特种车驾驶员　张　维

有人说我的眼睛是中国第五支赴利比里亚维和警察防暴队里最小的，因为单眼皮的缘故，每当笑起来我的眼睛就只剩一条缝，所以每次照相的时候，兄弟们都会"提醒"我把小眼睛睁大点、再大点。

也有人说我是防暴队里的"火眼金睛"，每次车辆检查、保养、外出抢修遇到困难时，大家总是习惯找我，我也总能在第一时间找到问题并排除故障，因此，我的"小眼睛"变成了队友们口中的"火眼金睛"。其实这世界上并没有什么"火眼金睛"，入伍至今12年，我都是与车辆"打交道"，也算得上是"老司机"了，对车辆已经十分熟悉。但是我从不敢大意，对于影响行车安全的小问题，我都仔细排查，我知道，认真细致才是真正的"火眼金睛"。

张维检修车辆轴承

作为防暴队汽修组的一员，修车检漏是日常的重点工作之一。在利比里亚长期日晒雨淋的天气中，汽车的油路、水路、气路、制冷系统管路管道腐蚀泄露经常出现，而我的"小眼睛"在这其中也发挥了重要的作用，成了查漏点的必需品。有一次，一辆猛士车空调不制冷，需要进行检修，由于任务区缺乏专业的检漏设备，在这里只能依靠汽修组自创的"望、闻、问、切"疗法。经过组里几名队员的检测，都未发现该车空调管路存在漏点，就在大家准备放弃时，姚佳位组长想起了我："'小眼睛'，该你出马了。"临危受命倍感压力，如果找不出漏点，就无法将空调修复，我们的战斗队员将要在40摄氏度高温的环境中执行巡逻任务，后果可想而知。我立即开始对该车所有的空调管路进行检测，经过一个多小时的努力，终于在空调低压管上发现了问题，原来在这不起眼的位置上面有两个针头大小的漏点，如果不仔细观察还真不容易发现，这成了空调故障的罪魁祸首。从那以后检漏成了我的专项任务。

张维在检修猛士车空调

"小眼睛"不仅在查漏点上是一把好手，在领路导航上也是一马当先。记得在参加博米州长巡时，我作为前导车副驾驶员，主要任务是协助驾驶员观察道路状况，并第一时间向车队反馈。当时正处利比里亚雨季，车队一行按照既定路线在泥泞的道路上行驶，长巡路上"车多、人多、路窄"，加上暴雨对视线的影响，让我的神经高度紧绷。经过近12个小时的长途跋涉，天色渐渐地暗了下来，路上的车辆、行人也渐渐稀少，暴雨也慢慢停歇。这时候，距离目的地只差1个多小时，路况平静得让人只想打瞌睡，我一直绷紧的神经也下意识地想放松一下，眼皮不由自主地开始往下掉。我伸手拍打自己的脸、用力地掐自己的大腿，设法不让自己犯困，因为我想起了学车时班长说过的一句话，"人越是在放松的时候越是容易出现意外"。果不其然，在经过一段坑洼路段，驾驶员正全神贯注地辨别行进路线的时候，一个黑色身影突然从路边窜了出来，我立即大喊一声"停车"，等车辆停稳时车头距离那人已经不足 2 米，车上所有人都吓出了一身冷汗。后经下车了解，原来这是道路附近的居民，他和家人已经 2 天没进食了，看见了联合国车队经过就如同抓住了救命稻草，舍命将车队拦下，请求救援。我们将随车携带的干粮分给了他一部分，才得以继续上路。

其实，在队里还有人称我是后勤分队里的"神枪手"。在选拔培训射击训练及在任务区开展射击训练时，我都能打出较好的成绩，让大家刮目相看，其实我并没有什么射击的天赋，只是牢记陈利华政委时常挂在嘴边的一句话："我们首先是战斗队员，其次才是专业队员。"因此，在训练中比别人多付出了些汗水，多动了动脑筋，加上视力好的优势，使我在瞄准射击上更自信、更自如，成绩也相对更好。在别人抛来羡慕的眼光时，我会得意告诉他们："这就是我眼睛小的优点。"

细心谨慎是一种能力，更是一种态度，作为防暴队的一员，我将继续用扎实的工作态度来回报组织对我的信任，用我的小眼睛发现和解决汽车修理中遇到的问题，确保队员们的行车安全。

长巡路上走访利比里亚孤儿院有感

防暴队行动三分队七小队指导员　黄昌贤

2017 年 8 月 22 ～ 24 日，按照联合国利比里亚特派团防暴办的要求，在防暴办的组织下，由中国防暴队和尼日利亚防暴队组成联合巡逻队伍前往大巴萨州布坎南市开展联合长途武装巡逻。我有幸参与此次巡逻，并在结束长巡返回营区途中，到马吉比州的刚果镇埃博拉孤儿院开展走访活动。

这个孤儿院不大，一排几间单层的砖房便是这个孤儿院的全部建筑，蓝白色的墙壁斑驳脱落，用铁皮做成的房顶锈迹斑斑、千疮百孔、四处透光。孤儿院的官方名称叫作丹尼·菲尼孤儿院，但人们习惯称呼它为埃博拉孤儿院，因为它是专门为埃博拉病毒肆虐期间失去父母的儿童所建。

孤儿院的院长知道我们要去看望他们的消息后，早早地就组织 20 多名孩子在门口迎接我们，他们穿着破破烂烂，甚至有的小孩衣不蔽体，但看到中国防暴队，他们显得异常激动和兴奋。

整个孤儿院划分为住宿、厨房、教学 3 个区域。由于地方所限，孩子们全部挤在一间勉强可以称为宿舍的房间内，或许是雨季的原因，宿舍中散发着阵阵霉味。另一间房间的墙上挂着黑色油漆刷成的黑板，在黑板前摆放着破旧木板简单制成的桌椅，这里便是孩子们的教室。

然而令我印象最深刻的是烟熏得漆黑的厨房，案板上没有任何调料，地面上摆放着 2 个接水的塑料盆，灶台上有 2 口锅，其中一口锅煮着开水，我好奇地询问院长：“你们是在准备午饭吗？”院长无奈地耸了耸肩，说：“不是，孩子们还没吃早饭，这口锅我们一直准备着，等着有人送来食物我们就能立即煮来吃。”

听到这里，我们忍不住唏嘘，他们的父母侥幸从内战中生存，享受和平不过 10 年，却在重建家园的时刻又被埃博拉病毒夺去生命，留下这些嗷嗷待哺的孤儿。而这些孤苦伶仃的孩子，虽然在埃博拉疫情中幸存，但“孤子遇生，命独当苦”，现在他们奢求的不过是解决温饱，而“梦想”“希望”和“未来”经常在这片土地上缺失，眼下十分艰辛，日后未必苦尽甘来，真为他们的悲惨命运而深感同情。看着这些正在忍受饥饿的孩子，陈利华政委立即命令我们将车上一袋 10 千克重的大米取下来，把米淘干净后倒入锅内给他们做早餐……孤儿院运行状况之艰辛，已经超出我们的想象。

孤儿院的院长向我们介绍，该院安置有 47 名孤儿，最小的仅有 5 岁，最大的已 13 岁，目前仅有 3 位老师，孤儿们均来自附近地区，大部分孤儿因为父母死于埃博拉疫情才被送至这里。孤儿院主要依靠当地政府接济，但政府的接济还远远不够，更多的需要依靠人们施以援助。孤儿院经常陷入无米下锅、食不果腹的惨境，孩子们平时主要吃包菜和土豆，包菜炒熟没有任何调料，土豆煮成糊状，生活困苦不堪。

孩子们在院长的安排下有序地坐了下来，为我们唱了一首《我们赞美上帝》的福音歌曲。歌声嘹亮、清脆，恰如他们清澈明亮的眼神，一尘不染，洋溢着对我们的友爱和感激，让我们倍感亲切，却也为他们的惨境感到心酸，因而本想问一个小男孩今天开心吗，但话到嘴边竟说不出口，只好伸手抚摸了一下他的脑袋。

在我们离开前，我们将车上剩余的大米、文具、防蚊药品等物品全部赠予孤儿院。离开时，小孩子们簇拥着我们到车旁，车队缓缓启动，孤儿们连声说再见，不停地向队员们挥手告别。

返程中，窗外的风景一闪而过，但孤儿院内那些孩子的影像却总是浮现于眼前。暑期将过，国内的孩子们正穿着新衣服、背着新书包准备开学了吧？真为祖国的强大、社会稳定、人民安居乐业而感到自豪！脑海中忽然想起前晚在宿营地站哨时与文化展馆青年保安尼尔聊天时他所说的话："我们很羡慕中国的繁荣和强大。我教育我的孩子们要努力读书，今后也要去中国学习，然后回来建设我们的国家。"我相信只要利比里亚人民真正懂得珍惜和平，全力去为国家崛起而努力奋斗，利比里亚必然会发展得更加美好。我更希望在不久的将来，孤儿院那口锅再也不用边烧水边等待好心人送米来才能煮饭，衷心地祝愿那些孤儿院里的孩子都有着灿烂美好的未来！

长巡路上那些难忘的事

防暴队行动一分队一小队战斗队员　王荣华

2017 年 8 月 9 ～ 14 日，我参与了中国第五支赴利比里亚维和警察防暴队第三次长途巡逻任务，地点为利比里亚首都蒙罗维亚至马里兰州哈勃市，创下了进驻任务区以来的 3 个"之最"：巡逻时间最长，巡逻距离最长，巡逻环境最复杂。在历时五天五夜的巡逻中，长巡队员顶风雨、冒酷暑，穿梭在雨林、河流、沼泽，最终圆满完成任务，平安返回。回想起来，长巡中经历的点点滴滴、一幕幕动人的场景，还在我脑海中鲜活的呈现……

"欢迎回家！"

2017 年 8 月 9 日下午 6 时，历经 12 个小时的奔波，巡逻队伍到达格林维尔地区——前中国赴利比里亚维和警察防暴队营区。营区大门悬挂着些许褪色的标语表，上面写着："战友们，欢迎回家！"温暖的话语，融化了旅途的疲惫。进入旧营区，一排排整齐白色的板房，房门上的编号还清晰可见，不太宽敞的操场静静伫立着升旗台，仿佛都在向我们诉说着前 4 支防暴队战友们在这里的日日夜夜，和他们拼搏奋斗的荣光。这里，曾经是中国防暴队队员的家。环视四周，那棵被维和前辈们多次提到，号称"信号塔"的大杧果树映入眼帘。格林维尔通讯不畅，手机时常没信号，队员们常常要爬到树上，才能勉强接收到信息。如今，我们驻扎在首都，条件改善了很多，不用再像前辈们一样战天斗地，但是艰苦奋斗的作风却如同血脉一般流淌在我们每一名维和官兵的身体里。

"中国人回来了"

摆放好车辆，大家话不多说，赶紧搬卸物资、安营扎寨。我负责的是周边警戒。突然，我发现一名黑人男子，手舞足蹈地叫着："朋友！朋友！"边向我们走来。我心里觉得奇怪，第一次到格林维尔就遇到熟人了？男子走过来，满脸笑容地问："你们搬回来了？"我才反应过来，他把我们当成了 2016 年刚从格林维尔迁至蒙罗维亚的第四支防暴队了。听我解释只是长巡暂时驻扎，他脸上的表情一瞬间显得有些失望，不过很快又高兴起来，说："不管怎样，我们都不会忘了你们，这里也是你们的家，希望你们多回来看看。"这个热情的"哥们儿"主动给我们当向导，带我们打水、捡柴火，一直忙乎到天黑。他的热情与淳朴，至今想来还很感动。我想，这也是前4支防暴队前辈们留下的宝贵财富吧。

足球之梦

利比里亚的足球氛围非常浓厚，时常看见当地群众找块空地就开练。虽然装备简陋，有时甚至光着脚上，但那份热情和敏捷的身姿、像模像样的球技，再一对比中国足球，我们不禁汗颜。旧营地正前方不远有一块空地，当地人用几块木板钉在一起作球门，建了一个简易的足球场。几个孩子正在沙地上追逐奔跑，用一个塑料瓶子当球。他们的欢快吸引了我们驻足观看。孩子们发现我们，围了上来。蓝卫宇队长变戏法似的拿出一个足球送给孩子们，他们立刻像过节一样欢呼雀跃，不停向我们敬礼，仿佛得到什么珍宝一般。一个小男孩偷偷拉住我，告诉我："我的梦想就是能拥有一个真正的足球，谢谢你们帮我实现梦想！"看着孩子们明亮清澈的眼睛、咧嘴笑时一排排洁白的牙齿，我眼睛有些湿润，心中暗暗期盼：希望这个足球，和中国防暴队的友好与善良，能够成为孩子们一段永远难忘的童年回忆。

野营大餐

装卸完物资，天已经黑了，大家的肚子开始唱起"空城计"。我们相互开玩笑，一会是吃西餐——压缩饼干呢，还是吃中餐——方便面。忽然一阵扑鼻的香气传来，大家口水顿时流了一地，赶紧奔向香气的源头。只见保障组的同志张罗了六菜一汤，满满的摆了一桌，让人眼花缭乱：辣子鸡、手撕包菜、番茄炒鸡蛋、烧茄子、红烧鱼、鸡汤……大家一边感慨这简直是"满汉全席"，一边风卷残云。饭后，我好奇地问这么丰富的食材是如何找来的，保障组的"大厨"揭开谜底，原来他们早在出发之前就准备好泡沫箱、速冻冰块，并将肉类处理至半熟保存，加上在宿营地向当地群众购买的食材，才有了这么一顿丰盛的野营大餐，真可谓是煞费苦心啊。接下来的日子，"大厨们"每天都能想办法做出一顿热饭热菜，让队员们在工作之余吃得舒心、吃得放心。

雨林历险

长巡第二日，车队就进入了茂密的热带雨林区域，四周是遮天蔽日的树木，几十千米不见一户人家，连卫星地图都无法显示道路，车辆只能在泥泞颠簸的小道上艰难地"跳跃"前进。好几次轮胎陷入半米多深的泥潭，靠着国产猛士车强大的性能才化险为夷，只是苦了全副武装坐在车里的我们，时不时就要享受一下"冲上云霄"的感觉，然后紧接着"砰"的一声"垂直极限"。大家打趣说："戴着防弹头盔，果真是要防'弹'啊！"

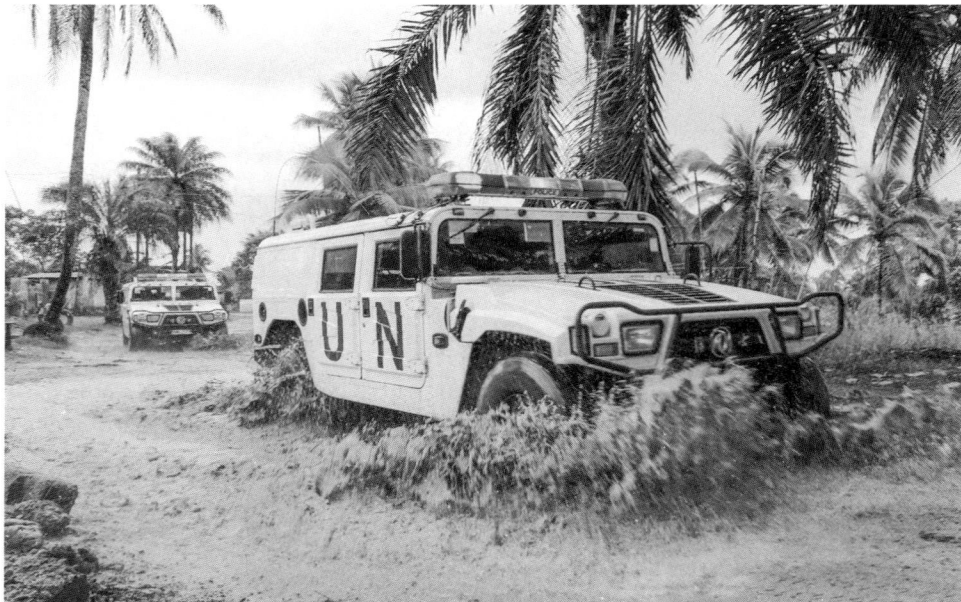

在蒙罗维亚江景区联合国集合地点进行武装巡逻

车辆行驶至马里兰州区域时，侦察车突然传来预警：在路边的丛林中，发现数名黑人男子，其中有人持有枪支！气氛一下子紧张起来，车辆继续匀速前进，大家都握紧手中的枪支，高度戒备着。很快，几个黑人男青年出现在视线中，衣衫褴褛、眼神呆滞。想必是认出了车前贴放的五星红旗标识，他们不敢有进一步的举动，而是"目送"着我们通过，其中一个甚至还比划了一下大拇指。待车开出两三百米，大家才松了一口气，却发现手心早已被汗水湿透……

"你们的表现无与伦比！"

此次长巡，一项最重要的任务是为乘直升机远赴此地参加活动的联合国秘书长副特别代表提供停机坪、直升机守卫以及要人警卫。到达指定地点后，我们顾不上旅途辛劳，立即投入部署，外围巡逻、高处观察、定点守卫、机动支援人员第一时间到位，虽然烈日炎炎、蚊虫肆虐，但大家一刻都不敢松懈。终于天空中传来直升机螺旋桨的轰鸣，联合国秘书长副特别代表雅库伯·海罗先生乘坐的飞机缓缓降落。"要人警卫队形，展开！"所有队员按照指令，没有一丝忙乱，一切都按照事先的计划顺利进行。这一刻，我想起看过的各种军事题材影视作品，想不到今天自己亲身参与了这样动人心魄的场景。就连联合国秘书长副特别代表也对我们的表现竖起了大拇指，当他得知我们是第一次执行此类任务时，更是惊讶地连连说："中国防暴队，表现无与伦比！"

老乡见老乡

任务的顺利结束让大家松了一口气。但想不到在返航途中竟然遭遇到了更大的考验。那是在距离首都仅有 80 多千米之处。由于连日降暴雨，通往首都道路被雨水冲断，车辆无法通行已有 2 日。就在我们联络支援时，一声熟悉的乡音传入耳中"同志！你们是中国防暴队？"惊讶地望去，是驾车路过的几个同胞。一聊之下，竟然发现还是来自广西的老乡，他们在这里经商，常常往返于首都与各州。听说了道路被毁的情况，自告奋勇地带我们从小路绕行。一路上，他们的车始终在前开道，遇到水潭、坑洼、桥梁总是先行确认安全。经过 2 个小时的跋涉，终于绕过损毁路段，并与大本营派来的支援部队会合。来不及多说感谢，老乡的车已消失在茫茫的夜色之中，留给我们的是一段温暖的记忆……

凌晨 3 时 30 分，我们返回首都蒙罗维亚，灯火阑珊的市区、宽阔的街道、鳞次栉比的房屋，让我有恍如隔世的感觉。历时 6 天 5 夜，历经近 3000 千米路程，这段难忘的经历，我会永远铭记。

任务区的最后一次巡逻勤务

防暴队行动二分队四小队小队长　吴茂辉

2018 年 2 月 7 日的巡逻勤务，是中国第五支赴利比里亚维和警察防暴队的最后一次巡逻勤务，也是中国维和力量在利比里亚任务区的最后一次。也许是因为这"最后一次"的缘故，参加此次巡逻的战友们都特别庄重，一举一动都充满了"仪式感"，让此次巡逻比以往多了一些离别的味道。

早上 8 时，我们巡逻小队准时从营区出发，按计划对蒙罗维亚杜拉市场、江景区、辛科区进行武装巡逻，并对利比里亚国家警察总部回访，以搜集和掌握利比里亚总统换届后首都的社区民意和治安形势，为下步联合国利比里亚特派团的撤离提供信息支撑。当然，我们还有另一个任务，就是和利比里亚的朋友们道别，亲自说一声"再见"。

走访杜拉市场和班加渔村

车队缓慢前行，狭窄的路面挤满了各式车辆，橘黄色的"摩的"不时发挥着"身材"优势穿插于车流之中，偶尔给我们制造一些"小惊险"。车窗外，杜拉市场还是像往常一样人头攒动、热闹异常。市场里的商品种类繁多，琳琅满目，商贩们在固定或流动的摊位前叫卖着，与顾客的讨价还价声此起彼伏，交织成一首欢乐祥和的乐章……

40 分钟后，我们到达了江景区班加渔村。班加渔村位于蒙罗维亚北部，靠近圣保罗河入海口，临近非洲大酒店废墟，治安形势复杂，是防暴队日常巡逻的重点区域。这个小渔村与其说是村子，还不如说是贫民窟，每家每户都住在用铁皮、树枝和泥巴建起的小房子里，房子低矮、狭小、阴暗、潮湿，妇女、儿童三三两两地聚在门前的空地上或打闹嬉戏或做着家务。村子里的道路曲折、狭窄，很容易迷路，好在村子不大，不一会我们就到达了班加海滩。

海滩上有片椰树林，树荫下坐满了乘凉的村民。在挂着一张渔网的 2 棵椰树之间，我遇到了正在织网的艾默尔先生。艾默尔先生是我在这认识的第一位当地人，他今年 36 岁，个子不高，却手艺精湛，是村子里为数不多的手艺人。

看到我们到来,艾默尔先生非常高兴。他向我指了指手上的渔网说,这张网快织好了,而且现在已有了买主,等卖了钱,他就买一台电风扇,好让家里的那台老风扇"退休"。说起新任总统维阿的就职,艾默尔很兴奋,他说维阿总统是世界足球先生,也是利比里亚的英雄,他相信在维阿总统的带领下,像他这样的穷人就会过上好日子。

我们的到来点燃了孩子们的热情,他们一群群地把我们围在中间,叽叽喳喳地让我们拍照和教"功夫"。在一大群孩子中,我看到了艾默尔的二女儿马尼玛莎。马尼玛莎今年13岁,头上围着一条金黄色的围巾,黝黑的皮肤泛着丝绸般的光泽,眸子闪亮,非常漂亮。马尼玛莎告诉我她今年辍学了,因为家里兄弟姐妹太多,实在负担不起她的学费,她就回家照顾弟弟妹妹,并卖炸面团赚钱补贴家用。对马尼玛莎的辍学,我觉得很可惜。马尼玛莎曾对我说她很想去中国,我也曾告诉她只要认真学习,就可以通过考试获得去中国的机会。但现在,她的梦想因贫困破灭了,看来维阿总统任重而道远。

离别的时刻到了,我们向村民们一一告别,感谢他们一年来对我们工作的支持与帮助。村民们也纷纷自发列队,高喊着"China the best!(中国最棒!)"为我们送行。

防暴队队员在班加渔村巡逻时与当地小朋友互动

回访利比里亚国家警察总部

　　离开班加渔村，我们来到利比里亚国家警察总部。利比里亚国家警察总部坐落在蒙罗维亚市中心，是一栋三层楼高的红白蓝三色建筑。在这里，我们回访了去年在警务培训中受训的 14 名学员，让我惊讶的是，他们之中竟有 6 人曾在我负责的分队中参加培训。汉斯，原来是蒙罗维亚自由港区三局的一名普通警员，因在培训中担任示范学员而与我熟识。培训后，汉斯像其他优秀学员一样很快就被晋升，现在已是利比里亚国家警察防暴队的一名小队长。看到我们的到来，汉斯非常高兴，一见面就给了我一个大大的拥抱，并用中文说："师傅，我想你了！"得知我们即将回国，汉斯有点失落，但他很快就调整好了情绪，兴奋地对我说明年他就有机会去中国，到时候就去找我，让我带他亲眼看看我所描述的"祖国"。

　　短暂的寒暄后，为了解受训学员对所学科目的掌握情况，我们对部分内容进行了抽查。由于受场地和装备限制，我们只抽查了建筑物搜索、人身检查、上铐技术等训练内容，虽然一些动作细节与我们教的有些出入，但大部分还是贯彻了战术意图。在纠正了一些不足之后，我们一起进行了"人群控制"科目的合练。真心希望我们所教的警务技能能通过这些培训学员对这个国家有更大的帮助，也希望利比里亚在他们的保卫下变得更加安全、稳定。

受训学员和中国防暴队队员相互敬礼告别

在告别仪式上，我们和学员们相互敬礼，并深情相拥。利比里亚国家警察防暴队队长盖伊弗洛尔·雷克激动地说："感谢中国防暴队为我们国家的和平稳定所做的努力，尤其是你们在任务期间还帮助我们培训了一支国家警察防暴队，你们的表现非常优秀，我很高兴与你们并肩作战。我会想你们的！"

与娜塔莎姐妹告别

下午4时，我们前往辛科区巡逻。今天的天气不错，蔚蓝的天空下，海风徐徐，白色的巡逻车队伍在阳光下熠熠生辉，与周围的绿树红墙构成一幅别样的风景画。到达目的地后，我们例行对案件高发的几条街道进行了乘车和徒步巡逻。在十五街区的几个水果摊位旁，我们停了下来，专程和娜塔莎姐妹告别。

娜塔莎姐妹是当地人，以卖水果为生，与她们的相识缘于一次日常巡逻。2017年，在利比里亚总统大选期间，作为富人区的辛科区盗窃和抢劫案件猛增。为震慑不法分子，防暴队加大了对该区的巡逻力度，大大降低了这里的案发率，结束了当地群众提心吊胆、人心惶惶的日子。

有一次，我们巡逻完毕准备离开，只见姐妹俩每人拿着一串香蕉拍打着我们的车窗。当时，我们以为这是她们向我们推销水果，因为这在利比里亚非常普遍。我们向姐妹俩解释说，根据勤务规定，我们是不允许在执勤期间有购物

防暴队队员用"拍立得"给娜塔莎姐妹拍照留念

行为的。但是姐妹俩摇着头说这是送给我们的，不要钱。我们婉言谢绝了姐妹俩的好意，可她们还是从车窗里硬塞给我们，笑着跑开了。

这件事给我们的印象很深刻，因为在利比里亚流行着一种"乞讨文化"，所以姐妹俩的表现很是与众不同。后来我们交往多了起来，每次巡逻，只要路过这里，我们都会过来看望姐妹俩，并向她们了解当地的治安情况。姐妹俩对中国人的印象非常好，常对我们说，如果有机会，她们争取嫁到中国去。

这次见面，我们给她们带来了饼干、笔和笔记本，并用"拍立得"和她们拍了一张合影留念。我们鼓励姐妹俩要继续靠自己的双手创造美好的生活，并坚持学习，用知识改变命运，同时我们也坚信，美丽和勤劳的她们会找到自己的"如意郎君"。

沿着来时的路，车队在夕阳的余晖中缓缓前行。这条路我已记不起究竟走了多少次，但每一次都承载着太多的回忆。直到现在，我还清楚地记得初次巡逻时，大家那一双双好奇又警惕的眼睛，而似乎在转眼间，这就成了最后一次。自 2003 年以来，我国已派遣了 10000 多名军警到利比里亚执行维和任务，这 14 年的努力与付出，我们到底留下了什么呢？是杜拉市场的繁荣，还是马尼玛莎对中国的向往，是汉斯与我们的师徒情，还是娜塔莎姐妹的"中国媳妇梦"……我想，这些都是。"中国蓝盔"不仅是和平的守护人，更是友谊和文化的传播者，我们所做的一切，都是在以实际行动彰显着"爱和平、负责任"的大国风范，以一名特殊的"外交官"身份展现着中国军警"威武之师、文明之师、友谊之师、和平之师"的光辉形象。

如今的西非"南泥湾"

——维和警察防暴队强化后勤保障工作侧记

防暴队医疗防疫组医生　陈　达

"如今的'南泥湾'，与往年不一般，再不是旧模样，是西非的好江南，好地方呀么好风光，好地方呀么好风光，到处是宝藏，遍地是食粮……我们的部队开到哪里，哪里就是一派丰收景象。"这是时任中国驻利比里亚大使张越在微信朋友圈对中国第五支赴利比里亚维和警察防暴队营区的评价。

2017 年 3 月进驻任务区以来，中国第五支赴利比里亚维和警察防暴队认真筹划探索战地保障新模式，围绕"生产成规模、项目上档次、收益见成效"总体目标，以打造具有战地特色的"四全四化"后勤综合保障体系为抓手，聚焦维和任务需要，按照"高起点、高站位、高标准、特色化"的工作标准，传承发扬"南泥湾"自力更生、艰苦奋斗精神，因地制宜探索种养新方法、新技术，在圆满完成各种维和任务之余，大力发展农副业生产，为部队提供了优质、无公害、无污染的绿色农副产品，大大改善了队员的生活水平，打造了属于中国防暴队海外保障"金名片"，赢得了广泛的赞誉。

人人动手，小菜地成"欢乐园"

利比里亚任务区物资匮乏，在联合国利比里亚特派团供应的蔬菜中，常见的仅有被队员称为"维和三宝"的土豆、洋葱、胡萝卜，没有绿叶蔬菜。"部分队员出现了皮肤干裂、眼睛干涩、口腔溃疡、食欲不振等病症，这是由于绿色蔬菜太少，导致营养摄入不足引起维生素缺乏症，影响队员身体健康，进而影响各类勤务的正常开展。"初到任务区时防暴队一级医院王振国医生忧心忡忡地说道。

为改善防暴队蔬菜供应不足的局面，防暴队临时党总支在充分调研论证后，提出了"全员参与、全时供应、全程跟进、全方位保障"的战地保障新模式，鼓励队员人人参与，全程种植，不断丰富队员"菜篮子"，改善队员生活。防

暴队营区土地盐碱度高，加上土壤缺乏水分和养分，想要在这样的土地上成功
种植蔬菜，并不是一件简单的事。队员们充分发挥主观能动性，开动脑筋，从
营区外拉回了猪粪和木屑，将其与土壤充分搅拌，有效改良了土壤，使土壤保
持水土的能力有了大幅度的提高。土壤改良之后，每个战斗小队均分到了自己
的"责任田"，实行分管负责制，任务到队、责任到人，队员们利用训练或执
勤备战的间隙，甚至放弃休息时间到"责任田"里开荒整土、拔草浇水，互比
互学，忙得不亦乐乎，累并快乐着。

作为防暴队的服务保障"大本营"，后勤分队始终将"安全、优质、营养、
绿色"的生产模式贯穿到整个农副产品生产中，经过8个多月来的努力，防暴
队科学规划，充分发挥地域和种植优势，栽种黄瓜、南瓜、茄子、空心菜、芥
菜等15个蔬菜品种，打造了具有战地特色的海外农副产品生产基地和队员"开
心农场"，累计摘收蔬菜2500千克，确保队员吃到新鲜、健康、绿色蔬菜，
蔬菜自给率达到60%以上，有效提升了队员的"幸福感"。

每到蔬菜成熟的时期，队员们便兴高采烈地提着菜篮来到菜地，采摘成熟
的蔬菜瓜果，为当晚的蔬菜大餐做足充分准备。"我们现在种植的蔬菜品种有
10多个，除了空心菜和芥菜外，红薯叶、小白菜、丝瓜、冬瓜、苦瓜、茄子、
豆角长得也挺好，很多菜在蒙罗维亚市场上是买不到的。"负责蔬菜大棚管理
的队员刘德泉介绍说。

"联合国利比里亚特派团官员和友邻维和部队前来参观访问，我们这蔬菜
大棚可是必不可少的参观点啊！那些菜地，不仅仅是菜地，它还是"中国蓝盔"
对外宣传的一张特殊的名片。"防暴队政委陈利华指着一块块整齐的菜地骄傲
地说。

循环利用，养殖区变"生态圈"

防暴队在利比里亚执行的维和任务相当繁重，队员消耗能量较大，每天除
了要摄取绿色蔬菜和水果，还要确保每餐有肉吃。蓝卫宇队长巡查时发现，虽
然餐桌上每顿都有肉，但都是联合国配送冷冻了较长时间的肉类，不仅口感不
好，而且油脂不足，让人难以下咽，出现想吃又吃不下的现象。防暴队临时党
总支觉察到这一情况后，迅速组织养殖骨干研讨养殖业发展新思路，倡导绿色
生态理念，循环利用潲水、剩菜剩饭等资源，大力发展生态禽畜养殖，确保队
员们能吃上新鲜的肉类。接下来的一段时间里，队员们开始规划营区空闲土地，

利用木板、镀锌板和废弃的铁丝网、渔网、塑料薄膜搭建了养鸡场1个，在驻利比里亚的中资企业的帮助下建起了猪舍4间。

猪舍和养鸡场建成之后，防暴队充分发挥蔬菜大棚的优势，采取"以种促养，以养促种"的种养模式，开创集农、畜、景为一体的农副产品生产模式，建起了种植、养殖、休闲"三位一体"生态圈，实现"潲水—禽畜—肥料—种植"循环利用，打造出了具有战地特色的绿色后勤保障体系。通过发展禽畜养殖，有效利用了剩余资源，合理处理潲水，减少浪费，增强队员勤俭节约意识，还进一步提高了防暴队后勤综合保障能力。"我们先后饲养生猪28头，珍珠鸡120只，肉鸡250只，鸭170只。鸡被雨淋后容易生病，鸡舍一定要做好防雨措施。前几天一头母猪还顺利产下7头小猪崽，为我们防暴队禽畜队伍增添了生力军。"后勤分队军需助理员杨宗楷如数家珍。

自从养殖场建成后，防暴队定期宰杀自己喂养的禽畜，为队员们提供优质新鲜的放心肉，特别是每到中国传统节日，队员们的饭盆里有鸡、鸭、猪、羊肉，还有新鲜蔬菜，大家总是喜笑颜开，乐在心头。"吃着自己喂养的鸡鸭和猪羊，味道就是香。""没想到在非洲也能吃上白切鸡。"队员们纷纷点赞。

防暴队队员正在喂养家禽

科技引领，小管道有"大乾坤"

"我以为这样的现代化农业只有在国内才有，没想到会出现在离祖国13000千米之外的中国防暴队营区。"中国港湾工程有限责任公司项目部党支部书记冯球林在参观完防暴队无土栽培蔬菜大棚后赞不绝口。

针对营区土地贫瘠且含铁过高的实际，为了提高蔬菜产量，防暴队提前谋划，克服困难，创新在蒙罗维亚建成了利比里亚第一个无土栽培蔬菜大棚。从外观上看，无土栽培蔬菜大棚与普通大棚并无差别，但走进大棚，你就会发现眼前一亮的场景。棚内整洁明亮，干净的水泥地板上整齐地架设着一排排白色塑料管，塑料管内没有土壤，只有循环流动的液体，种植的蔬菜就完全长在塑料管上，如同中国防暴队的队列一般整齐划一，生气蓬勃。这是防暴队进驻任务区后克服勤务繁重、建材短缺等困难，冒酷暑、战高温，历时30天建起的2个占地面积260多平方米的无土栽培蔬菜大棚。

"大棚内装置的是由PVC管道组装而成的塔式栽培架，蔬菜生长在栽培架的表层，营养液在栽培架管道内不间断流动，为蔬菜的生长提供了源源不断的养分。棚内不施用任何农药、化肥，全程采用诱虫板、防虫网等措施防虫除虫，全面保障了蔬菜的品质。"面对驻利比里亚使馆、联合国利比里亚特派团和利比里亚政府等前来参观的官员，后勤分队队员刘丹每一次都会耐心地解说道。"目前，无土栽培蔬菜大棚种植了生菜、上海青、木耳菜、小白菜、芥菜、空心菜，各种蔬菜绿意盎然，长势喜人。无土栽培不需要歇地时间，缩短了蔬菜生长周期，大大提高蔬菜产量，有效解决蔬菜供应不足的难题，极大提高防暴队自我补给能力。"

据悉，防暴队出征前，专门派出2名队员到广西玉林市中农富玉农业科技园学习无土栽培技术。大棚建成之后，后勤分队就地采购了水泵和水管等材料，建成一套节能循环系统，利用节能循环自动灌流技术，既省时又省力，科学高效，走出了一条"节能增产"的新路子。无土栽培蔬菜大棚的建成和使用，实现了防暴队农副业生产由传统型向科技型的转变，在种植上突出"精细化、智能化、一体化"的管理模式，实现了丰产、高效的目标。

联合国利比里亚特派团任务支持部主任大卫·潘克列斯在考察防暴队后勤建设工作时惊叹道："你们的后勤工作让我印象深刻，特别是无土蔬菜大棚，在联合国任务区内属于首创，这将极大地增强自我维持能力，值得在联合国推广。"

贴心保障，每天吃出"家乡味"

"要拴住队员的心，就要先拴住他的胃。"炊事员许国溶饶有兴致地说道。其实，早在防暴队出征前，后勤分队就在国内采购了电动石磨、豆腐机、粽叶、月饼模具等一批物资，有针对性地邀请广西区内著名烹饪专家，手把手传授队员如何制作米粉、豆腐、粽子、月饼的技艺，目的就是在抵达任务区后，能够创造条件制作中国特色美食，缓解队员们的思乡之情。

俗话说得好："一道家乡菜，一种思乡情。"远在海外能吃上家乡菜对于防暴队的队员们来说，有着不一样的意义。如今防暴队的炊事员能够在异国他乡，精心制作各种家乡味道的"维和牌"米粉、豆腐、粽子和月饼，合理安排日常饮食，给队员们传递组织的关爱和家乡的温暖。

站过夜班哨的队员都知道，防暴队里每天早上亮灯最早的地方是厨房的操作间，和面、洗菜、熬粥、煮豆浆……一天的繁忙工作就此开始。"为了能让队员们在早餐时间准时吃上米粉，不影响勤务工作的正常开展，在做米粉的前一天晚上，我们就要泡好大米，第二天凌晨4时起床，先用电动石磨把浸泡过的大米碾磨成浆，然后用蒸饭托盘放到蒸笼里蒸熟，晾干后切成粉条，最后熬好汤汁，才算完工。浸泡、碾磨、蒸煮、晾干、切条，整个制作工序下来，要花上10多个小时。"许国溶说，"虽然累，但是看到队员们吃到米粉时脸上露出的幸福笑容，就感觉再累也是值得的。"

"防暴队的"维和牌"桂林米粉，是我吃过的最好吃的，没有之一，还有螺蛳粉、牛腩粉、五柳炸蛋、酸菜鱼，我都爱吃。因为它们代表的不仅仅是一种思乡情，更是团结友爱的战友情。"来自广西北海的女队员张莹由衷地说道。

在端午和中秋节等特殊节日，防暴队精心准备各种食材，组织所有队员一起动手，包粽子、做月饼，营区到处洋溢着欢乐祥和的节日气氛。在保障自我的同时，还盛情邀请驻利比里亚的中资企业员工前来品尝"维和牌"粽子和月饼，让更多的海外华人都能品尝到祖国和家乡的味道。

十年后，我就成了你

——记一个家族的两代维和人

防暴队指挥中心执勤官　彭思杰

2007 年，您，南美洲——中国第四支赴海地维和警察防暴队。

2017 年，我，非洲——中国第五支赴利比里亚维和警察防暴队。

10 年，世界格局在改变，中国迈着稳健的步伐走到了世界经济文化的前沿，开创了经济发展新局面。

10 年，有种精神丝毫没变，维和事业的火把从您手中传给了我，我毅然响应祖国的号召，远赴离家 13000 多千米的非洲利比里亚履行维和使命。

10 年前

"思杰，快过来，小姨回来啦！"这是我儿时最盼望听到的一句话。每个

2007 年彭思杰的小姨石亚辉在海地孤儿院参加捐赠活动

男人心中都有英雄梦，2007 年的那个夏天，当看着您身穿维和警服，头戴蓝色贝雷帽，手捧鲜花从客机上步伐坚定地走下来时，懵懂的我仿佛找到了人生的方向，那身警服，便是世界上最帅气的衣服；那抹和平蓝，便是天地间最耀眼的色彩；那份荣耀，成了我梦寐以求的目标。

您曾摸着我的头说，穿防弹背心坐在那辆有 UN 标识的装甲车里会很热；您曾说，海地太子港路边有人头顶着香蕉在叫卖；您曾说，有次执行缉毒任务时子弹从头顶呼啸而过；您曾说，在当地小学捐赠时有名当地儿童抱着您的手叫"妈妈"；您还说，参加维和选拔要求很严格，必须体能棒、英语精、军事好……那时的我，端着下巴眨着眼睛听您讲那过去的故事，殊不知维和的种子就这样在我心中牢牢地生根发芽。

10 年后

2017 年，即在您海地维和归来的 10 年后，我荣幸地加入了由广西壮族自治区公安边防总队组建的中国第五支赴利比里亚维和警察防暴队，穿上了这身梦寐以求的制服，戴上了象征和平的蓝盔，承载着维和的梦想，远渡重洋来到利比里亚首都蒙罗维亚。作为先遣队的一员，经过 20 多小时的长途飞行，飞机落地后第一口呼吸到罗伯茨机场潮湿的空气时，心中的激动怎可用言语来形容，望着机场熙来攘往不同肤色的人群，有种恍然隔世的感觉——理想，我来了。

联合国车辆沿着土布曼大道驶向中国防暴队营区，街道两旁的建筑、人群缓缓倒退，虽然在国内维和中心培训时已经无数次看到关于这个城市的照片，但身临其境时却还是被眼前的景象所震撼。13 年的内战战乱、埃博拉病毒的常年侵袭、自然灾害的无情肆虐让这个 20 世纪 80 年代 GDP（国民生产总值）曾一度超过中国的西非国家趋于崩溃的边缘，两侧低矮的房屋还在无声诉说战火纷飞的昨天，道路两旁眼神呆滞无所事事的青年来回踱步，儿童头顶着不知来路的冰水追逐拍打着车窗叫卖，首都仅有的两条柏油路充斥着发达国家运过来的报废汽车，有的保险杠已脱落在路面拖行，有的车门上甚至还残留内战时留下的弹孔。

当地人的热情与城市的落后形成了鲜明的对比，而这种热情当遇到我们中国防暴队时更加显著，只要车辆暂驻等红灯或者经过关卡时，当地黑人必定竖起大拇指兴奋地喊"CHINA！FPU！！！（中国！维和警察防暴队！！！）"常年来，中国防暴队以完美的形象和优良的作风征服了当地的群众，在他们心中，中国防暴队就意味着正义、意味着安全与和平。承载着这来之不易的荣耀，也让我们深感肩上责任的重大。离开祖国，防暴队就代表祖国，一言一行都影响着世界人民对于中国的印象，可谓是"维和无小事，事事通全球"，执行任务的过程中，我们不仅服从于联合国的核心价值观，还要随时提醒自己是一名中国形象大使，每一句话语、每一个动作都可能被放大到国际的舞台上。

如果说热情是当地人最大的特点，在前往当地唯一的（CELL.COM）通讯公司为队友办理手机卡时，我们也全方位领略了当地人的"拿来主义"精神。驾驶员刚将车停好，停车场的黑人朋友就靠近打招呼，"朋友，你们是中国人吗？""是的，我们是。""太好了！中国—利比里亚友谊万岁！请问，你能给我点什么吗？"没错，就是这样一段让人哭笑不得的对话，却每天发生在我们防暴队战友外出巡逻、公差的过程中。印象最深刻是有一天，我们的汽车刚驶出蒙罗维亚自由港营区，就有几个身穿印有"中国队"标志球服的黑人朋友伸手围拢过来："feng you jin，feng you jin！"这可把我这个翻译难住了，脑

2017 年 11 月彭思杰在利比里亚安娜孤儿院参加捐赠活动

子想破也不知道这是在索要啥东西，直到其中一名黑人掏出一支风油精的空瓶子……别小看这在国内毫不起眼的小东西，这可是本地流通的硬货，当你掏出风油精作为礼物时，你们之间的友谊就一定是万年永固了。

当然，维和的日子也并不总是一帆风顺。利比里亚是非洲"雨都"，还记得刚到营区的第五个晚上我便领略到非洲大自然的原始威力，睡梦中依稀还在海里畅游，突然醒来发现我真的在水中了。倾盆大雨已经不足以形容它的狂暴，只记得头上的窗户被无形的狂风大手扯开，雨水如同从消防栓中喷射而出般袭来，想要关闭窗户只能去外面向里推，当我们身着短裤睡眼惺惺地冲进狂风暴雨中推窗时，那种感觉只有亲身经历过的人才会明白。然而就是这样的"雨都"，3个月来却停水近40多天，晚上最壮观的场景，便是几十名队友来到食堂后面唯一的水龙头，接上一根长长的塑料软管，光着身子洗澡的画面。"心中有海，哪里都是马尔代夫"，虽然条件比国内相差甚远，但积极乐观的心态却让我们感觉如同冲浪般美好，一边往身上抹沐浴露一边高唱着"自豪吧！中国蓝盔，我的脚步跨越着高山大海"，如此"壮观"的场景，也只有在这群离家万里之遥的可爱人儿中才能深切感受。

利比里亚蒙罗维亚自由港是西非象牙海岸上的一颗明珠，我们中国防暴队在这里维护和平！我们在这里升起祖国的五星红旗！我们在这里秉承最严的纪律和最高的标准来执行联合国任务，让世界见识中国军人的力量与意志。也许，我们是联合国派往利比里亚最后的一支防暴队，但维和精神将如同星火般永世传承，从10年前的海地到如今的利比里亚，贯穿始终的是那份对维和事业的无限崇敬与坚守，就如同那晚与战友的对话，"宏伟啊，你为什么来维和？""为了理想，为了等我儿子长大后，爹有资本跟他炫耀一辈子！""那如果他长大也想学老爸出国维和呢？""那小子，已经开始追着我每天教他学英语了……"

海外军民鱼水情更浓

防暴队政工组干事　陈俊名

在利比里亚，我们海外维和军人时时都能感受得到中国大家庭的温暖，感受到中国防暴队和在利比里亚中国同胞之间浓浓的海外军民鱼水情。此次，我作为长途巡逻小队的一员赴宁巴州执行联合长途武装巡逻，在 740 千米巡逻路上，当地华人华侨对防暴队巡逻队伍给予了莫大的支持和帮助，令我感触颇深，遂作此记，记录下那些感动的点点滴滴。

根据计划，我们将此次长途巡逻的临时营地设在邦州一家中资企业内。当防暴队巡逻队伍经过长途跋涉到达邦州时，我透过车窗远远就看到 1 辆挂着中国国旗的车正在路边等候我们，我下意识地认为营地就在这附近，却不曾想，我们的临时营地离现在的位置还有 30 多千米的路程。

到达目临时营地后，我发现该营区并不难找。营区坐落在路边一个白色围墙的院落里，围墙上写着 4 个醒目的大字——河南国际。而驱车 30 千米来迎接我们的不是别人，正是中国河南国际合作集团有限公司项目部的总负责人鹿经理。

我们对鹿经理 30 千米外相迎的举动格外感动，问他为何要驱车这么远迎接我们，鹿经理笑笑说："我那是想快点见到你们，在这里看到你们，特别亲切，特别开心！"

中资企业邦州营区虽然简陋，却十分干净整洁，这让我们感到十分诧异，因为根据我们所掌握的信息，该企业近期在邦州并无大型工程项目，很多员工都搬到蒙罗维亚居住和办公了，但这里一点也看不出是已经荒废了一段时间的厂房。经询问得知，该企业知道巡逻小队要在这片区域执行任务并在他们营区宿营的消息后，他们便提前返回营区进行卫生清洁与打扫，并从蒙罗维亚专程运来了各种生活保障物资，全力保障好防暴队巡逻人员的饮食和住宿。

我们把行军帐篷搭建完毕，中资企业的兄弟们也准备好了地地道道的河南菜。这里的厨师名叫付光辉，曾经在中国人民武装警察部队山西省总队服役。鹿经理告诉他，我们要在中资企业邦州的营区宿营，他激动得好几个晚上没睡着，就想着如何给我们准备可口的饭菜，恨不得把他所有的绝活都展示给我们。

付厨师为人十分腼腆，不怎么爱说话，但我从他的眼神里可以看出，他看到我们是非常激动和兴奋的。我想，这可能就是一名退伍老兵"若有战，召必回"的情怀吧！在13000多千米外的异国他乡，当付厨师看到跟他年轻时如此相似的身影时，在他的脑海中或许早已浮现出多年前曾在部队摸爬滚打的记忆，这种记忆和情感，只有当过兵的人才能体会。

当日，随队一起到访的还有联合国利比里亚特派团防暴办主任马库斯·霍恩，他对中资企业这么热情地招待我们感到非常不可思议，就问鹿经理："我是一个德国人，我们德国人在利比里亚同样也有很多公司，也有很多有钱的商人，但是像你们企业一样无偿地招待16名本国队员，在德国人当中是无法想象的，这到底是什么原因，让你们之间的关系如此之亲近和融洽呢？更何况还是初次相见！"

鹿经理的回答简单而又淳朴，他说："我们在海外见到自己的同胞，就像见到了自己的兄弟姐妹一样，海外中国人都是一家人。更何况他们是来到利比里亚维和的中国军人，他们是我们驻利比里亚中国人的骄傲！"

在中资企业邦州营区宿营期间，我们与该企业的全体党员一起面对党旗，重温入党誓词，在场中国人的使命感、责任感和荣誉感油然而生。同时，我们还共同开设了战地影院，播放中国第五支赴利比里亚维和警察防暴队宣传纪录片，向驻地华人介绍防暴队基本情况。驻地华人小韩观看后感受颇深，动情地说："看了你们的宣传纪录片，我感受到了祖国的繁荣昌盛，国富兵强，日益强大，国际地位显著提高，我非常骄傲和自豪，向你们全体维和军人致敬。"此外，防暴队还组织医疗队员使用随队携带的医疗设备为该地区华人华侨开展义诊活动，并向他们赠送在当地紧缺的抗疟防病药品。

军民鱼水情，在新时期被赋予了新的含义，但其真正内涵却从未改变。回顾红军时期的军民鱼水情，那是"最后一把米送去当军粮，最后一尺布送去做军衣，最后一个孩子送去当红军"，回顾解放战争时期的军民鱼水情，那是陈毅元帅在淮海战役胜利后的感慨——"淮海战役的胜利是人民群众用小推车推出来的"。而我们当下的海外军民鱼水情，便是那30千米外的相迎之情，便是那热情无私的支持与无微不至的关心，我们谓之同袍。

用相机定格开心时刻　把快乐传递在维和路上

防暴队行动三分队七小队指导员　黄昌贤

　　"看相机镜头，保持微笑"，随着快门"啪"的一声响，这个名叫嘉德·基辅的小男孩便靠了过来，迫不及待想拿到拍立得相机上缓缓升起的相纸。我笑着告诉他："别急，要 30 秒后才能显现出照片。"看着相纸上逐渐清晰的自己稚嫩的脸蛋，小男孩顿时喜笑颜开，破旧的衣服和明亮的眼睛形成鲜明的对比。

　　我问他："喜欢吗？"嘉德·基辅小心翼翼地接过相片，爱不释手仔细端详，一个劲地说："好！好！真好！"他告诉我，这是他拍的第一张相片，他要把相片拿回家，让妈妈帮收藏起来。而后，嘉德·基辅对着我敬了一个并不标准的军礼，连声道谢后转身跑回家，一边跑一边兴奋地摇晃着手中的照片。

　　随即，在一旁围观的小朋友们激动起来，争先恐后朝我围了过来，要我给他们拍照。我举起手中的相机，笑着让他们排成一排，告诉他们不要着急、不要吵闹，然后一一为他们拍了照片……

　　在维和选拔培训期间，授课教员为我们讲解利比里亚任务区情况时提到："任务区的人们对我们中国维和人员非常友好，每当我们与他们合影时，他们都很开心。在这个信息化时代，我们可以通过实时、多彩的相片分享我们的生活，留住美好的时光，但在利比里亚，大多数人都非常贫穷，甚至很多人一辈子都没有拍过照，更别说看到自己的样子出现在照片里了。"是啊，我们的镜头能详细地记录我们维和经历，却不能为他们留下短暂的回忆。于是我便暗自决定：若是顺利入选，一定要买个拍立得相机，多备些相纸，到了任务区后可以为当地人照相留念，帮助他们留住微笑的瞬间，也让自己的维和经历变得更加有意义。

　　我时刻为自己能成为中国第五支赴利比里亚维和警察防暴队一员而骄傲和自豪，也深感使命的光荣和责任重大。在联合国各个任务区中，有的任务区自然环境恶劣、生活条件艰辛，有的任务区传染病肆虐、医疗保障能力差，有的任务区甚至武装冲突、暴恐袭击事件频发。维和事业之所以伟大而光荣，并不是因为"维和"二字光环的笼罩，而是源于维和人员在直面生死考验时，为了和平而砥砺坚守，在困难、孤独、寂寞时于细微之处的默默奉献。

在任务区，防暴队领导常用维和英烈和志虹"一根羽毛"的故事来教育我们：羽毛虽轻，但也有托举和平的力量，我们要不忘初心、忠诚履职，为维和事业干实事、做奉献，才能不负祖国的重托、不负肩上的职责使命。

到达任务区以来，我用相机先后为当地 60 多名居民拍摄了照片，相片的主角既有七八十岁的老爷爷和老奶奶，也有七八岁的小孩，既有个人照，也有集体照，还有全家福。照相留念或许是件微不足道的小事，相片的大小也仅仅只有 5 寸，但看着他们定格在相片中的笑脸和拿着相片欣喜的表情，我心里感到由衷的欣慰。

古人云："勿以善小而不为。"对于参与维和行动的我来说，更要以此不断鞭策自己。每次参加维和勤务时，我都会带上相机，为那些需要的人拍照留念，用相机定格他们的开心时刻，把快乐传递在我的维和路上，我坚信这样会使自己的维和经历变得更充实、更有意义。

物趣·西非

防暴队行动一分队分队长　苏子文

　　都说非洲是动物天堂，在这片神奇而广袤的大地上，有着保存良好的生态系统和多样化的自然环境，成了各种物种繁衍生息的乐园。以往，我们只能在电视节目中领略、神往，而参与国际维和行动，使得我们能够身临其境地感受这片土地的生机盎然与奇趣多姿，体味人与动物的和谐共生。

沙地行者——蜥蜴

　　蜥蜴可以说是非洲最常见的"居民"了，虽然个头小、性格羞怯，但它们的数量之庞大，让人无法忽视。草丛里、沙地上、树干旁，各种犄角旮旯里，只要你目光所及都能发现它们的身影。这种蜥蜴很有特点，幼年时身体是绿色的，然后逐渐变灰，成年以后头部和尾部变成亮丽的橙红色，仿佛顶着一团火焰，它们有着很强的好奇心和警惕性，时常趁你不注意时偷偷靠近，用爪子把身子一撑，小小的脑袋左右扭动着，观察我们这些外来者，但有风吹草动，它们就一甩细细长长的尾巴，小爪子前后划动着飞奔而去，速度之快、身姿之灵活，的确可以算得上是沙地上的运动健将。在任务区待久了，我们逐渐对这些小家伙的存在习以为常，也习惯了在劳动、休息、训练时被它们"窥视"。在营区走动时，每当惊起一群蜥蜴，看着它们一哄而散的喜感模样，我会想着等到维和结束，我们离开这里，曾经热闹的营区变得寂静，这些小蜥蜴会不会爬进我们曾经的办公室、宿舍、岗楼，寻找我们的身影，支着它小小的尖脑袋冥思苦想这些人去哪了，他们还回来吗？

建筑巧匠——织布鸟

　　初中时学过一篇关于织布鸟的课文，当时只觉得这种鸟太神奇了，用嘴和爪子就可以编出一个复杂而精致的鸟巢。来到西非以后，终于有机会拜见织布鸟。织布鸟的个头很小，类似于国内麻雀的大小，但是雄鸟的颜色非常鲜艳，黄黑相间的羽毛油亮油亮的，非常醒目。看着它们每天飞来飞去、叽叽喳喳，让人不由得感觉心情愉快。观察久了，越发觉得这种鸟简直就是"房奴"，大部分雄鸟每天都在飞来飞去衔草叶和树枝，为搭巢忙活。比较悲催的是，用树枝和草叶编制的巢美观是美观，但不能持久，遇上刮风下雨就会"巢落知多少"，于是可怜的织布鸟又得重复找树枝、衔草叶、编鸟巢……有时不禁让人叹息，这么漂亮、可爱的小鸟，短短的一生，却是个劳碌命，享受不了几天舒服日子。但看到它们成群结队聚在树冠上、墙头上叽叽喳喳的歌唱，家长里短地聒噪，又或是看到它们在雨后沙地的积水中扑腾扑腾的洗澡时，又会觉得它们的快乐那么朴素、那么真实，不正是当下最流行的"小确幸"么？

桀骜游民——乌鸦

印象里，乌鸦一般是生活在荒郊野外、乱坟岗头。没想到，在大西洋边也生活着一群一群的乌鸦。这里的乌鸦和我们印象中的乌鸦又不太一样，它的个头比普通乌鸦要大一圈，而且身上的颜色也不是全黑，胸腹加上脖子一圈的羽毛是白色，加上走起路来昂首挺胸、气定神闲的姿态，还颇有几分绅士的气度。不过只要一张嘴，粗哑难听的"嘎嘎"声，还是暴露了它的本来面目——一群"无业游民"。这些乌鸦仗着自己体格大、数量多，真有点"本地一霸"的意思，连老鹰都不敢惹它们。而且，这些乌鸦连我们都不太放在眼里。平时成天无所事事，还抢吃我们的残羹剩饭，这也就罢了，到了午休时间，这些乌鸦还在我们宿舍的铁皮屋顶"噔噔噔"地走来走去，扯着嗓子叫个不停，就好像在示威："这里是我的地盘！"当然，我们不会和乌鸦一般见识。毕竟，作为大自然的"清道夫"，乌鸦是生态系统中不可缺少的一环。而且捣乱归捣乱，乌鸦总体上还是和我们相安无事。据说，乌鸦的智商很高，有很强的记忆力。这么看，很久以后，会在心中记着我们、想念我们的，可能恰恰是这些黑不溜秋的"捣蛋鬼"吧。

非洲标志——雄鹰

雄鹰是非洲的符号。这里的人们喜爱雄鹰、崇拜雄鹰，认为雄鹰象征着自由与勇敢，一些非洲国家甚至把雄鹰印上了国旗、国徽。在利比里亚，我们常常可以看见一只只雄鹰翱翔于天际。这里的鹰体格不算大，但双翼展开来足有1米多宽，它们盘旋、滑翔、俯冲，姿态潇洒，威风凛凛，在广阔的蓝天白云映衬下，形成了一副壮丽的景象。鹰是站在鸟类食物链顶端的生物，是鸟中的王者，但鹰从不弑杀、不凌弱，对自然界仅取其所需。因此，我们常常能看到鹰与其各种鸟类共同飞翔、共同栖息的和谐景象。如此看来，把"好战分子"这顶帽子扣在鹰身上，着实有些冤枉。雄鹰在维和队员们的心中也有着特殊的地位，它不仅仅是各位摄影大师眼中最棒的"模特"，更是我们睹物明志、激励自我的榜样。每当空中雄鹰掠过，我们驻足仰望，心仿佛也随着飞翔在蓝天上一样开阔。

掠过天空的非洲雄鹰

再见，"哈马丹"

防暴队行动二分队四小队小队长　吴茂辉

在我的印象里，非洲一直是个神奇的存在，这里有茂密的热带雨林，也有浩瀚的撒哈拉沙漠；有"赤道雪峰"乞力马扎罗山，也有"地球伤疤"东非大裂谷；有原始的部落文化，也有辉煌的尼罗河文明……这块神秘莫测的土地，几乎满足了我所有的想象，但唯一没想到的是这里竟也有"雾霾"。

初识"哈马丹"，是在 2017 年的 12 月。不知从哪天起，蒙罗维亚原本湛蓝的天空开始变得灰蒙蒙的一片，往日清晰可见的"国会山"慢慢消失不见。难道非洲也有雾霾？还在感慨国内维和培训时遭受严重雾霾的我们，这才猛然发现，在整个利比里亚上空，"雾霾"天也开始了。

通过互联网，我查到了这"雾霾"的元凶——"哈马丹"风。"哈马丹"风是一种像火一样干热、可怕的"魔风"，它起源于炎热干燥的撒哈拉沙漠，在每年的 12 月底到翌年的 2 月会全力掠过非洲大陆，并在短时间内到达非洲西部。风暴把沙漠中的红色尘埃卷扬起来，随着干燥的空气一并被带到利比里亚，形成高不见顶的"土墙"，当红色沙尘沉降下来，屋顶、树叶、车辆等大

防暴队队员到距离驻地几十千米以外的地区拉水

167

地上可见的一切都盖上了一层薄薄的红色尘埃，形成一片红色的世界。

"哈马丹"的到来，加剧了防暴队的用水困难。从 2017 年 11 月起，进入旱季的蒙罗维亚滴雨未下，营区的雨水收集系统没有了用武之地，日益严重的市政缺水也加大了防暴队的断水频率。平均每隔 2 天防暴队都要组织队员到距离驻地几十千米以外的地区拉水。

刘学威是防暴队为数不多的一名 A 证驾驶员，他每天很重要的一项工作就是检查水罐车的车况，随时做好拉水的准备。防暴队有 2 辆水罐车，每辆载重 10 吨，一天可跑 2 个来回，在缺水的季节，它们成了防暴队的"命根子"。"这拉的可是救命水，我可不想在我这掉链子！"小刘说。为了节约用水，防暴队想了很多方法，比如限时段供水、一水多用等。40 吨水硬是满足了防暴队 140 人一天的饮用、洗漱、营区清洁、菜地浇灌等。

"哈马丹"与负责营区守卫的哨兵们有着最"亲密"的接触。在高高的岗楼上，哨兵们每一天都沐浴在漫天的尘埃里，那细小的红色微尘会落在他们的帽子上、藏青色的警服上、锃亮的战靴上，也会随着他们的呼吸进入身体，让他们品尝这来自撒哈拉的"风味"。

上午 7 时 30 分，队员蒋永平换下了营门哨的战友，开始执行一上午的营区守卫任务。营门哨是所有哨位中最闷热、灰尘最多的哨位；一上哨，小蒋就戴上了防暴队配发的防尘口罩，这虽然又闷又热，但总比做个"吸尘器"好。营门前来往的车辆加重了漫天的尘土，不一会就在岗亭的玻璃和桌子上落下了厚厚的一层灰尘。小蒋和战友一人拿抹布擦拭，一人拿水管洒水降尘，"即使再缺水，也要把营区卫生搞干净。"小蒋说。

"哈马丹"的到访，让执行训练、巡逻任务的队员们苦不堪言。"哈马丹"所带来的热风，让雨季里的凉爽无处可寻，每次训练、巡逻，队员们都像洗一次"桑拿浴"，体验一次汗水湿透防弹衣的"畅快淋漓"。

今天是防暴队四小队执行营区至罗伯茨机场的巡逻任务。在昏黄的阳光下、漫天的飞尘里，巡逻车队缓慢前行。一路上，勤务负责人王延亮不时提醒司机要注意拉大车距，以防能见度低而引发交通事故。极端干热的空气无处不在，虽然关闭了车窗，打开了空调，但全副武装的队员们还是汗流浃背。"在这种空气里待久了，你就会头晕胸闷、咽喉肿痛、口干舌燥。"王延亮说。

"哈马丹"不光带来了热风、干旱和尘土，还带来了病菌和有毒化学物质。这些有害物质会随着尘土黏附你的皮肤，进入你的眼、耳、口、鼻中，如果不及时清理，就可能对器官造成损害，引发各种疾病。从 2018 年 1 月起，利比里亚几个州相继出现了一种被当地人称为"埃博拉泛泛"的奇怪传染病，这种病虽不危及生命，但患病后会让人奇痒无比，异常难受。"埃博拉泛泛"、脑膜炎等传染病的广泛传播，"哈马丹"也是幕后推手。

王振国是防暴队一级医院的一名医生，晚上 8 时，刚刚完成营区消杀任务的他开始了晚上的巡诊。"有谁感觉不舒服吗？""今天发的防疟疾药都吃了吗？"王医生问到。"这几天风沙比较大，大家一定要减少户外活动，并注意保持好个人和环境卫生。"他接着说。

"哈马丹"给饲养员刘德泉也添加了不少烦恼。小刘负责饲养防暴队的 10 头小猪，爱干净的他每天都会把猪仔们洗得白白净净。"哈马丹"来后，小猪们经常变颜色，往往当天是白色，第二天早上一看就成了小红猪。"就是累点。"小刘一边给小猪洗澡一边说，"其实'哈马丹'也并不是一无是处，在这种天气用小猪的洗澡水浇菜，菜就长得特别好！"

"哈马丹"终于走了，我们在利比里亚也度过了一段最艰难的日子。"哈马丹"的到来，让经历雨季、旱季的我们更加深刻地认识到一个好的季节对于生活的重要。希望"哈马丹"的离去也顺便带走利比里亚 14 年内战的阴霾，让利比里亚人民也真正懂得一个和平的环境对于国家的重要。

再见，"哈马丹"！

防暴队在"哈马丹"肆虐的天气中进行战术训练

我在非洲过"八一"

防暴队行动三分队九小队翻译　周子尉

　　6 点 20 分哨音吹响，我起床后掀开窗帘，蒙罗维亚的天空透出一片霞光。

　　营区内的光明昼夜不息，昨夜哨楼的灯光尚未熄灭，今早厨房的炊火已经燃起。炊事组的班长是我们身边的知更鸟，醒来最早。大伙还在熟睡，炊事们已来到厨房淘米、揉面，开启了与锅碗瓢盆、柴米油盐奏响乐章的一天。食堂飘出袅袅饭香，我仿佛能听见白粥咕噜咕噜冒泡儿的声音，虽然离家 13000 多千米，这熟悉的气息却让我有了家的温暖。

　　转眼入伍已经第七个年头，这还是我头一次戴着贝雷帽与蓝巾在非洲过"八一"呢！为了庆祝中国人民解放军成立 90 周年，今天，我们防暴队将以警营开放日的形式欢度节日。听说联合国秘书长特别代表扎里夫先生，还有联合国驻利比里亚特派团的维和官员要出席此次招待会，我们既兴奋又紧张，筹备了好几天！升旗仪式的每一个环节，我们都反复彩排，为的就是让外宾看看我们中国军人的风采！

　　连续多日阴雨绵绵的天气终于放晴。营区走廊悬挂一圈彩旗、灯笼和横幅，经过细致装扮，使原本肃穆单调的警营多了几分喜庆。

　　下午 4 时，操场上停放猛士车与装甲车作为会场背景，气势磅礴。来宾入席后，活动正式揭开帷幕。第一个环节是升旗仪式。蓝卫宇队长宣布："全体起立，升联合国旗帜、中国国旗。"护卫队扛着联合国旗帜和中国国旗，姿态气宇轩昂，从西面踏着正步朝我们走来，外宾观众席立即响起热烈掌声。

　　"敬礼！"《义勇军进行曲》奏响，铿锵的旋律在耳畔流淌，我仰头凝视五星红旗冉冉升起，心脏随着节奏猛烈跳动。升旗无疑是中国军人灵魂接受洗礼的仪式，将我们的血脉与祖国的河流相连，将我们的骨肉与家乡的山川融合。

　　阳光透过云层，稀释成一道道温润的线。操场是一片黄泥地，没有华丽的升旗台，甚至没有水泥地面，有的是一颗颗热忱的爱国心！五星红旗、国歌、敬礼、凝视，这些因素结合起来，每次都让我忍不住热泪盈眶，尤其走出国门后，对祖国的依恋、对故乡的牵挂变得越来越浓烈，在体内疯狂生长、扎根。

　　紧接着是中华传统文化展示，武术表演、威风锣鼓、舞龙舞狮、擒敌配套，这可是今天活动的重头戏。我参加的是威风锣鼓队的表演，演奏曲名为《普天同庆》，正好表达了我们此时此刻的心情。穿戴上壮族的传统服饰，面带微笑登上舞台，流畅欢快的锣鼓声在这片土地开出和平之花，结出友谊之果。节目不仅传播了中华民族历代相传、鼎盛不衰的传统文化，还展示中国维和警察所向披靡的一面！

防暴队队员的威风锣鼓队表演

　　我们是维和警察，更是中华儿女。时任中国驻利比里亚大使张越曾经在端午节晚会上对我们说："你们不仅是维和铁军，更是中国军人的名片，肩负特殊使命的外交官。"为世界和平贡献微薄力量之时，我们铭记使命，把中国文化带到非洲，弘扬海外。

　　接下来，我带领 1 名利比里亚警察（LNP）参观维和展厅。

　　"1927 年 8 月 1 日凌晨，中国江西南昌响起一声枪响，成为中国工农红军建立的标志性事件。""2000 年 1 月 12 日，15 名中国警察首次戴上蓝色贝雷帽，代表中国走出国门，飞向遥远的东帝汶执行维和任务。"在向外宾介绍的声音中，我仿佛渐渐迈入历史长河，看到满目疮痍的战争，也看到繁荣昌盛的希冀。

　　活动结束已经是傍晚，地表的余温慢慢散尽。营区西侧正对着大西洋，这片一望无垠的汪洋，第一天看时充满新奇，第二天看还有些许诗意，如今 100 多天过去，再眺望这出波澜，心里的万千感触渐渐沉淀。

　　营区回归平静，大西洋的海风如喃喃细语，在耳边诉说缕缕乡愁。我抬头看，哨楼执勤的灯，不知何时已点亮了。

第五篇

深情感悟

我也要做一根承载和平心愿的羽毛

防暴队指挥中心执勤官　史　静

史静在报告会上讲述维和故事

我是中国第五支赴利比里亚维和警察防暴队执勤官史静。2015年9月，习近平主席在联合国维和峰会上说："中国维和女警察和志虹在海地执行联合国维和任务时不幸殉职……她曾经写道：大千世界，我也许只是一根羽毛，但我也要以羽毛的方式承载和平的心愿。这是她生前的愿望，也是中国对和平的承诺。"

那时，我刚入警，我记住了习主席的话，记住了同为边防警察的和志虹烈士。后来，我们总队组建维和警察防暴队，我立即报了名，我也要做一根承载和平心愿的羽毛。在任务区，我负责文电处理、信息研判、地图修订等工作。

女孩子都喜欢逛街，我在任务区也逛街。不过，我是全副武装坐着巡逻车巡逻。透过车窗，我看到断壁残垣，看到弹孔弹坑，看到民众对和平的渴望。

通过实地勘察，我们很快完成地图翻译，对大街小巷、道路桥梁都了然于心。正因为这样，我才能帮助武装长途巡逻的战友冲出险境。

2017年8月，蓝卫宇队长带领20多名队员开展武装长途巡逻。这次长巡横穿7个州，途经危机四伏的原始森林、坑坑洼洼的乡间泥路、年久失修的竹木危桥，往返1400多公里。队伍刚出发，我的心就悬了起来。

长巡的第五天傍晚，巡逻车队通过卫星电话向指挥中心求救，说道路被洪水冲垮，无法通过。我心里咯噔一下，天快黑了，毒蛇猛兽袭击怎么办，不法分子伏击怎么办？随即，我根据前方报来的地名，对照新修订的地图，迅速锁定了位置。领导命令立即重新规划回营路线。我和战友精心选点画线，展开图上作业，规划出新的回营路线。但要绕道200多公里，油料不足，必须派出支援小组接应。我又协助战友规划了救援路线，选定了接应地点。领导根据我们的救援方案，下达绕道回营和救援行动的命令。

第二天0点，巡逻队接到支援小组的对讲机信号。支援小组也在对讲机里听到了巡逻队激动的喊声。他们接上头啦！我们值班室里一片欢腾。这时，值班战友劝我休息。我说："战友们还在黑暗中摸索，还在风雨里行军，我哪能睡得着？"我们盯着卫星电话，把营区的灯全部点亮，照亮战友回家的路……

凌晨3点，陈利华政委带着我们在营区门口列队迎接巡逻队归来。蓝队长一下车，政委就紧紧地抱住他，好久，好久。随后，政委下达命令："枪弹入库，马上开饭！"这是我入警以来，听到的最温暖的命令。就像领导说的那样："防暴队就是一个家，我们就是兄弟姐妹。"

家的感觉真好。2017年5月，防暴队给我们几个5月份出生的战友过集体生日。近百名战友为我们录制了祝福视频，我看着视频，开心地笑了，感动地哭了。没想到，大家这么牵挂我。平时非常严肃的政委，也悄悄抹去眼角的泪水。我哭着安慰他，他反过来安慰我说："你们找到归属感，我就放心啦。"

女队员也是战斗员，不能总"宅"在家里。2017年11月，我和队医李丽梅姐姐，和男队员一起执行武装长巡任务。那时，烈日当空，地面好像被烤出了烟。我们穿戴厚重的防护装具，背着长枪短枪，作战靴仿佛能倒出半斤汗水。由于上厕所非常不方便，我和丽梅姐严格控制饮水。下午，我俩实在忍不住要上厕所。战友们费了好大劲，才找到一个废弃的涵洞，让我俩进去方便。20多名战友背对着我们，持枪警戒。我和丽梅姐走向队伍时，看到战友们用目光迎接我们归队，战友的目光，是那样的亲切，那样的有安全感……

　　就这样，我们把防暴队当家，把利比里亚当成了第二故乡。防暴队经常力所能及地为当地民众提供诊疗服务。距离营区10公里的孤儿院，有60多个孤儿。2017年10月18日，医疗组到孤儿院给孩子们检查身体，我也去搭把手。我看到，一个名叫Antoinette的小女孩，脸部溃烂。队医递给她一支药膏，Antoinette看了看，不知道怎么用。我对她说："Let me help you.（我来帮你。）"

　　我把Antoinette揽进怀里，用棉签沾着药膏，轻轻地涂在她脸上，耐心地告诉她用药方法。突然，Antoinette对着我叫了声："Mommy"，我还没反应过来，她又叫了声："Mommy!"

　　妈妈！这小女孩叫我妈妈？我的脸一下子滚烫起来，我还没结婚，还没当妈妈呢！我懵了，一位当地的老奶奶笑眯眯地对我说："你的女儿爱你。"从那以后，我都会给这个"女儿"多带点吃的、用的。我经常给孩子们看我手机里的照片，看看飞机、邮轮，看看高楼大厦，看看大学校园，鼓励他们创造美好未来。

　　这些日子以来，我常常回忆起维和的峥嵘岁月，回忆起那个叫我"Mommy"的小女孩。如果还有机会，我还要踏上维和征程，还要做一根"羽毛"，用爱的方式承载和平心愿，用爱的方式履行神圣使命。

　　（本文为中国第五支赴利比里亚维和警察防暴队先进事迹报告会报告词）

巡游记

防暴队指挥中心执勤官　张　莹

　　"生命的过程，无论是阳春白雪，青菜豆腐，我都得尝过是什么滋味，才不枉来走这么一遭"——三毛在用生命书写对非洲的挚爱之情时这么说过。儿时，啃读三毛的文字，尤其喜欢《撒哈拉的故事》这一选集。对娃娃新娘、沙漠观浴记和荒山之夜等细节描写，记忆犹新。

　　数年前，不敢想自己也有机会和三毛一样，站在非洲大陆上，呼吸着非洲的空气。不同的是她在北非沙漠，我在西非海边，相同的是我们接触到大众物质条件还是一样贫瘠。

　　来到西非已将近 2 个月，在国际劳动节前夕，有机会和巡逻小队一起外出执勤，欣赏到了柏油路旁富有热带气息的非洲植被，看到了泥泞陡峭的乡村路边富有特色的村庄茅草屋……摄像机一直不停跟拍，恨不得把这些实物通通记录下来。我的眼睛来不及捕抓快速消逝在车窗外的景色。我如三毛般，感受着

张莹在联合巡逻途中与当地儿童留影

非洲当地人的真实生活！

　　村庄里成群结队玩耍的非洲小孩看到车队都伫立张望，无不向行驶的维和车队挥手示好并告别。他们或衣衫褴褛，或食不果腹，但是他们脸上的腼腆和稚嫩的笑容，是如此真诚！让我为自己对他们微乎其微的帮助而产生了的些许愧疚。然而，一个国民自小懂得感恩和铭记的国家，我坚信会越来越好。

　　坐在猛士车上，看着延绵不断的上下坡，整个身体随车颠簸，心却是祥和的。

　　记得 2017 年 3 月初在 IMTC 培训课上，一名利比里亚籍教师曾说过，利比里亚有一种风气，叫"Papa Syndrome"，译为"爸爸综合征"，可以理解为伸手索要恩惠。在利比里亚呆了近 2 个月，不否定这种现象确实存在。然而，更多的时候，我看到的却是即使烈日当空，利比里亚年轻一代人仍然头顶大桶，手拿各类大小商品，汗流浃背、不辞辛苦地穿插在车水马龙间、大街小巷里，高声吆喝，招揽顾客。久而久之，我对这个国家有了新的认识，也有了好感。

　　可以说，在我 29 年的生命中，这次的五一国际劳动节是最有意义非凡的！某种意义上来说，它圆了我的"三毛"梦，也让我学会思考当下，学会成长。相信维和任务完成后，日后回首，也是人生一笔莫大的财富。

辉煌与废墟的距离

——观非洲酒店废墟有感

防暴队行动二分队四小队小队长　吴茂辉

进驻任务区以来，一直听说我们中国防暴队驻地附近有一座著名的酒店废墟——非洲酒店（Hotel Africa）废墟，它是利比里亚最著名的景点之一，被誉为利比里亚内战的"活历史"。今天，我们巡逻小队正好要前往此片区域巡逻，我终于有机会一睹它的风采，倾听它的故事。

景区里的废墟

非洲酒店坐落在蒙罗维亚班加海岸，临近圣保罗河入海口，是利比里亚非统村（O.A.UA Village）的一部分。非统村是一个建筑群，是1979年利比里亚为主办非统首脑会议专门修建的，占地面积超过20公顷，由酒店、会议中心、海边别墅群、海边浴场和高尔夫球场等配套设施组成，其中的非洲酒店最为著名。

乘巡逻车沿酒店路西行，我们渐渐看到了掩映在树林中的酒店主楼。在接近酒店约1千米的地方，我就明显感到这里的与众不同。一眼望去，曾经高雅的路灯矗立在道路两旁，设计精美的路标还在尽职尽责地指示着方向，道路中间设计有绿化带，路面很平整，上面还能依稀看到标准的斑马线……谁能想到，这些豪华设施修建于40多年前，哪怕就是现在，与周边低矮破旧的居民房相比，还仿佛不在同一个时代。

酒店的主楼是一座6层高的灰色建筑，占地面积很大，设计合理，风格考究，共设有360多间客房，据说当时装修极其豪华奢侈，收费不菲但依然生意红火，被誉为西非的地标建筑。酒店前方是一个很大的停车场，后面是利比里亚最为著名的非洲风情海滩。据说当年酒店前的停车场每天都停满了高级轿车，海滩上挤满了来自世界各地的游客。时过境迁，如今的非洲酒店早已是满目疮痍，逐渐被荒芜掩盖。

非洲酒店与利比里亚内战史

酒店附近有一个小渔村，哈里斯老人一家世代居住在这里。老人 70 多岁了，虽然这个年纪在利比里亚已是高寿，但他的身体却一向很好。看到我们的到来，老人很是高兴，热情地邀请我们到他经营的沙滩农家乐做客。

老人对中国人非常感激，因为他的 2 个儿子曾因得了疟疾，差点死掉，在全家手足无措时，是中国援助利比里亚医疗队给了他无偿的帮助。交谈中我们得知，哈里斯老人有 3 个儿子和 2 个女儿，加上孙辈全家共 15 口人，他们以经营海滩农家乐和捕鱼为生，收入在当地算是中等水平。因老人是本地人，年轻时还曾在非洲酒店当过服务员，所以对酒店的历史非常了解。

老人的回忆把我们带到了 20 世纪 70 年代，那时的利比里亚经济发展非常迅速，当时的托尔伯特政府为了主办 1979 年非统首脑会议，专门在蒙罗维亚北部圣保罗河入海口的班加地区修建了非统村。据说，当时非统村的投资几十亿利币，在那个利币和美元基本等值的年代，这样的大手笔是非洲唯一的。非统村的配套非常豪华，主体由 52 座专供各国元首下榻的别墅组成，每座别墅都配备了现代化的设施，其豪华、先进和奢侈程度在当时的非洲是数一数二的。与酒店隔河相望的是联合会议中心，它也是专门为非统首脑会议而修建的。

然而，非统村的建造并没有为利比里亚人民带来实际的好处，相反，为这个面积只有 11 万平方千米，人口只有几百万的小国带来了沉重的负担。政府的日益腐败再加上贫富差距的逐渐拉大，民众的不满情绪日渐高涨，就在非统首脑会议后的第二年，一个名叫多伊的军士长带着 16 名士兵轻而易举地夺取了政权，建立了军政府，结束了美裔利比里亚人近 200 年的统治历史。然而，多伊的上台，并没有实现人们和平富足的愿望，相反却将利比里亚带入了一个残暴专政的黑暗时期，利比里亚也迅速成了世界上最贫穷的国家之一。9 年后，内战爆发，前政府官员泰勒带领军队迅速攻占了首都蒙罗维亚，多伊也被活捉，最终遭受酷刑而死。泰勒上台后，形势并没有明显好转，政府继续腐败，军阀继续混战，利比里亚又继续陷入内战的泥潭。直至 2003 年，泰勒被迫辞去总统职务并被国际法庭审判，联合国安理会成立联合国利比里亚特派团进驻利比里亚以后，当地的局势才逐渐稳定下来。

废墟下的沉思

站在如人高的萋萋荒草中，望着酒店废墟，我感慨万千。非洲酒店代表着利比里亚曾经的繁荣，而如今却定格在被炮火摧毁的那一刻，仅存的断壁残垣诉说着这里曾经的辉煌。酒店的历史告诉我们，辉煌与废墟的距离并非遥不可及，如果它们之间没有隔着和平。

利比里亚于1847年建国，比新中国的成立早了100多年。这里环境优美、地理位置优越、资源丰富，被誉为非洲大门、天然橡胶王国、商船王国，凭借这些优势它完全可以发展成一个国富民强的国家。然而，战争的炮火摧毁了本应是"人间天堂"的利比里亚。

"出国维和，更加爱国"，9个月的维和经历，让我对这句话的理解更为深刻。相比利比里亚，我们的祖国曾遭受过更多的苦难，我们曾被列强凌辱、瓜分，曾被称为"东亚病夫""沉睡的狮子"。但是，英勇的中国人民凭着中华民族5000年的历史底蕴和爱好和平、团结统一、勤劳勇敢、自强不息的民族精神，找到了适合自己的革命理论和发展道路，在党的领导下，推翻了三座大山，实现了民族独立和人民解放，又通过自我革命和改革开放，实现了国家富强和人民幸福。这种种成就的取得，无不昭示着我们中华民族的伟大。

作为中国人，我们是幸运的。每当在国家生死存亡关头，我们的民族总会涌现出一大批以天下为己任、学贯中西、勇于创新的卓越领导人。毛泽东、周恩来、刘少奇、邓小平、江泽民、胡锦涛、习近平……正是这些优秀的中华儿女，在历史的关键时刻，以舍我其谁的担当，一次次带领全国人民力挽狂澜、披荆斩棘、走向辉煌。

作为中国人，我们是幸福的。在党的坚强领导下，不论国际风云如何变幻，我们都始终保持着清醒的头脑，坚持自己的发展理念，走自己的发展道路，把增进民生福祉作为发展的根本目的，把为中国人民谋幸福，为中华民族谋复兴作为自己的初心和使命，全国人民目标一致，众志成城，齐心协力共创"中国梦"。

巡逻车沿着渔村里坑洼的小路缓缓前行，车窗外四五个当地渔村的小孩追逐着车队，不停地讨要着食物和水。望着这些面露饥色，衣不遮体的当地儿童，让正在和战友们讨论祖国"第二个百年目标"的我瞬间感受到了某种强烈的冲击和巨大的差距。车窗内外，让我更深刻体会到了什么叫"道路自信、理论自信、制度自信和文化自信"。

感谢此次维和，让我更加热爱自己的祖国！

西非大地唱响《歌唱祖国》

防暴队政工组干事　王　霁

"五星红旗迎风飘扬，胜利歌声多么响亮，歌唱我们亲爱的祖国，从今走向繁荣富强……"

早在 20 世纪 50 年代，《歌唱祖国》就被中国人民称为"第二国歌"，60 多年来，这首歌传唱不衰，历久弥新，响彻中华大地。然而，当我们防暴队队员在远离祖国 13000 多千米的利比里亚维和任务区，与驻利比里亚华人共同唱响这首歌，却有一番别样的感觉。

祖国的 6 月，姹紫嫣红，而大西洋的西南却正值雨季。2017 年 6 月 28 日，阴雨绵绵的蒙罗维亚迎来了一个难得的晴天。中国第五支赴利比里亚维和警察防暴队与中国驻利比里亚大使馆、援助利比里亚机构、驻利比里亚的中资企业及在利比里亚的华人员工 200 余人齐聚在防暴队营区，为维和警察首个海外党建教育展厅举行揭牌仪式，为中国共产党建党 96 周年献礼。16 时 30 分，仪式准时开始，我们全体防暴队队员头戴蓝色贝雷帽，一身戎装，精神抖擞，旗手迈着整齐的步伐、高举着党旗走向队伍前方。这时《歌唱祖国》的伴奏响起，大家自发地和着音乐唱了起来。

有一种情感常被忽略，但它一直在我们内心涌荡。而此时，我的内心仿佛有种力量在澎湃、激荡。在遥远的利比里亚，因为有了思念，"祖国"这个字眼，在我们的心中变得愈加温馨和神圣。在唱歌时，我的身体僵住了，我感觉到泪水已经充满了我的眼眶。这首歌，我和我的同龄人，都是从小听着、唱着，未曾觉得有多么动人。"越过高山，越过平原，跨过奔腾的黄河长江；宽广美丽的土地，是我们亲爱的家乡……"我眼前浮现的是鲜艳的国旗、壮丽的河山、勤劳的人民，胸中涌动的是坚定的信念、昂扬的斗志。那份对祖国的依恋隔着千山万水突然分外明晰，仿佛每一个音符、每一句歌词都在激活心中坚定的理想信念。

我站在队伍中，伫立在大西洋畔，听着海浪拍打着码头的声音，觉得这首歌是世上最美的乐曲。在场所有的中国人都在放声歌唱，我身边一个援助利比里亚医院的女医生悄悄地抹着泪水，我亦止不住热泪盈眶。

我们都来自同一片伟大的土地，同样是黄色的皮肤，我们说着同样的语言，看着同一片蓝天。即使身在异国他乡，相隔千万里，也隔不断我们对祖国母亲诚挚的爱。因为是那片热土养育了我们，因为对伟大祖国的忠诚的挚爱已融入了我们的血液，无论走多远，心都系在"根"上。

来到任务区这段时间的所见所闻，让我们更深刻地感到身为中国人的骄傲和自豪。利比里亚经历了长达14年的内战，众多无辜的平民死于战火之下，幸免于难的人们处境悲惨，他们缺少食物，缺少医疗资源，生活状况惨不忍睹。联合国进驻之后，为这个国家带来了久违的和平，但是路面上随处可见残破的民房、坑洼的街道以及满是弹孔的墙壁，战争的痕迹依然历历在目。我们常常能从利比里亚人民眼中看出对中国人的羡慕与敬仰，与利比里亚的战乱、瘟疫、贫穷和落后相比，中国人民在中国共产党的领导下，全国人民的艰苦奋斗，国家繁荣富强、民族团结和谐、人民幸福安康。此时此刻，我切身感受到生在祖国母亲——中国，是我最珍贵的财富和骄傲！

正如时任中国驻利比里亚大使张越所说，"正是国家实力的不断提升，人民军队的发展壮大，我们外交人员在对外交往时更有底气，坚决维护国家利益时更硬气，也使得海外的中国同胞更有骨气。"

嘹亮的歌声还在耳边萦绕，光荣的使命仍在继续。中国第五支赴利比里亚维和警察防暴队140名队员，远离祖国、远离亲人，在条件艰苦、环境恶劣、久经战乱、疫情蔓延的维和任务区默默驻守，以奋斗诠释青春，以坚守展现忠诚，以热血捍卫和平，以朴素而深沉的情感向祖国敬礼！

万紫千红不如你——记多彩西非

防暴队行动三分队九小队翻译　周子尉

赤橙黄绿青蓝紫，谁持彩练当空舞？色彩，因为与我们的情感相互交融而多了几分鲜活的意味。黑色是长夜，混沌万物就是从这无边无尽的黑暗中觉醒，摸索出一条光明的道路来；白色是初雪，脑海浮现起诗和远方，北国寒冬银装素裹的村野，还有校园中纯净的白衬衫；红色是火焰，熊熊烈火漫过荒野，烙印成中华儿女灵魂内的一道图腾，胸腔燃烧起一股我以我血荐轩辕的气概；蓝色是天空，万古夜空，浩渺星辰，思绪坠入苍穹，生命轮回的奥秘在外太空的星光中向我们慢慢展开；绿色是林海，在神秘的原始森林里，万物枯荣生息，孕育出多少古老璀璨的文明。

第一次了解非洲是看法国作家凡尔纳小说的《气球上的五星期》，我想，造物主无疑是偏爱非洲这片土地的，他把世间最绚丽的色彩都挥洒在这里，才创造出如此旖旎多姿的世界。在国内，欣赏绿树红花、蓝天白云并不稀奇，那是和平繁荣的山河之美。但是双脚迈上非洲大地之后，原本习以为常的色调，却衍生了许多从未有过的感悟。

黑色是你说不完的故事

无论是执勤巡逻，还是外事交流，每一天都能和许多当地的朋友打交道，他们黝黑的脸庞上总是笑意盈盈，碰面的第一件事先拍拍你的肩膀，"My friend！（我的朋友！）"笑起来露出白色的牙齿，热情得像久别重逢的好友，让人难以将这个民族与苦难联系起来。

加百利·塔克大桥是连接蒙罗维亚市区和营地的必经之路，进驻任务区200多天，猛士车辆估计走过上千遍了。桥上行人熙熙攘攘，车辆川流不息，从车窗望去，底下就是发源于几内亚高原南麓，缓缓流向大西洋的圣保罗河。阳光照耀下，灰白的桥墩上投射出许多细微的黑影，如眼眸大小，像一块块黑色的伤疤，从桥头一直蔓延到桥尾。这是内战时期留下的弹痕，时隔多年，战争的痕迹在这座城市仍随处可见，深深镶嵌在蒙罗维亚的皮肤里。我想，利比里亚是不需要建设战争历史博物馆的，因为在城市中行走，脚下的每一寸土地，触摸的每一块砖石，都是一个个黑色的故事。杜克酒店旧址、国家会议中心、非洲酒店，曾经闪耀西非的地标建筑，如今只剩下骷髅一般的破墙败窗，如瘦弱干枯的老者，颤颤巍巍地伫立在历史浪潮的岸边。

　　有人说，黑暗总爱藏在光明的背后。但是，每逢朝晖夕阳把加百利·塔克大桥上漆黑的弹痕镀上光环，仿佛是他们向岁月诉说，黑色是我们祖先基因中的一部分，象征着顽强、象征着荆棘、象征着希望，象征着朝光明进发。

绿色是她永远年轻的容颜

　　绿色有"判天地之美，析万物之理"的寓意。如果生命的终点是落叶归根，那么生长在利比里亚的绿色，拥有着永不苍老的容颜。这个国家的森林覆盖率达90%，热带树木花草长势茂盛，无论雨季旱季，从来不缺苍翠欲滴的绿意。哪怕季节更迭，整个国度依旧掩映在林海之中。

　　第一次参加联合巡逻的目的地是博米州的加岩希尔镇，距离营地有100多

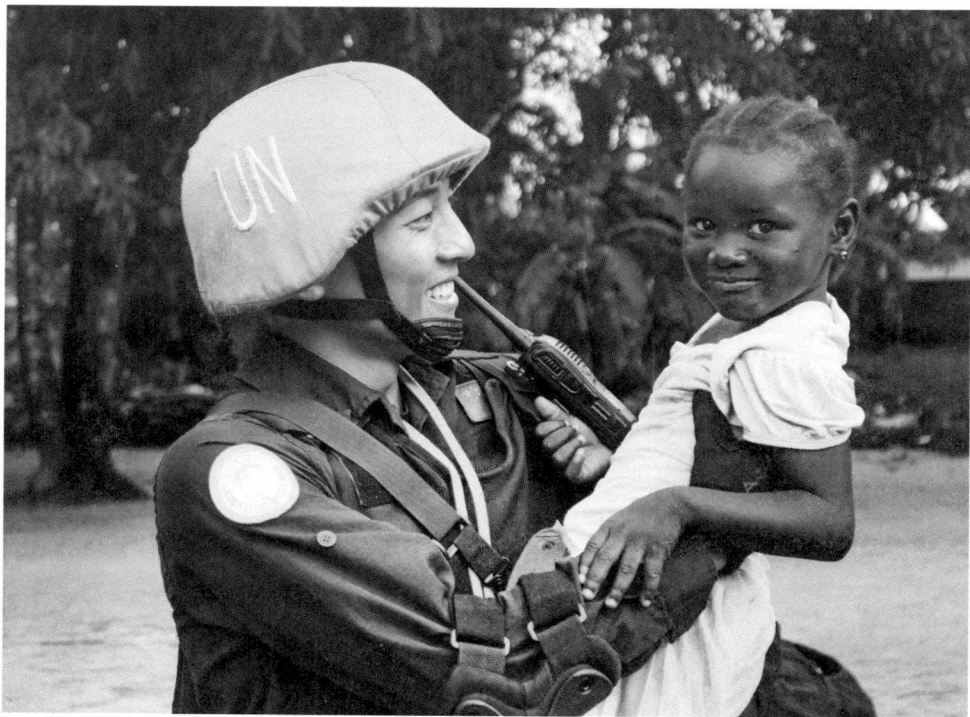

防暴队队员与当地儿童

千米，这也是我第一次亲身穿越神秘的原始森林。车辆只要离开了蒙罗维亚市区往郊外行驶，视线就只容得下道路与郁郁葱葱的森林。沿途是漫山遍野的树丛，草地、香蕉树、棕榈树，气势从低到高，色调从浅至深，层层递进。

车辆绕过弯道，向隐匿在深山中的村落驶去，我还是抑制不住内心的渴望，回头再看一眼她的眉眼。

白色是我送给你的礼物

埃博拉孤儿院有个叫维斯的小男孩，每次去走访看见他都是穿一件白色的上衣，上面布满灰色的水渍。一发现有陌生人走进孤儿院，他立马警惕地躲在树桩后面，露出一双水汪汪的大眼睛。

从他的眼神里，我第一次看见了白色的曙光。

说起蓝色贝雷帽、蓝盔，我们首先想起的是蓝色与和平，却极少有人注意到联合国会徽里面白色的徽记。它象征着纯洁、正直的品质，维护世界和平与安全的美好愿望。德国思想家阿多诺曾说过："奥斯维辛之后，写诗也是野蛮的。"那为什么不可以说，维和行动建立之后，人类的心灵又可以重新哼唱诗歌呢？

联合国利比里亚特派团自 2003 年成立至今，十余载风风雨雨，利比里亚从内战的荒芜慢慢走上发展轨道。目前，派驻在利比里亚的维和人员仍有 700 多人，行走在大街小巷，他们身上那一抹不易察觉的白色，默默守护在利比里亚的身旁。这是送给非洲最好的礼物，饱含他们对于维和事业的热爱，和平永存利比里亚的恳切愿景。

红色是我们长存的友谊

每天清晨，旭日东升，营地正中央冉冉升起五星红旗。驻守在距离祖国 13000 千米外的非洲，五星红旗除了肃穆庄严之外，还令人倍感亲切。如火的旗帜是我们砥砺前行的领航灯，这一抹东方红更是编织成传递中利友谊的纽带。

中国援建项目、长城饭店、中利友谊公园……在色彩斑斓的蒙罗维亚，熟悉的红色总在你不经意的回眸时出现，像一颗跃动的心脏，将相隔万里的 2 个国家紧密联结在一起，传递着诚挚情谊。7 月 22 日，蒙罗维亚市 SKD 体育场重新启用仪式上，我们防暴队与当地朋友一同表演锣鼓。我们身穿红黄相间的壮族服饰，他们则穿戴五彩旖旎的非洲草裙，鼓声由弱至强，自近向远，中利两国的深厚情意在喜庆的欢笑声中涓涓流淌。

红色是西非大地如火的热情，也是中国对这个命运多舛国家和人民的和平承诺。进驻任务区以来，中国防暴队的足迹遍布利比里亚东西南北，覆盖全国各州市。猛士车辆上的五星红旗，防暴队队员胸前那一抹灿烂的红，从点连成线，线再织成面，凝聚着守护和平的真诚和奉献。

蓝色是心中遥远的思念

雨季过后的蒙罗维亚，天空是瓦蓝瓦蓝的纯粹，如蓝色的玻璃。开车从皇冠山下来，经过一个陡坡，视野像拉开门帘似的忽然开阔起来，眼底下就是蒙罗维亚最繁华的闹市区——水街。道路两旁是林林总总的商铺，目光所及，蒙罗维亚如同一块调色板，静静地躺在蓝天的臂膀之中。

中国有首老歌是这样唱的："蓝色是忧郁。"在英文里，蓝色也有忧伤沉郁的意味。但是到了西非，我才慢慢发现蓝色的真意应该是思念，因为只有蔚蓝的大海才能容纳得下如此深沉的思念啊！

利比里亚位于大西洋东海岸，拥有众多洁净的海滩，斯托克顿海湾、高尔夫沙滩……这里的海滩可不比国内的度假海滩温柔，很有非洲民族的狂野气质，滚滚海浪冲击在礁石上，激起阵阵波涛。当然，最闻名的还属象牙海岸，站在礁石堆上向远方眺望，飞珠堆雪，眼前就是浩渺的碧蓝汪洋，缱绻着我最深邃的思念，缓缓向东奔流。

为了孩子们那片和平的蓝天

防暴队政工组干事　王　霁

利比里亚是非洲最早的独立共和国，被称为"西非明珠"。1989年12月至2003年8月，利比里亚历经了14年内战，"西非明珠"光芒不再。根据联合国安理会有关决议，中国自2003年12月开始派遣维和部队赴利比里亚，并于2013年10月开始派遣维和警察防暴队。虽然在联合国的帮助下，利比里亚政府做了大量的工作，但战事方息、百废待兴，社会治安恶劣、形势复杂，人民贫困潦倒，生活质量极差。

防暴队主要负责维护首都地区治安秩序、开展武装巡逻以及突发事件处置、要人警卫、物资护运等任务，所执行的任务有大有小，有急有缓，但其中有一项看似不起眼，稍有不慎便会出大问题，那就是倒垃圾！久闻在这里倒垃圾会遭到当地人哄抢，但真当我亲身经历时，还是被当时的场景所震撼。2017年3月中旬，我们刚到任务区，首要工作就是清理营区，打扫卫生，几乎每天都要清理出2卡车的垃圾。每天下午我们都按要求派队员携带警务装备，押送垃圾车开往离营区8千米外的垃圾场倾倒焚烧。记得是3月15日，轮到我们小队公差勤务，我们携带好装备，押送垃圾车去倒垃圾，这也是我来到任务区第一次出营区执行任务。当我们的车队行驶在公路上时，便有当地人开始紧随，其中不乏许多黑人小孩，他们光着脚丫跟着垃圾车跑，大点的有十几岁，小的只有五六岁，短短的头发，由于营养不良，每个小孩看起来都差不多大，颧骨凸出、骨瘦如柴。由于城市道路坑洼不平，车开得并不快，我们警惕的观察着周围，突然从后视镜中发现卡车后货舱的垃圾上一个黑影闪过，2名黑人小孩居然扒了上去，正在行驶的垃圾车上"淘宝"，无奈我们停车下来，车还未停稳，跃跃欲试的当地人就已经将垃圾车团团围住，满眼放光地盯着车上的垃圾。一路上，我们与当地人反复周旋、斗智斗勇，8千米的路，硬是用了快1个小时才到。下车后，衣服已被汗水浸湿透了。按照联合国的规定，我们的生活垃圾都要焚烧、填埋。直到垃圾场的员工处理完垃圾，我们准备离开时，我又看到两个身穿破旧衣裤，打赤脚的小男孩向垃圾场这边走来，我走向他们并问道：

"Hi，kid，how old are you？"（小朋友，你们今年多大啦？）

"9，my little brother is 7."（我9岁，我的弟弟7岁。）

"Why don't you go to school today？"（你们今天为什么不上学啊？）

"We can't afford it."（我们付不起学费。）

说完，他们兴奋地朝垃圾堆跑去，也许这一天对他们来说，就好像是一个期待已久的节日。

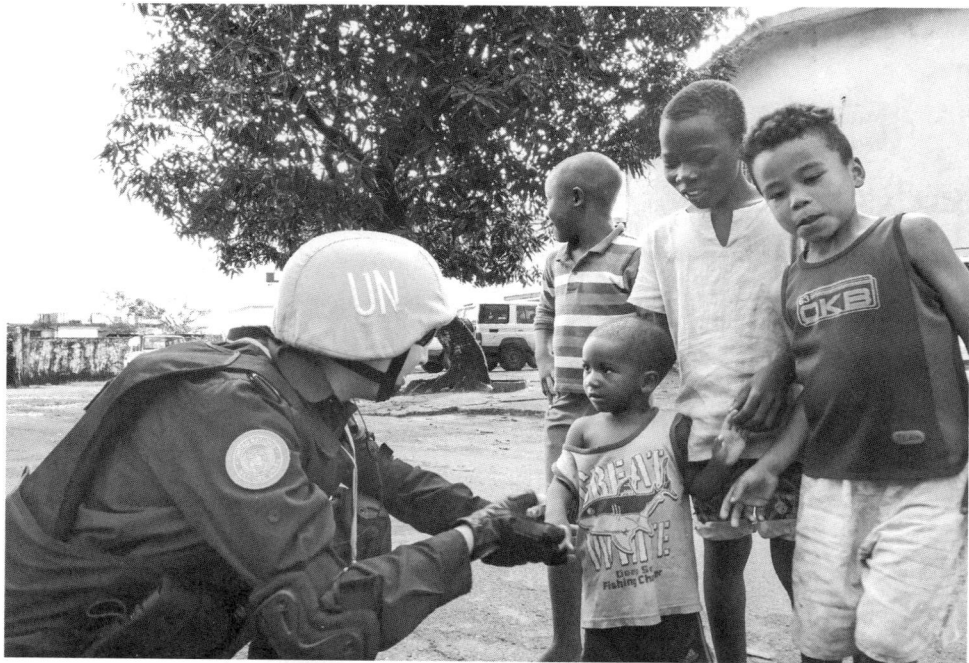

防暴队队员与垃圾堆旁的孩子们聊天

每当我回想起垃圾堆旁那两个小孩看到垃圾兴奋的眼神时，我的内心除了震撼，更多的是疼痛。利比里亚这个20世纪70～80年代经济水平曾经高居世界前列的国家，如今竟是这番景象，我不禁感叹战争给无辜民众造成的伤害。让这些无辜的民众吃饱、过上正常的生活是这个国家的责任，也是世界的责任。看到这些孩子纯真的面孔，我心里很难受。换做是国内同龄的小孩，他们可能坐在宽敞明亮的教室内，听老师讲课，学习知识，不愁吃穿，时时刻刻有父母的关怀，每年的六一儿童节，还可以收到精致的节日礼物。可是再看看这些生活在战争、饥饿、贫困、疾病和失学中的孩子们，战争不仅夺去了他们天真快乐的童年，更让孩子们的心理蒙上了一层难以抹去的阴影。记得有这么一句话，我们没有生活在和平年代，我们只是生在一个和平国家！此刻，对于这一点我体会尤为深切。

联合国数据显示，全球目前仍有 5.35 亿儿童生活在战乱或灾难地区，等于平均每 4 个儿童就有 1 个的生命安全受到威胁，且无法获得医疗保障和良好教育。在利比里亚，快乐、健康的童年对于他们来说更是奢望，战争和艾滋病使 34 万名儿童失去父母，其中大部分女孩成为妓女，因为高失业率，她们的父母经常鼓励甚至强制女孩们走上街头挣钱；70% 的男孩最终走上犯罪道路。在 5 ～ 14 岁的儿童当中，21% 的孩子成为童工。因为被强奸和卖淫，利比里亚的产妇死亡率高居世界第五，儿童文盲率则是世界第六。

今天就是六一童节了，相信很多家长又在为孩子规划一个健康、有益、快乐的儿童节绞尽脑汁了，带孩子逛街购买玩具送礼物？游乐场疯玩一天，然后大吃一顿？还是爬山游泳，接触大自然？为了孩子能过一个快乐而有意义的儿童节，家长们也是拼了。然而，这个代表着希望、欢笑和未来的日子，却起源于一个悲惨的历史事件。

1942 年 6 月，二战的战火在捷克猛烈地烧着，捷克的游击队员在刺杀党卫军上将莱因哈特·海德里希后得到利迪策村村民的掩护。纳粹德国军队为了实施报复，焚烧了利迪策村所有房屋，用毒气将关押进集中营的儿童残忍杀害。战后的 1949 年 11 月，国际民主妇女联合会在莫斯科举行会议，会上再次揭露了战争中残杀、毒害儿童的罪行。为了保障世界各国儿童的权利，改善儿童的生活，会议决定以每年的 6 月 1 日为国际儿童节。

半个世纪后，即使到了高度文明时代，我们也躲不开战争。在利比里亚，仍有近 2/3 的适龄儿童失学，基础教育适龄儿童失学率高居全球之首。

人们常说，儿童是人类的未来，是和平的希望，是祖国的花朵，呵护儿童就是善待未来。然而，现实世界充满着悖论。一方面，有的国家、地区的儿童物质生活丰裕，小小年纪便大腹便便，为减肥而烦恼；另一方面，却有大量儿童饱受饥饿、战乱、疾病之苦，挣扎在死亡边缘，其骨瘦如柴的形象令人心痛，能生存下去，是这些苦难儿童最现实的心愿。他们都是生活在同一片蓝天下的孩子，却因为战争的影响过着截然不同的生活。战争，这个遥远的词，产生的影响却近在咫尺。人类仿佛是踏着战争走向文明的，但不管在什么时代，人们从未爱过它，人们渴望从战争走向和平。

经历过满目疮痍、贫穷凄凉和生死离别，使我更加想念祖国母亲的和平安定、美丽富饶，更能懂得和平来之不易、幸福来之不易、团圆来之不易，也更能深刻地体会到参加国际维和行动的特殊意义，珍惜当前所拥有的一切。和平是军人存在的最大价值。如今，我们头戴蓝盔，肩负着维护世界和平的使命来到了西非大地，一个人的能力是有限的，但我一定会不辱使命，为世界和人类的和平贡献一己之力，为了让所有的孩子共享同一片和平的蓝天而不懈奋斗！

巡逻偶遇

防暴队行动一分队一小队翻译 汤上葵

蒙罗维亚的夜晚闷热而平静。我穿着厚重的装备，与战友们在街头巡逻，身上早已被汗水浸透。自到任务区，我已经多次经历这样的巡逻任务，早就驾轻就熟。三三两两路过的当地群众，向我们投来一丝丝好奇的目光，或许是看到我们身上携带的武器，目光中依稀有一丝丝的胆怯。"巡逻任务进行中，总体情况平稳、安全。"用对讲机向基地报告后，我们正准备登车继续前往下一个巡逻地点。这时，迎面走来一个打扮时尚的黑人姑娘，她微笑地看着我们，打了个招呼："Good evening！（晚上好）"我也很自然地回以问候。姑娘似乎对我们能说英语感到非常惊喜，停下脚步与我们交谈起来。

通过交谈，我们了解到姑娘名叫洛佩斯·璐璐，她是住在蒙罗维亚辛科区的一名居民。与普通的群众不同，璐璐谈吐不俗，很有见识，像受过高等的教育。一打听，果不其然，璐璐是利比里亚一家名为《显微镜》杂志的编辑，主持着一台收音广播节目，拥有一家餐馆，同时还是所在社区妇女权利组织的领袖，真是一个不折不扣的"女强人"。璐璐聊得兴起，打开了话匣子。她说这是她第一次和中国人聊天，印象非常好，中国人一直帮助利比里亚人民建设自己的家园，做了很多好事。说完，她非常郑重地对我们表示感谢。我连忙回答："中国人民和非洲人民是朋友，朋友之间相互帮助是应该的。"谁知，璐璐话锋一转，向我们提出一个有些"尖锐"的建议，当前给利比里亚人民的帮助主要还是物质援助，希望中国能够帮助利比里亚人提升自身文化和学习谋生本领，这样才能让国家真正发展起来。这样的话还是第一次从当地人口中听说，让我微微有些惊讶，我告诉她，中国有句老话叫授人以鱼，不如授人以渔。中国在利比里亚开展了很多援建项目，目的就是把我们的一些发展经验传授给利比里亚人民。"你的意见非常宝贵，我们会写进报告中，提交给上级。"我对她说，听到这里，璐璐的脸上露出了笑容，她甚至像个孩子一样拍着手，连连说："太好了！太好了！中国人是好朋友！"时候不早，我们与璐璐挥手作别，继续踏上巡逻路程。

　　望着车窗外的街道，我陷入了沉思，在任务区近 5 个月的时间，我们无时无刻不感受到当地群众对中国人朴素的情感与真挚的友谊，而这些，不正是中国政府坚持合作友好、互利共赢外交战略的回报吗？近年来，中国在国际事务中角色越来越重要，建立常备维和警队，越来越多地承担起国际维和的重任；提出"一带一路"倡议，高举和平发展的旗帜，增进与各国的相逢相知、互信互敬、互利互惠。这些，让身在异乡的我们，更加为自己身为一名中华儿女而自豪！

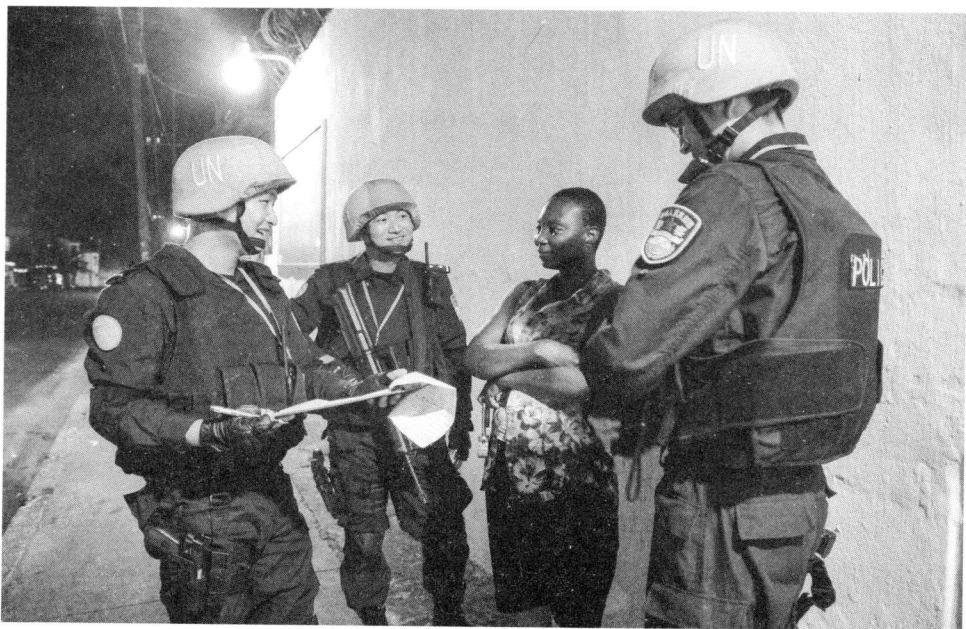

防暴队队员与洛佩斯·璐璐的偶遇

维和有感

防暴队行动三分队七小队战斗队员　普兴有

时光飞逝，转眼间来利比里亚已有 250 天，往事时常会在我脑海里回荡，所有的一切仿佛发生在昨天。在过去的日子里，对我来说每天都是一个新的开始。因为第一次出国，第一次来到非洲，对于这里的一切我都充满了陌生和好奇，所以我倍加珍惜每次巡逻、公差和勤务的机会，希望可以多了解这里的一切。即使语言沟通存在困难，我也时刻保持一颗好奇的心。对于维和以来所有的经历，让我印象特别深刻的有以下几件事情。

来利比里亚后举行第一次升旗仪式时，虽说和以前在国内没有什么大的区别，但是却让我感触颇深。早上 8 点全体防暴队队员在操场整齐列队，国旗护卫队护卫着五星红旗和联合国旗帜，以整齐矫健的步伐走向升旗台。当听到国歌响彻天空的那一刻，看着五星红旗冉冉升起，我感觉五星红旗不仅仅是飘扬在西非大地，更飘扬在我们每名队员的心中。内心深处激动之情无以言表，也许这就是每名身处海外的中国人所共同拥有的一颗浓浓的爱国心！只有出国才知道什么是真正的爱国，出了国才知道祖国的强大，现在终于有了切身感受。我为我是一名中国人而感到光荣，更为我是一名中国维和警察而感到骄傲和自豪。

利比里亚经过 14 年内战的摧残，国家满目疮痍，随处可以看到战争所留下的痕迹，以及随之而来的贫穷、饥饿和疾病。虽然战争早已成为往事，但是伤口仍然在滴血，巩固国家的和平稳定还有很长的路要走。每次外出巡逻时，不管我们在哪里出现，许多当地小孩会围过来向我们讨要吃的。看到这样的场景，我们每名队员内心最柔软的部位都被触动，队员们毫不犹豫地拿出自己仅有的饼干分给他们。看到他们脸上流露出的笑容，不时向我们竖起大拇指说"谢谢"时，我们内心虽有欣慰，但更多的是忧虑和忐忑！

尽管每次我们都希望多给他们一些帮助，但是我们的力量十分有限，解决温饱、摆脱贫困和走向幸福生活，最终还得依靠利比里亚政府和人民自力更生。愿和平之光永远眷顾这里的人们，希望和平之光能永远普照西非大地。

　　我们在营区大门外放置了一个垃圾箱，用于投放我们的日常垃圾，这个我们不愿意多靠近的地方，却成了当地人光顾最多的场所。只要看到我们推着垃圾车出现，就会有一群当地人围过来，希望可以从我们的丢弃物中找到他们需要的东西，虽然每次都受到阻拦，但是他们还是一如既往的希望能"有所收获"。在我们开垃圾箱门时，有些当地人趁我们不注意便去垃圾车里"淘宝"，甚至会引起多人哄抢。贫穷和饥饿太可怕，只希望这个国家慢慢地发展起来，人们能早日摆脱贫穷和饥饿。

　　经历过这些事情，让我深深地感受到一个国家的强大和安定是多么的重要。"我们不是生活在一个和平的年代，只是生活在一个和平的国家"，我真庆幸自己能生长在中国，只有国家强大了，我们身处海外的中国人才会更加的自信，在国际事务中才会有更多的话语权。我很荣幸能成为中国第五支赴利比里亚维和警察防暴队的一员，代表祖国参与维和任务，这是我一生的荣幸，我必将怀着对祖国的赤胆忠心和维护和平的坚定决心，不辱使命，坚决完成好祖国赋予的维和任务，为中国增光，为国旗添彩！

在我们的身后有一个强大的祖国

防暴队行动三分队七小队小队长　梁柏杨

　　国庆将至，中国第五支赴利比里亚维和警察防暴队营区逐渐洋溢起节日的氛围。作为维和警察防暴队的一员，能够为国出征，执行维和任务，我感到无比的骄傲与自豪，而在维和的经历中我也更加深刻地感受到祖国的强大。

　　武装巡逻是我们主要的勤务之一。不管刮风下雨，每天1次的日巡和夜巡雷打不动，再加上不定期的长途巡逻、空中巡逻等勤务，中国防暴队的巡逻足迹已遍及利比里亚全境，总巡逻里程达数万千米。在与当地民众接触的过程中，我们亲眼看见了战乱和动荡给这个国家和人民带来的贫穷、落后。在巡逻的过程中，有几件事情让我感触颇深。

　　2017年8月22日，中国防暴队和尼日利亚防暴队到布坎南执行联合长途巡逻任务。晚餐后，我们搭建起战地影院，邀请尼日利亚防暴队队员一同观看庆祝中国人民解放军建军90周年大会和阅兵录像。大家边看边聊，尼日利亚防暴队队员说他们的很多生活用品，诸如衣服、手机，甚至手上的武器装备都产自中国。其中尼日利亚防暴队1名年轻队员丹尼尔对我竖起大拇指说："尼日利亚是非洲的超级大国，而中国是世界的超级大国！"在大部分非洲人眼里，中国俨然已经成长为一个世界"超级大国"，高度富裕发达，在他们眼中简直就是人间天堂。因为像利比里亚这样一些长期饱受战乱的国家，许多民众食不果腹、衣不蔽体，还在与饥饿和疾病做斗争。他们羡慕中国的繁荣发展，都以会说一两句汉语，到中国旅游和留学为荣。

　　不走出去的人，永远不知道家的温暖；不在国外经历过战争、疾病的人，永远不知道和平的珍贵。我十分庆幸自己生活在中国，庆幸自己身后有一个强大的祖国。

　　2017年9月14日，我们小队根据联合国利比里亚特派团任务书，负责武装护卫一批弹药至罗伯茨国际机场。到达机场后，1名利比里亚当地男子主动向我们打招呼，并走过来与我们交谈。通过交流，我们得知他曾经是一名联合国利比里亚特派团的当地雇员，在联合国利比里亚特派团工作了4年，去年因为联合国利比里亚特派团裁撤被解聘，现在就任于负责机场航站楼扩建项目的中国港湾工程有限责任公司。在与他交谈的过程中，他表达出了对中国深深的感激之情。他以非洲人民坦率直接的方式说："Chinese are our best friends, you always help us.（中国人民是利比里亚人民最好的朋友，你们总是在帮助我们。）"他的这番见解令我非常惊讶。利比里亚是由解放后的美国黑奴建立的国家，美国对其有着深远的影响，某种程度上说美国是其宗主国，按理说美国应该才是他们最好的朋友才对。

群众的眼睛是雪亮的，我相信利比里亚人民心里都有一杆秤，能分清谁才是真正的朋友。"穷则独善其身，达则兼济天下"，目前中国对利比里亚给予了大量援助，道路、桥梁、机场和政府大楼等基础设施，到处是"中国援助"的身影。

"国之交在于民相亲，民之交在于心相通"，中国人民与非洲人民有着深厚的传统友谊。在外出巡逻的路上，我们经常会遇见当地人主动热情地朝我们打招呼和竖起大拇指；有的当地人还会说"你好""谢谢"等简单的中文问候语，几乎人人都知道中国功夫和李小龙、李连杰、成龙等功夫明星，有时还会模仿电影片段比划一两个动作，让人十分惊喜和欣慰！

身后有强大的祖国作后盾，让我们底气十足、信心满满、无所畏惧！作为习主席亲自批准派遣的一支维和力量，我们防暴队一定牢记党和人民的重托，不忘初心，砥砺前行，做好和平使者，争取圆满完成维和任务。同时，我们也会做好祖国的外交使者，积极传播中国文化，展示中国的良好形象，为祖国68岁华诞和党的十九大献礼，向党和人民交出一份满意的答卷！

雨季到蒙罗维亚来看雨

防暴队行动三分队九小队翻译 周子尉

蒙罗维亚的雨季是真的来了。刚好最近在读汪国真的散文集《雨的随想》，恰逢身处雨季，心生一种偶遇知己、身临其境的欢喜。

无论什么样的故事，一逢下雨便难忘。无数个下雨的夜晚，我站在哨台之上，看着雨水滑过岗亭屋檐，织成一张朦胧的帘子，雨帘之外，就是蒙罗维亚的夜。远处的海面荡起层层波纹，在港区休憩的货轮，它们从世界各地而来，直到深夜，机械的轰鸣之音才慢慢平静，在雨丝里闪烁着钢铁光辉。雨势大的时候，脾气是极暴躁的，电闪雷鸣、飞沙走石，仿佛有一条巨龙隐匿在风雨中，扑咬房屋、树木。外出巡逻时，车队经过加百利·塔克大桥、利比里亚大学和辛科区的繁华闹市时，我隔着猛士车窗，注视雨中的蒙罗维亚，街道濡湿，城区里的霓虹灯好像是现代派系的画家，把棕榈叶、法国大使馆的橘黄色墙体和中华园门前的石狮子全都渲染上斑斓的色调。两旁商铺林立，门面上都是英文，像毛笔轻落在宣纸，无休无止地晕染开来了。

晚上9点，很多当地人刚刚下班，站在路口等车，看见出租车经过便不停招手。他们似乎从不躲雨，没有伦敦人的绅士风度，出门必定带伞。伫立在露天的站台也不撑伞，时间流淌，任由雨浸湿他们的衣裳、皮肤、毛发。1年时间，蒙罗维亚有大半年光景处于雨水的滋养之中，估计当地人早已习惯了蒙罗维亚雨季的脾性，打伞倒失去了非洲人骨子里的那股热情。

此时此景，我才想起自己正远在西非，身处异乡。

雨季很美，但对于我们而言是喜忧参半的事。蒙罗维亚的雨季如阴晴不定的少女，时而晴时而雨，让人难以捉摸。清晨，出早操那会儿还艳阳高照，吃完早餐再仰头看天空，厚重的乌云滚滚而来，有"黑云压城城欲摧"之势，稍不留神就"哗哗"下起雨来。这可苦了我们，刚刚晾晒出去的衣服、床褥又要遭雨水洗礼一番了。队员们一个个急匆匆冒雨跑去，再狼狈而归。不过，照顾蔬菜大棚的班长估计心里暗喜，下雨就不用绕着瓜苗菜蔬一趟一趟来回浇水。

人的情感总是倾向寄托于自然万物，日月星辰、霜露雨雪，它们似乎能听懂我们的情感。"举头望明月""白日依山尽""秋水共长天一色"，望明月有思乡之情，送白日有离别之感，赏秋水有怅然之慨，无形寄有形，我觉得是离不开心中所念。

台湾有首老歌《冬季到台北来看雨》，孟庭苇的声音带着台湾女腔特有的甜美，唱起雨来却有些许冷清。"冬季到台北来看雨，别在异乡哭泣。冬季到台北来看雨，梦是唯一行李。"

雨水绵延不绝，是思念遇冷凝结成水珠，淅淅沥沥落在地面，汇聚成江河流向大西洋。我的老家北海也经常下雨，且变化无常。蒙罗维亚属热带季风气候，而北海是亚热带季风气候，两地最大的不同之处是北海一年四季更迭，蒙罗维亚却只有旱季雨季之分。因此，即使相隔万里，只要下起雨来，我恍恍惚惚有在家的亲切。七八月，北海正是盛夏时节，海风一吹，乌云聚集，刚才还是水洗蓝的天空，转眼就雷声轰鸣、天色昏暗，倾盆大雨狂奔而来，整座城市也变成了雨都。回忆里无数次经过下雨的街口，看见行人匆匆。我现在才想起，原来雨中的行人也是不爱打伞的。

今夜，我们就结束一周的营区守卫任务了，洗完澡躺下已是凌晨时分。此刻，地球的另一面正好日出天明，朝露盈盈。蒙罗维亚的雨依旧缠绵不止，屋檐上的排水槽、门阶前的碎石堆、晾衣房的杧果树、停车场的猛士车，在雨水的柔情曲调里渐渐酣眠。

我的故乡——北海，应该也下雨了吧？

联络官手记：唯有善良的花朵才能结出和平的果实

——谈中国赴利比里亚维和警察防暴队在利比里亚的警务合作

防暴队指挥中心联络官　邹薛峰

在国内参加联合国维和警察甄选考试的时候，考官罗米提先生问我，"在你心中，联络官是个怎样的角色？""联络官是一座桥，连接着不同的语言、不同的文化、不同的肤色、不同的信仰，在多元的世界里寻找契合的区域"。

2017 年 3 月 12 日，由广西壮族自治区公安边防总队独立组建的中国第五支赴利比里亚维和警察防暴队经习主席批准，承载着祖国与人民的重托，漂洋过海、乘风破浪，来到了远离祖国 13000 千米的西非执行维和任务。初抵蒙罗维亚，一切都是那么新奇与陌生，波澜壮阔的大西洋让我震撼，落后凋敝的首都让我困惑，当地孩子纯净清澈的双眼让我触及到了内心的平静与柔软。联络官的首要任务就是为防暴队协调沟通，迈出走向全新世界的第一步。

我们的营区驻扎在自由港，每天进出港口都会与利比里亚国家港务局门卫打交道。刚开始他们向我索要物品时我并未在意，都会给他们一些随身携带的风油精或饼干。久而久之，他们的要求从零食到水鞋再到手电、手机等等，欲望好像永远无法满足。我反思着，我们的善意究竟是利大于弊还是弊大于利？或者，我们的善意应该换一种更合理的方式表达？扭转当地人不劳而获的定式思维任重道远。

"授人以鱼，不如授人以渔"，为帮助港区警察实现能力重建，真正依靠自己的双腿走路，我们决定与利比里亚国家港务局开展国际警务合作。我不停地奔走于港务局不同的部门，不厌其烦地向他们解释警务合作的内容与意义。他们好像十分乐意开展类似的活动，但他们的第一个问题总是"你们要给我们什么？"终于有一天我与前总统多伊之子——港务局副局长塞缪尔·多伊会面，他对我们的倡议出乎意料地积极响应，认为这是改变利比里亚执法机关落后理念的大好机会，应该尽快推动落实。这为我打了一剂强心针，我与他的秘书一道加班加点草拟合作文本，反复推敲协议的细节。经过双方不懈的努力，2017

年 7 月 10 日，中国防暴队与利比里亚国家港务局正式签署执法合作会议纪要，明确了沟通联络、联合行动、整治治安、情报共享、友好互助 5 个方面的具体内容，详细阐述了执法合作的实施方法与操作规程，并就突发情况行动配合、海港警察警务实战技能培训、港务局实现能力重建等事宜列出细则。在首次行动中，两家单位联合依法对 37 人进行盘问检查，扣押持无效证件违规进入限定区域人员 1 名，逮捕涉嫌盗窃电缆犯罪嫌疑人 1 名。最让我感到欣慰的并不是打击了违法犯罪份子，而是海港警察在联合行动过程逐渐向我们学习规范标准的执法程序与执法理念，这才是最难能可贵的。多伊副局长在反馈会上动情地说道："谢谢你们不远万里为利比里亚人民带来的和平与智慧"。

　　2017 年是利比里亚的总统大选之年，大选能否顺利举行、政府能否平稳过渡决定了此次维和任务的成败。目前，在这个面积仅有广西一半的国家，竟有 22 个政党 25 名候选人参与总统角逐，政党数量的增加令选举结果扑朔迷离。在获得投票资格的 200 万人中有 66% 的选民是缺乏经验的年轻人，他们对"民主"的理解还处于肤浅阶段。加之，当地民众并不信任选举过程和利比里亚政府，这些因素叠加起来导致选举形势更加混乱。数据显示，1960 年至 2012 年，非洲各国共举行 335 次选举，其中仅有略超过半数的选举失败方接受选举结果，而对选举结果不满进而采取各类抵制措施的达 121 次，另有 47 次总统选举在当年便直接引发暴力冲突、政变甚至内战。针对利比里亚总统大选期间可能突发的大规模群体性事件，中国防暴队向联合国利比里亚特派团提出"多警种联合作战"的建议。此举得到了联合国利比里亚特派团的积极响应，并组织民事单警、中国防暴队、尼日利亚防暴队、利比里亚防暴队开展混编联训。在每一次的联合训练中，中国防暴队的表现都是毫无悬念的出类拔萃。根据不同的情况设定，我们坚持"一切为了实战"的理念，结合自身独特优势，推敲战术战法运用，形成了"信息技术支撑、精良装备稳固、单兵技能保障"的实战章法，实现了指挥高效、信息流畅、震慑有力、处置果断的演练目标。联合国利比里亚特派团总警监西蒙·布拉切利在观摩演练后，希望中国防暴队能发挥模范与标杆的作用，为其他队伍提供警务培训，帮助他们一同提高。我听闻这个消息立即协调参演各方，了解他们想学什么、想看什么、想掌握什么，并将他们的意见反馈给队里的教员们。现在，队里每周四都派出实战教官组在联利团总部为联合国利比里亚特派团单警、军事观察员及尼日利亚、利比里亚防暴队骨干进行警务实战技能培训。除了专业技能外，我们还教授中华武术，让他们体验我国悠久的传统文化与深厚的历史底蕴。联合国秘书长特别代表法里德·扎里夫的一段话让我很感慨："你们每次优异的表现都是我们进一步了解中国的窗口，你们其实就是中国改革开放发展成果的缩影。你们不仅完成了联合国利比里亚特派团赋予的任务，还通过实际行动传播了敬业的态度、专业的知识与精湛的技能，这是联合国利比里亚特派团警察工作的一大突破，感谢中国防暴队为和平事业所做的无私奉献。"

面试的时候，罗米提先生还问，"利比里亚任务区现在有超过 40 个国家的军警以及民事人员，你认为大家契合的区域是什么？""我认为是人性的善良。"其实，在海外工作，说不辛苦是假的，说不想家也是假的。随着任务区的缩减，我们承担的任务越来越重，联合国利比里亚特派团其他同事也同样在高负荷地运转着。每次我与他们谈到利比里亚依旧脆弱的和平时，我发现他们与我一样牵挂着这些陌生人的衣食住行、生老病死。参加维和，所有人的心愿都是一致的，就是希望和平永驻利比里亚，不再有战争杀戮、不再有哭号抽泣。我相信，正如涓涓细流终究汇聚成浩瀚磅礴的大西洋，世界各国维和人员的付出也将会凝结成守卫和平的伟大力量。

你的中秋，是什么味道

防暴队行动一分队二小队小队长　覃　朗

你的中秋，是什么味道？

农历八月十五，满月，原本只是再正常不过的自然现象。然而，当它开始承载起思念的重量的时候，这一天开始变得不再平凡。

一

2014 年的 8 月，告别丰富多彩的校园生活，我与来自天南海北的小伙伴一起，走进了广州边防指挥学校。宿舍，训练场，食堂，每天重复着直线加方块的生活，经受着身体和心理上的锤炼。8 月的广州酷热难耐，不到 1 个月的时间，每个人都被晒成黑炭。我们努力着、煎熬着，每天抱着再坚持一下、再努力一秒的信念，将一个又一个日子从课程表上划掉。不期而至的中秋晚会上，看着彼此黝黑发亮的脸庞，忍俊不禁的同时，更感受到了身上悄然发生的变化。那一年的中秋，我感受到了成长的苦涩和甜蜜。

二

2015 年的 9 月，刚到单位工作 8 个多月的我，带着几个战士驻守在边境关口。夜幕降临，华灯初上时，穿上各式防护装具，我们开始了又一轮巡逻。皎洁的月光下，影子不断被拉长又缩短。静悄悄的便道上，拾级而上的我们，听着耳边传来的虫鸣鸟叫，目光警惕地向周围打量，不敢有一丝丝的怠慢。巡逻完毕回到联检楼，掏出手机一看，3 个来自家里的未接电话，朋友圈里好友们都在分享着团圆的喜悦。站在楼顶的我，看看当空的皓月，再看看安宁的边陲小镇，想到这份安宁里有自己的一份努力，想到和我一样坚守在祖国万里边境上守卫万家灯火的战友，自豪感涌上心头。那一年的中秋，我感受到了责任的沉重与美好。

三

2016 年的 9 月，刚刚从总队维和队员选拔的残酷竞争中突围的我，来不及陪爸爸多说几句心里话，陪妈妈一起好好吃个饭，陪我家亲爱的小爽转一转高中的校园，就收到了第二轮集训选拔的短信。临行前的晚上，我麻利地收拾着行李，妈妈在一旁静静地注视着，一言不发。当我准备把箱子关上的时候，她突然说："停一下。"然后从怀中摸出一个红包，一边说"保佑我儿出行顺利。"一边放在了箱子的夹层里。是啊，儿行千里母担忧。尽管我是从初中开始住校，尽管我已经过部队几年的锤炼，尽管我已经是二十五六岁的大小伙子，但在妈妈的心里，我还是那个长不大的孩子，我走到哪里，她的心就跟到哪里。那一年的中秋，是依依不舍的牵挂与思念。

四

2017 年的 9 月，远在海外的我，即将又迎来这个万家团圆的日子，而这一次毫无疑问依然不能与家人团聚，但心中却已平静很多。以前读"露从今夜白，月是故乡明"，只觉天各一方心念故乡与亲人。而今方知下一句是"有弟皆分散，无家问死生"。真正出国了，看到破败的断壁残垣，家徒四壁的屋舍，面黄肌瘦、无家可归的孩童，甚至，从全国挑选出来参加警务培训的警官，不仅没有统一的制服，连唯一的一件衣服都是破破烂烂的，这时才知道原来自己有多幸福。同样的月亮，不同的地点，对身处西非执行维和任务的我们来说，中国的月亮更圆。今日之盛世，离不开昔日抛头颅、洒热血的革命先烈，离不开慧眼如炬、指引方向的改革先驱，更离不开勤劳勇敢、甘于牺牲、默默奉献的一代又一代中华儿女。甲胄在身，使命在心。今天，年轻的我们接过前辈的钢枪，戴上蓝盔为国出征，向世界展示中国的大国形象，将和平与安宁的种子播撒到西非大地，给身陷苦难的人们带来希望与光明。今年我的中秋，是成长的味道，责任的味道，思念的味道，幸福的味道。

维和警察防暴队印象——站哨

防暴队行动三分队八小队小队长　钟贻金

在昼夜交替、上哨下哨的循环中,不知不觉地又完成了1周的营区警卫任务,进驻利比里亚任务区将近10个月,我已经记不清和战友们在哨位上度过了多少时光、留下了多少记忆与思念。越是临近任务期结束,越是喜欢回忆过去的时光,我担心记忆经不起时间的流逝,在前几天站哨的时候突然想好好回顾一下站哨的时光与自己的心得体会,于是写下这些文字。

"喧嚣"的自由港

站哨的记忆,与自由港是分不开的。自由港是利比里亚最大的港口,利比里亚历史上第一批从美国返回的黑人奴隶从这里登陆,踏上了这片他们期望获得独立自由的热土,于是他们将此港口称为自由港。

防暴队营区就位于首都蒙罗维亚自由港港区内,西面靠海,毗邻码头,东侧和南侧是港区停车场。自由港在我的印象里,是利比里亚最"喧嚣"的地方之一。它的"喧嚣"不在于繁华,因为论港口大小与吞吐量,它比不上国内大部分港口,甚至还残留着锈迹斑斑带着战争印迹的断桥。它的"喧嚣"在于它的昼夜不停息的作业,在于它为当地人提供了难得的工作岗位。它是我在利比里亚维和一年中看到的除中资企业外劳动力最密集的地方之一,大量黑人司机和临时工人聚集于此,靠装卸货物赚取收入来养家糊口。狭小的自由港,承载着来自世界各国的邮轮,这些远道而来的邮轮为贫穷的利比里亚运来各种生活必需物资,为几乎完全没有自我生产能力的利比里亚提供了基本的生活保障。它的"喧嚣",更在于它像国家经济的一条大动脉一样,不断地为利比里亚输送新鲜的血液,让我们看到了这个国家的未来和希望。

"喧嚣"的自由港,同时也给防暴队营区警卫任务带来了不少挑战。由于在港区作业的人员多且复杂,加上安保力量薄弱,港区的管理一直比较松懈和混乱,当地人员偷盗、相互争执扭打等现象经常在港区发生,站哨队员们在这样的周边环境下必须时刻做好安全防范。

近一年的维和过程中，防暴队就抓获并移交了几起企图潜入营区行窃的当地黑人，劝退无数试图靠近营区破坏联合国设施的嫌疑人。他们作案手法隐蔽，或深夜潜伏在营区外围草丛中伺机潜入营区，或结伙在雨夜从海里游来企图潜入。这些隐患和潜在的危险，让执勤哨兵一刻也不敢松懈。

自由港留给哨兵的记忆，还有那些一直困扰他们的粉尘。逢轮船靠岸，码头开始卸集装箱作业，黑人司机们争先恐后地驾驶着早已停在港区的破旧货车去码头拉货，场景似国内小县城汽车站外的三轮车司机争相拉客的情形。这些货车大多破旧不堪，基本是别国进口的报废车辆，由冒着黑烟的老旧发动机带动整个车身，随时都有抛锚熄火的可能，车辆颠簸在港区的土路上"哐当"作响，呼呼地从防暴队营区外经过，掀起滚滚烟尘。为了避免吸入灰尘，执勤哨兵们通常戴着口罩，在营区不缺水的情况下，也会把哨位周边的土浇湿，减少附近扬尘。遇上轮船卸水泥，情况就更糟糕，在卸货过程中水泥四处飘散，整个营区都会笼罩在灰蒙蒙的粉尘中，此时防暴队队员们都会尽量减少室外活动，执勤的哨兵不得不戴上防尘口罩，粉尘特别严重时撤到备用哨位继续坚守岗位。

那些哨楼

在防暴队营区四周，依据便于观察和利于防卫的地形位置，设置了哨楼，哨楼之间由铁丝网圈以及沙袋防御工事连接，构成了整个营区安全防护屏障。所有的防御设施都是根据联合国维和部队的营区防御设置要求建造，防暴队在此基础上进行了不断地强化升级，加装了电子围栏系统以及安装了摄像头，定期更新维护铁丝网并清理外围的杂草和灌木丛，极大地提高了营区的防卫能力。

除了大门口的哨位以"忠诚"为名，其余所有哨楼都以荣获公安边防部队旗帜的先进基层单位命名，有三都哨、罗家岙哨、沙头角哨、红其拉甫哨……其中还包括以我们广西壮族自治区武警边防总队隘口边防派出所命名的隘口哨。在每个哨楼的醒目位置都张贴着红旗标语，如沙头角哨上的"为人民全心全意　对祖国赤胆忠诚　保本色拒腐防变　守边关无私奉献"、红其拉甫哨的"特别能吃苦　特别能战斗　特别能忍耐"、又如隘口哨的"南疆国门第一哨　爱撒边关铸忠诚"等。这些体现着边防一线风采的精神标语，时刻激励着维和队员在遥远的异国他乡不忘初心、砥砺奋进，永葆忠诚卫士本色。

哨楼的存在很好地契合了非洲地貌的特点，与周边设施、环境完美融合，特别是哨楼上那代表和平的淡蓝色彩，在晴天下能与利比里亚的天空蓝和谐相称，构成靓丽风景。这些美丽的哨楼全由防暴队自主修建和维护，由4个木柱撑起了哨楼主体，约在三四米高处搭建楼台，楼顶和周边加盖淡蓝色铁皮用以防御或遮风挡雨。哨楼越高，视野就越广，几个哨楼中最高的哨楼就是隘口哨哨楼，站在七八米高的哨楼上，哨兵可以清楚地观察到营区东侧和南侧外围港区的情况，同时可以与北面的满洲里哨遥相呼应。

哨楼是哨兵固守职责的阵地，哨兵对于哨楼的记忆也最是难忘。在任务区，执行营区警卫任务的分队除了完成正常的备勤快反任务，每名队员每次站哨长达8个小时、每周站哨多达50多个小时，所有队员在一周里都能轮遍营区每个哨位。忠诚哨的大杧果树、三都哨的海风和夕阳、沙头角哨成群结队飞舞的鹰和乌鸦、红旗拉甫哨的月色撩人、满洲里哨的日出、隘口哨外废井旁洗澡的黑人……每一个哨位都有每一个哨位的特点，每名哨兵对哨楼都有自己的独特记忆。哨兵在漫长的8个小时的值哨中，在做好安全护卫的同时，偶尔也会寄托思念，看看大海、望望月亮、观察织布鸟筑窝……想念远在万里的家乡亲人，也会幻想完成任务时的喜悦，漫长的几个小时就会渐渐过去。

雨季站哨

素有"世界雨都"之称的蒙罗维亚，没有四季之分，只有旱季和雨季，雨季从5月开始，能持续好几个月。与酷热的旱季相比，雨季相对没有那么热，蚊虫也相对较少，港区的扬尘也少。雨季站哨，雨衣和水鞋必不可少，在上哨之前，哨兵领班员除了检查哨兵携带的必要警用装备外，还要检查是否带了雨衣。交接哨时，要是遇上大雨，雨衣雨裤水鞋直接穿上，冒着大雨去接哨。穿上全套雨衣，因为不透风，多数情况下哨兵往往闷出一身汗。然而，当昼夜温差较大，夜间温度较低或是刮风天气转凉的时候，披上雨衣，却可以防风御寒，雨衣的这一作用也是哨兵在站哨时发现的。

利比里亚的雨季，不像国内南方的阴雨连绵，以瓢泼大雨居多，大多情况下不会一整天一整天地下很久，来得很突然，雨倾盆地下一阵后，很容易就迎来晴天甚至艳阳，相对来说不会对人们正常劳作造成过大影响。但在雨季站哨并不容易，狂风大雨，能把哨楼楼顶的铁皮掀飞，风雨给站哨带来了诸多不便。大雨倾泻而下，织成一张张网，能见度非常低，"哗哗"的雨声伴随着打雷闪电，哨兵的使用对讲机通联时基本靠喊，有时要重复很多次，困难重重。

为了防范大风大雨对哨位造成的影响，营区的各个哨楼附近都设置了备用哨位，哨兵从哨楼撤离到备用哨位后继续履行哨兵职责，备用哨位往往是依靠周边有利的地形、防御条件，或在屋檐下或是在装甲车里，作为应急使用，也用来临时躲避狂风暴雨。有时大雨来得突然，特别是遇上大风，哨兵甚至来不及躲避，刚把哨楼上公共执勤装备安放好，拔下探照灯及电器插头，还没来得及撤回备用哨位，浑身已被淋湿。大雨的夜晚，哨兵们在保持对外警惕的同时，还要对营区内部设施安全负责。营区的营房设施是否受大风影响、发电机是否正常运转、周遭的排水是否正常等，一切可能受风雨造成的安全隐患和风险，都是需要哨兵考虑和评估的，一旦发现有异常，必须第一时间汇报并采取防范措施，避免造成损失，确保整个营区的安全。在刮风下大雨时，领班员和巡逻哨兵最不容易，要冒着雨对整个营区周边进行巡查，查看铁丝网是否遭到破坏，警惕防范外来人员和小偷，同时保持与各个哨位的密切联系，因为在打雷闪电的时候，出于防雷电考虑，若没有紧急情况是不用对讲机的。在雨季里，所有哨兵就这样风里来、雨里去，长达几个月的雨季也随着勤务的轮换一周周地过去，留下的只有记忆。

维和的时日过一天则少一天，我们每个人都有对完成任务的期待，迫切希望 2018 年的凯旋，然而，越是临近离别，我越是对这片土地以及对工作生活了近 1 年的营区充满眷恋，眷恋营区初晨的鸟儿叽喳，眷恋自由港的日落以及夕阳斜照的哨楼，眷恋陪伴过我们的一草一木。在无限的眷恋里，我想我会更加珍惜这漫长又易逝的维和时光。

巡逻有感——班加之行

防暴队行动二分队五小队战斗队员　王振国

　　2017 年 5 月 22 日是小队第二次班加巡逻。相比上次勤务而言，巡逻路线更熟悉，职责分工更明确。早餐过后，大家按照勤务规定穿戴执勤装备，领取枪支弹药，做好出勤前准备。巡逻路线是圣保罗江景住宅区，主要任务是走访当地民众，了解大选前的社情舆情。

　　驱车 40 多分钟，到达圣保罗江景住宅区。和市中心相对顺畅的柏油马路相比，这里的路况要糟糕许多。这里多是狭窄的土路，道路两侧杂草丛生，再加上前一天夜里的降雨，使整个道路更加颠簸泥泞，稍不留神巡逻车辆就会陷入水坑之中。途中经过 2 座年久失修的铁桥，为确保安全，我们的巡逻车队需要一辆一辆地通过，以减轻车队对桥身造成的压力。群众的住房也极其简陋，多是用铁皮、树木为墙，石棉瓦为顶搭建的简易房子。相比于物质短缺的困扰，人们更多的是享受着和平带给他们的平静生活，脸上洋溢着纯朴的笑容。两个刚刚会走路的小朋友互相牵着手，对驶过的巡逻车队充满好奇；年轻的人们在空地上踢球玩耍，上演着属于他们的足球盛宴。印象最深的是一个在路边木桌上阅读的女孩，我们的车队来的时候，她在认真翻阅书籍，当我们的车队驶离时，她依然沉浸在书本给她开启的另一个世界里，心无旁骛，不受外界丝毫打扰。伟大的哲学家卡尔·波普尔说过："假如世界毁灭了，图书馆还在，很容易重建世界，如果图书馆也没有了，我们就会变成原始人。"愿书籍给历经战争，饱受痛苦的利比里亚人民以温暖；愿知识给百废待兴，处于发展起步阶段的利比里亚以力量；愿更多民众像这位女孩一样用勤奋和知识编织属于自己的梦想。

　　我们巡逻的下一站是海边的一个村庄，需要向当地民众了解当地治安状况和他们的相关诉求。当我们巡逻车队停靠路边，队员下车警戒时，一名骑摩托车的年轻男子用汉语说："你好，中国朋友。"我们瞬间感觉特别亲切，微笑点头以表示友好。没有想到利比里亚民众可以讲如此标准的汉语。看到贴着有五星红旗的防暴队车队，村口一下子聚集了很多群众，有老人，有孩童。尽管我们的语言和肤色不同，但微笑成为我们真挚感情的自然流露。一名中年男子指着自己穿的裤子和鞋子说："Made in china. China is our friend.（中国制造。中国是我们的好朋友。）"在他们眼里中国是友好、和平的代名词。李小龙是他们最熟悉的中国人物，年轻人都会模仿几个中国功夫的姿势。"国之交贵在民相亲"，随着中国和利比里亚在经济、文化各方面的不断深入交流，越来越多的利比里亚人民开始了解中国，学习中国传统文化，学说汉语已经在年轻一代中成为一种潮流。

在交谈中，他们表示，虽然国家还很贫困，各方面条件还不够完善，但他们依然对利比里亚的未来充满信心，相信政府可以让民众过上更好的生活，同时感谢中国维和警察防暴队为他们和平建设所做的努力。走访即将结束，我们将自己随行的部分饼干、花露水分发给当地群众。虽然他们的生活物资匮乏，但现场并没有出现哄抢物品的现象，而是由年长者平均分发给每一个人，男女老幼皆有之。泰戈尔在《飞鸟集》中写道："世界以痛吻我，要我报之以歌。"他们中间的很多人都曾经历战争的伤痛、疾病的折磨，因此他们更懂得今天生活的来之不易，更知道包容和珍爱彼此，更明白与人分享的意义。

返回营区的路上，我一直在想，我们不远万里来此执行维和任务的价值在哪里？我们付出汗水和青春为之努力的意义又在哪里？每每看到率真的孩童在路边向贴着五星红旗的巡逻车队庄重地行举手礼；淳朴的民众向中国维和警察防暴队伸出大拇指说出："China, very good（中国，非常好）。"心中所有的疑惑都解开了，我知道我们所做的一切都是值得的。

走进雨林里的原始村落

防暴队行动二分队四小队小队长　吴茂辉

　　根据联合国利比里亚特派团行动计划安排，2018 年 1 月 11 日上午，我们巡逻小队负责武装护卫联合国利比里亚特派团 2 名军事观察员，前往利比里亚蒙特塞拉多州伯恩贾玛村执行联合巡逻任务。

　　2 名军事观察员，一男一女，为首的是一名叫阿吾梅（Awumee）的女士，她来自加纳，是本次行动的主要负责人；另一名叫奥瑞吉（Oriji），尼日利亚人，主要负责驾驶和记录工作。

　　车队先沿蒙罗维亚土布曼大道前行，渐渐远离了市区，驶进了热带雨林。一望无际的雨林，草木丛生，道路狭窄、坑洼且小路较多，很容易迷路。车队走走停停，不时纠正着方向。这糟糕的路况，使实际只有 50 千米的路程足足花了 3 个多小时。在距离目的地约 3000 米的地方，我们遇到了一座仅容一人通行的小桥。经简短商议后，大家决定留下部分队员看守车辆，其他人员弃车

防暴队队员一路为军事观察员提供武装护卫

步行，继续向目的地进发。

在雨林中穿行，我早已不是第一次，但探访雨林里的村落，还是首次。据联合国利比里亚特派团安全预警，此片区域当地政府控制能力较弱，案件频发，为了保证安全，一路上我们全程高度警戒，时刻做好应对各种突发事件的准备。半个小时后，我们抵达了伯恩贾玛村。说是村子，其实就是由9间低矮的茅草屋组成的一个小部落。村子很小，不一会，我们就在一个村民的带领下，见到了本次军事观察员要采访的对象詹姆斯·康纳先生。康纳先生今年70多岁了，是本村的村主任，在简短的寒暄后，我们开始了今天的采访。

伯恩贾玛村隶属于蒙特塞拉多州本森维尔警察局辖区，全村共有57口人，属于同一个家族。这个家族祖祖辈辈生活在雨林，以采集、打猎，种植水稻、玉米和木薯等作物为生。因为远离市区，附近没有诊所和医院，仅有一所公立学校，离村子有近1个小时的路程。这里治安很差，经常有不明身份的人来村子抢劫，好在他们只是谋财没有害命。遇到抢劫，村民们从不报警，因为警局离得太远，不方便，而且即使报警也没用，当地警察从未来过这里，更不要说破案了。此次总统大选，当地政府在公立学校设置了一个投票点，全村有投票资格的21名村民都参加了投票。村子里的人大部分都支持民主变革联盟候选人乔治·维阿，因为他们认为，这个出生于贫民窟的球星和他们有相似的命运，上台后能真正为他们修公路，建学校和医院，解决长期困扰他们的饮水和用电问题。

采访结束后，怀着一直以来的好奇，我开始了对村子的"探险"。虽然早有思想准备，但这里的贫困程度还是大大地超出了我的想象。我不敢相信，那一间间低矮破旧、摇摇欲坠、四处漏风的茅草屋竟然是用来住人的。推开房门，我第一次感受到了什么叫家徒四壁，在不到3平方米的屋内除了一张毯子外什么也没有，更让人难以置信的是这里还要住一家近10口人。

在一间破旧的茅草屋旁，一个十四五岁的小姑娘引起了我的注意。小姑娘肚子大大的，正在一个火炉上烤东西。走近一看，原来小姑娘快要当妈妈了，她正在烤一块带毛的猴子肉。看着在炭火里嗤嗤作响的肉块，闻着烧焦皮毛的刺鼻气味，我不禁一阵干呕。在我的印象里，猴子是一类可爱的动物，无论如何，我也不能把它们和这炭火上的食材联系起来。

从军事观察员与当地人的聊天中，我了解到，这里的失学率很高，80%以上的人是文盲，很多孩子失学在家，因为他们的父母压根就不知道知识的重要。

女孩子就更可怜了，她们很早就怀孕生子，更不要说去上学了。刚才看到的那个小姑娘，已经是第二个孩子的母亲。在这里，像她这样的女孩很多，她们生老于此，也许一辈子也不能走出这片雨林。由于贫困，当地人一天只吃一顿饭，落后的生活水平和医疗条件让很多人过早地离世，平均寿命还不到 50 岁，我们今天访问的村主任康纳先生，已是这里的寿星了。听到这里，我们当即把随身携带的一些日常药品、食品以及文具等，悉数留给了他们。

在返程的路上，望着车窗外一望无际的原始森林，我陷入了沉思。利比里亚建国已 170 多年了，伯恩贾玛村离首都蒙罗维亚也不过区区几十千米的距离，可这里为什么还是如此的贫穷落后呢？对于此次总统大选，我无法判断谁当选对于普通老百姓的意义更重大，但我觉得推动一个国家整体发展的，必然是整个民族的勤劳、智慧和共同努力。在任务区近 1 年的日子里，我深刻地体会到祖国对利比里亚各方面的支持与帮助，我不知道在和我们的接触中，当地人民是否学到了我们所一贯坚持和倡导的自力更生、艰苦创业精神，不知道当地人民是否也真正意识到能改变他们命运的不是哪个国家、哪个总统，更不是他们的上帝，而是他们自己。

第六篇

铁血柔情

儿女情虽长，英雄气万丈

——深夜值哨有感

防暴队行动一分队一小队战斗队员　王荣华

在中国第五支赴利比里亚维和警察防暴队营区周围的6个6米高的哨楼上，哨兵严阵以待，他们时刻观察营区周边环境安全。

某日凌晨，"哨兵同志，下面由你接哨，执勤情况正常，注意安全！""是！确保营区安全"我接过了沙头角哨的钢枪。一场突如其来的暴雨已经持续下了3个多小时，整个蒙罗维亚地区笼罩在雨水中，地面积水瞬间达到20多厘米，空气能见度不足5米，哨位上几乎看不到远处，最低能见度达不到3米，就连不远处的白炽灯都模糊不清。雨大时下半身难免会被淋湿，若有风，全身都难幸免，即便身着雨衣仍无济于事！

王荣华在执行巡逻执勤任务

在这个暴雨夜，狂风大作，电闪雷鸣的夜晚。我把哨位上用于挡风遮雨的遮阳帘放下，又用探照灯巡查了一遍警戒目标区域，检查营区周边安全情况。突然，我听到海水声响异常，立刻警觉起来，掏出随身携带的夜视仪朝声响的方向望去，发现有3名黑人男子正向我营区战备码头游过来。他们形迹可疑，我立即用对讲机向指挥中心报告，并进入高度戒备状态，片刻不敢放松，用夜视仪严密监视可疑男子的动向。在我的指挥口令下，哨位下的护卫犬朝着大海狂叫。紧接着领班员和快反小队按照预案赶到现场，准备进行处置。此时这3名黑人男子已经意识到行迹暴露，便沿海岸仓皇游走逃离……警情解除！

暴雨终于停了，周边情况也渐渐恢复正常，看了下时间，此时蒙罗维亚凌晨4点钟，北京时间中午12点。我背靠朝大西洋望向祖国方向，仿佛看到了幸福笑容斟满脸庞的妻子和孩子……

光荣在于平凡，和平在于坚守。作为一名维和队员，从祖国远渡重洋来到西非，加入中国第五支赴利比里亚维和警察防暴队踏上蒙罗维亚执行维和任务，我深感自豪与责任重大。维和的历程就像一场马拉松，不在于瞬间的爆发，而在于不懈的坚持。突发事件的发生往往就在瞬息之间，我们无法预知，只能时时刻刻提起精神，分分秒秒保持警惕，克服疲惫，战胜倦怠，紧紧握住手中的钢枪！因为我承担了这份责任，就要坚持下去！

对于担任哨兵的我来说，最艰难的挑战不是环境的恶劣，不是局势的危险，也不是站岗执勤的漫长和枯燥，而是放心不下6岁的儿子王浩铭。

前些天，闷闷不乐的小浩铭拉住妻子的衣角，噘着小嘴问："妈妈，你总说'爸爸很快就回来'，他到底什么时候回来呀？这是我在幼儿园的最后一个'六一'儿童节，他能回来吗？"话音未落，又含着眼泪说："我都快忘了爸爸长什么样了……"听着妻子的描述，已经数十年没有流过泪、自诩为硬汉的我竟不由得湿了眼眶……我缺席了儿子的成长，将家庭的重担交给妻子独自承担，让她们日复一日地牵挂和担忧。每每念及此，对家人的思念和内疚又增加几分。

但我深深知道，我是一名党员骨干，我的忠诚和党性容不得半点"见利上，遇难退"的自私想法。面对困难，只有全力以赴，容不得半点埋怨和畏惧；面对危险，只有挺身而出，容不得半点怯懦和退缩；面对责任，只有勇于担当，容不得半点推卸和逃避！儿女情虽长，英雄气万丈！我是妻子的丈夫、孩子的父亲，但我更是共和国的维和铁军、八桂大地培养的边防卫士！

父亲，我想对您说

防暴队行动一分队一小队战斗队员　杨　瑞

　　岁月如梭，时光飞逝，转眼间我当兵已经有 5 年时间了。这 5 年，我从一个青涩懵懂的青年成长为一名稳重刚毅的军人，这 5 年您也从不惑之年进入了知天命之年。父亲，每次与您通电话，家里的情况您总是轻描淡写的以一句"一切安好，你不用担心"敷衍而过，但是通过声音我仿佛看见您那饱经沧桑的面孔，您那整天为家里奔波劳碌的身影。而那一刻，我内心充满了愧疚感，我多想在家里陪伴着您，用我那还不算宽厚的肩膀与您一起分担家庭的重担，用我那还不算老练的双手一起操持着家中大小事情。但现在我还不能在家里替您分忧，因为我正在远离祖国 13000 多千米的西非大地为您争得荣光，在中国第五支赴利比里亚维和警察防暴队这个令人骄傲的集体里，努力实现着自己的人生目标。

　　父亲，我想对您说，感谢您对我的悉心照顾。一直以来，我都是在您的精心呵护下长大，在我的心里，您犹如一棵参天大树，为我挡风遮雨，让我茁壮成长。记得在我外出求学时，是您冒着纷飞的大雪，走了几千米的山路一路护送。至今，我仍然清楚地记得我俩相互搀扶，艰难地在雪地里行走的情景。那时您把我整个身子紧紧地裹在您穿着的棉大衣里，任凭雪花如何拍打，我总能感觉到有一股温暖传递到我的心里，坚定了我继续前行的信心。儿行千里父牵挂，记得我准备去广西当兵的那一天，您到车站送我。临行前，您把自己装好的一罐咸菜塞给我，说："儿，这是你在家最爱吃的咸菜，第一次出远门，吃到这咸菜就像在家里吃饭一样，这就是家的味道"。离别时，我看到您转过身去偷偷拭去那伤感的泪水，此时我不禁想起了小学课文中朱自清的《背影》，我明显地感受到这股浓浓的父爱已沁入我的心里，眼泪已不自觉地夺眶而出，而那时我也只能默默地望着您逐渐远去的背影。

　　父亲，我想对您说，感谢您为全家奔波操劳。记得以前家里的条件一直不好，家里的生活重担全压在您一个人身上。您为了让我们能过得好一点，养过猪、种过地、开过饭馆、下过煤窑。特别是您在煤窑当矿工的那个时候，有时在井下几百米深的地方一待就是十几个小时，全家人都在为您担心。煤井下恶劣的环境使您过早地落下了风湿和腰椎间盘突出的病症，至今都没有得到很好地治疗。每当看到您拖着疲惫的身躯回到家时，我多希望我能快点长大，帮您分担家庭的重担。还有看到您为了照顾年迈的奶奶，一个人带着她四处寻医问药，来回奔波，悉心照顾。虽然当时我还小，但您的身影已深深烙在我的脑海里。现在，父亲，我已经长大了，不仅能自食其力了，还有能力能帮您减轻家里的负担，希望您在家里要多保重身体，您是我的榜样，我感谢您为家里付出的一切。

父亲，我想对您说，感谢您对我的支持理解。当初是您让我踏上了军旅生涯，走进了部队，让部队锻炼了我，您说既然选择了这条路，就要做好吃苦的准备。部队是一座大熔炉，在里面我学到了很多东西。无论是过硬的军事本领，还是做人的道理，抑或是获得的诸多荣誉，不仅使我在身体上得到了成长锻炼，心智上也逐渐地成熟起来，这都离不开您当初对我的支持，离不开您对我的指引和教诲。当初在是否报名参加维和时，我也犹豫过、徘徊过，是您跟我说好男儿志在四方，应该抓住机会努力去闯一闯，正因为有您的鼓励我选择了维和，选择了远方。如今我已经是一名光荣的维和警察，代表着祖国履行维和使命。在维和道路上无论环境多么恶劣，多么艰苦，我都不会忘记我的初衷，不会忘记您的支持和鼓励，在维和路上更加发愤图强，努力为国争光，给家族添彩！

父亲，您永远是我牵挂的对象，您永远是我奋勇向前的动力，在这里我只希望您能身体健康。您也不用替我担心，待我归来，把军功章亲手送到您的手上时，我们父子团聚，再叙情怀。

怀念我的父亲

防暴队指挥中心参谋　伍柏全

"树欲静而风不止，子欲养而亲不待。"我怎么也想不到，2017年12月11日6时50分，父亲走完了他人生最后的里程。在生活逐步迈向美好、正是乐享天伦的时候，父亲带着对我们无尽的思念、带着对美好生活的眷恋永远离开了我们，留下无尽的哀思和悲痛。

父亲出身贫寒，2岁时奶奶便因病去世，留下兄弟姐妹9人，爷爷一人无暇照看，吃不饱、穿不暖、住不好，留下了病根，以致胃病、风湿病常年缠身。穷人家的孩子早当家，父亲十几岁时便用瘦弱的肩膀挑起了生活的重担。每天早上挑一担煤炭走十几千米山路去上学，放学后挑一担盐返回，寒暑假就与大人进窑洞、挖煤炭赚取微薄的生活费。与母亲结婚后，父亲在工作中被石子砸伤眼睛，左眼失明，留下终生残疾，加上抚养我们4个儿女，本已清贫的家庭更显得艰辛。父亲就像辛勤的黄牛，为了生活不知疲倦的四处奔走，进企业、搞副业、干农活，想方设法、含辛茹苦养家糊口，以坚强的脊梁、勤劳的双手撑起了这个家。父亲一生命运多舛，面对贫穷、疾病、困境，他从不抱怨，从不向厄运低头，始终与之抗争，他常教育我们，困境是对人最好的磨砺，吃得苦中苦、方为人上人。即使在药物排斥最强烈、身体最痛苦的时候他还宽慰我们："我都跟生活斗争了62年了，每次都能赢，这次也一样，你们放心吧。"在一个又一个困境中，父亲用良好的心态、博大的胸怀、坚韧的毅力影响和引导儿女的成长，为我们树立榜样。

父亲性格内敛、沉默少言，不善表达自己的感情，但他总以实际行动默默呵护自己家庭和儿女，即使在最困难的时候，他坚持送子女上学，接受教育，希望我们能通过读书来改变命运。年少轻狂的我打架、逃学，没少给他惹麻烦，从不轻易低头的父亲向老师、同学家长道歉，请求他们的谅解。每当回想起这场景，我禁不住眼泪直流。工作后，回家的时间很少，每到过年前，父亲总会打电话问我是否回去，得到否定的回答后，父亲每次都会说："没事，工作为重，就是你妈想你了，在外多注意身体！"再也没有多余的话。在短暂的回家探亲的日子里，跟父亲交流也不是很多，父亲总是忙前忙后，张罗着我喜欢吃的东西。临走的时候，母亲陪着我说话，父亲帮我提着比他还沉的土特产默默地跟着我们。车开了，父亲每次都要跟着汽车小跑一段，不停地向我挥手，直到看不见。

父亲与人为善，真诚实在。从我记事起，父亲对我们非常严格，常叮嘱我们做一个善良、真诚的人，常教导我们吃亏是福，凡事要多为他人着想，父亲也身体力行为我们做好表率。在我的印象中，父亲热心、乐于助人，小时候经常有人来村里卖东西、回收废品，也有人上门乞讨，父亲总会热菜热饭招待他们，有时候还提供住宿。父亲与邻居关系处理得很好，遇农忙时，总会帮助邻居、亲戚做农活。父亲是一个知恩图报的人，常说"滴水之恩当涌泉相报"，对曾经帮助过我们家的亲戚朋友记得非常清楚，每逢过年过节，父亲总会带着我逐一登门道谢；父亲病后担心我忘记家风，还特意在遗嘱中写到"知恩图报、不要忘本，要一辈子记得和感谢帮助过自己的人。"

父亲深明大义、顾全大局。2016年9月，单位接上级通知选拔队员、组建队伍赴非洲执行为期1年的维和任务。参加维和是我一直以来的梦想，得知消息后我便打电话征求父母的意见，母亲说要和父亲商量。第二天，父亲回电说你去吧，注意安全。在通过联合国甄选回家探亲的日子里，父亲非常高兴，有许多话要跟我说，但欲言又止，后来我才得知母亲当时担心安全不愿让我去，父亲说为国尽忠是一个男子汉、一名军人应该做的事情，做通了母亲的思想工作，其实父亲也非常担心我，在做母亲思想工作的同时也在做自己的思想工作。2017年9月，父亲确诊为骨髓增生异常综合征，后转化为白血病。在生病的日子里，父亲总是报喜不报忧，担心我分心走神影响工作，每次打电话回去都说很好，要我不要想太多，特别是在得知我无法请假回去的情况下，父亲便利用回家休养的时间找伯父安排了自己的后事，即便是在生命的最后一刻，也叮嘱母亲、姐妹不要告诉我。

父爱如山，深沉而又充满力量；父爱似海，宽广而又包容一切。父爱是黑暗中的明灯，始终指明着人生前进的道路；父爱是寒冬的阳光，带给我们无限的温暖；父爱是一本厚重的书，耐人寻味；父爱是甘醇的酒，回味无穷。有父爱的地方就是家，有父爱的地方就是温暖的港湾。父亲，虽然您已经走了，但我感觉您从未离开过我们，您的音容笑貌还在眼前，您的谆谆教诲犹在耳畔。父亲，您的生命是短暂的，但是您长期坚持的优良品德和家风，我和姐妹们会秉承下去，不会让您失望。父亲，我们都想您了！想您亲手做的饭菜、想您亲手种的水果……作为儿女，我们多想能再伺候您一次、多想再叫您一声"父亲"、多想握着您那布满老茧温暖有力的手一直走下去！父亲，我知道您只是累了，需要去一个安静、没有伤痛的地方好好休息。父亲，您放心吧，待儿子尽忠回国便回家尽孝，我一定好好照顾母亲，一定到坟头多陪你说说话、多陪您抽支烟、多陪您喝杯酒。

亲爱的孩子，爸爸在利比里亚欢迎你

防暴队行动二分队四小队指挥员　王延亮
防暴队行动二分队四小队战斗队员　莫济帆

　　北京时间 2017 年 3 月 14 日 23 点 18 分，利比里亚当地时间 15 点 18 分，中国第五支赴利比里亚维和警察防暴队营区走廊上，一阵急促的电话铃声，让满头大汗、焦急地不知道来回走了多少遍的老吴终于停下了脚步。"老公，我生了！"电话那头传来妻子虚弱的声音："是个七斤四两的大胖小子，一切都好，你放心吧！"面对坚强的妻子，豆大的汗珠从老吴的额头流了下来，心头一紧，鼻子就酸了。亲爱的老婆，对不起！亲爱的孩子，对不起！爸爸在利比里亚欢迎你的到来。

完成执勤任务的吴茂辉，翻看妻子和儿女的相片，这是他一天中最开心的事

心里的苦，嘴上却都说不出

老吴，名叫吴茂辉，36 岁，是中国第五支赴利比里亚维和警察防暴队的一名小队长。从 2016 年 9 月到 2017 年 3 月，老吴和战友们一道经过半年的刻苦培训，以优异的成绩通过了层层甄选，于 2017 年 3 月 12 日从北京出发，赴利比里亚执行维和任务。刚到利比里亚第三天，吴茂辉的妻子生产的消息传来，他的孩子成了让中国第五支赴利比里亚维和警察防暴队沸腾的第一个维和宝宝。

孩子的出生，让老吴无比喜悦，但就在第二天，老吴在给父母打电话时才知道，孩子因出生时吸入了浑浊的羊水，被医生初诊为吸入性肺炎，已转到新生儿科住院观察；妻子怕老吴担心，只说了孩子一切健康的话。老吴知道，妻子心里委屈，可是面对在利比里亚执行维和任务的他，有多少苦，妻子都说不出。

再给媳妇打电话，老吴尽量避免说些触碰"泪点"的话语，像往常一样安慰着媳妇，攒了一筐又一筐的笑话给媳妇听，可挂上电话，老吴对家人、对孩子的亏欠的心，却伴着蒙罗维亚自由港的涛声，久久不能平静。

再次缺席，因为伟大的支持

2015 年 5 月，老吴的大女儿桐桐出生，当时老吴在外地培训，没能赶上。培训结束，老吴第一次抱起女儿时，女儿已经满月。"孩子出生前 B 超，医生说脐带绕颈两周，评估有难产风险，差点就剖了。"正在逗女儿的老吴听到这个消息时嘴巴变成了"○"形。"你咋不告诉我？"老吴埋怨妻子说。"告诉你有什么用啊，你又回不来，光让你跟着干着急啊！"妻子委屈地说："你放心，如果再生老二，我一定不缺席！"老吴一边给刚吃完奶的女儿拍嗝，一边给妻子保证。

2016 年 9 月，广西壮族自治区公安边防总队受命组建中国第五支赴利比里亚维和警察防暴队。收到总队通知的当天，老吴热血沸腾，能代表祖国去维和，是老吴一直以来的梦想，可冷静下来，老吴又陷入两难境地——女儿桐桐还不到 2 岁，妻子现又怀有 3 个月的身孕，如果通过选拔，不仅照顾不上怀孕的妻子，老二出生时自己可能又要缺席。"要不要报名呢？"老吴心里嘀咕着。因工作原因，老吴很少回家，他错过了女儿第一声啼哭，第一次抬头，第一次翻身，第一次牙牙学语，就连第一声"爸爸"，老吴也是远在新疆培训，隔着手机屏幕在千里之外听到的女儿的呼喊。妻子已为这个家付出了太多，如果这次报名，妻子以前所勾画好的太多太多生老二的设想，就有可能成为泡影，想到这些，老吴无论如何都开不了口。晚上，妻子从电话里听出老吴吞吞吐吐的有心事，在妻子的一再询问下，老吴说出了实情："我想报名，可是又觉得对不起你和孩子。""这次机会难得，你报名试试看，家里不是还有我吗？"妻子想都没想就对老吴说。

你快来的时候，我却要出发

孩子的预产期是 3 月 11 日，这也是防暴队临近出发的日子。在等待宝宝出生的这段时间，老吴夫妻俩异常煎熬，如果宝宝提前发动，老吴就可以亲眼见证宝宝的出生。"要不，剖了吧？"妻子一边摸着肚子里的宝宝，一边征求老吴的意见，她知道老吴如能看到孩子再出征，就会更安心。老吴虽然很想在临走之前看看宝宝，但为了妻子的健康还是坚决地摇了摇头："既然宝宝想在你肚子里待够日子，就让他待着吧，没事！"

2017 年 3 月 5 日上午，优中选优的中国第五支赴利比里亚维和警察防暴队即将离开南宁吴圩机场，飞赴北京集结。妻子这几天有生产的征兆，但还是挺着大肚子领着不到 2 岁的小女儿和家人一道来机场送老吴。"爸爸抱！爸爸抱！"女儿虽然还不懂什么是分别，可她从妈妈的泪眼中还是感觉到了什么，一直让爸爸抱着，谁也要不下来。妻子看着正在逗女儿的老吴，靠在老吴肩上眼泪像断了线的珠子。此时的老吴也强忍着泪水，不敢正视眼泪决堤的妻子，因为他怕控制不住自己，把此次送别弄得悲悲凄凄，让妻子伤心，吓到还不太懂事的女儿。"不就是 1 年吗！老婆！我很快就会回来的。"老吴安慰妻子说。

妻子一边抹泪一边强颜欢笑："家里你放心吧，你回来时，我领着老大老二一起来机场接你，好好干，给孩子们树立个好榜样。"

孩子，爸爸想和未来的你说几句话

远在利比里亚的老吴，执勤任务在身，不能时时与家人视频、通话，只能把嘴里的话、心里的爱写在随身携带的笔记本上，老吴有太多话想和未谋面的孩子说……

亲爱的宝贝：

爸爸现在在利比里亚的首府蒙罗维亚给你写信，8 个小时的时差，爸爸这里是深夜，你那里已是白天，此时的你是否还在熟睡？多睡会吧，让半夜不时起床给你喂奶的妈妈多休息一会。

亲爱的宝贝，爸爸来利比里亚的第三天收到了你出生的消息。爸爸对不起妈妈和你，就像对不起妈妈和姐姐一样，不能在第一时间给你们以保护和安慰，在第一时间抱抱你，为你换一块尿布，亲亲你的脸，摸摸你的小脚丫，听听你有力的哭声，看着你甜甜地睡……你的出生让爸爸在感受无比喜悦的同时，也体会到了舍小家顾大家的那种取舍的痛苦，让爸爸更深地体会到了那种思念的苦。我亲爱的宝贝，你出生时，因吸入性肺炎被紧急转入新生儿科治疗，爸爸妈妈很是为你担心，但我们坚信作为军人的儿子，你会和爸爸一样坚强。宝贝，你要记住，爸爸虽然不能陪在你身边和你一起战斗，但是爸爸在做一件非常有意义的事，爸爸爱你和姐姐胜过爱自己。

爸爸与妈妈的相遇，是一场缘分，而姐姐和你，是缘分孕育出的最美好的果实。爸爸妈妈是幸福的，因为你和姐姐让我们拥有了完美的一家。可是，十月怀胎、忐忑等待、妈妈忍受十三级痛的体验……直到你"哇"的一声迎来与这个世界的初见，都是妈妈一个人在战斗，而爸爸都是缺席。作为父亲，爸爸是不称职的。因为职业的原因，爸爸不能时时陪在你左右，看着你第一次抬头，第一次翻身，第一次坐立，扶着你走出人生的第一步，听到你喊第一声爸爸，而且在未来，爸爸在你和姐姐的一些重要的日子里，可能还要缺席。原谅我吧，亲爱的孩子们，原谅我这个不称职的爸爸。

作为一名军人，爸爸是合格的。爸爸热爱自己的职业，17 年来对工作兢兢业业，把自己的青春献给了祖国的边防事业，而且在你出生的这年，爸爸也实现了自己 10 年来的愿望，代表祖国远赴西非，成了一名维和警察，对于这些，爸爸很是自豪。此次维和，曾有很多人这样问爸爸，"你年龄也不小了，况且孩子这么小，离开家人这么长时间，你觉得值得吗？"爸爸每每都是坚定地回答："值得！"爸爸相信，你们会理解爸爸的，对吗？

亲爱的宝贝，爸爸除了希望你健康快乐地成长，做个善良正直的人以外，爸爸还想跟你说点别的话。爸爸身在西非，看到他们社会的战乱和动荡，看到他们的贫穷和落后，爸爸想教你的第一件事，是要为自己生在一个和平、稳定、强大的国家，为自己是一名中国人而自豪和骄傲。这也是爸爸来利比里亚这么多天来，最大的感受。

爸爸想教你的第二件事，是要学会感恩，做个懂事的孩子。

　　在生你姐姐之前，爸爸妈妈从没意识到生养孩子的困难，自从有了你姐姐后，爸爸妈妈才懂得了生养的各种不易。十月怀胎之苦，首先是孕初期的各种恶心呕吐、便秘胀痛；其次是孕中期的腰酸背痛、呼吸困难、抽筋浮肿；再次是孕晚期的浑身乏力、行动不便和睡眠困难，最后是生你时，妈妈要忍受十三级的疼痛。但养大于生，所有这些仅仅只是开始。当姐姐和你一点点长大，姥姥、姥爷、爷爷、奶奶和妈妈，要花大量的时间来照看你们，特别是妈妈，为不让你们挨饿，深更半夜起来给你们喂奶成了常态，你们的一个小小的反常举动都会让她如临大敌。还有，为了照看你们，姥姥、姥爷、爷爷、奶奶放弃了自己丰富多彩的退伍生活，专心在家帮妈妈照看你们；他们的累，不光是身体上的，更重要的是心理上的。每每想到这些，爸爸都觉得对他们有愧。

　　爸爸想教你的第三件事，是希望你和姐姐能像爸爸一样，成为一名军人。

　　2000年12月，爸爸从山东老家来到千里之外的广西，在党和国家的培养和关怀下，从一名新兵一步步成长为一名正营职干部。17年的部队生活，教会了爸爸许多，大到军事业务技能、为人处事的道理，小到一个口令动作、日常生活的细节，可以说，爸爸能有今天，得益于部队多年来严格的要求和精心培养。

　　亲爱的宝贝，有人说，部队的生活是枯燥乏味的，但爸爸用自己的亲身经历告诉你们，这看似的枯燥乏味的生活，却是锻炼一个人不怕困难、坚忍不拔、自强不息的基石，是使一个人成长最好的历练。同时，爸爸觉得，军人是天底下最光荣的职业，正是有了一大批甘于奉献，不怕牺牲的叔叔阿姨们，我们的国家才不像爸爸现在维和的利比里亚一样经历这么长时间的战乱和动荡，经受这样的落后、贫穷、饥饿和苦难。所以，爸爸希望你们将来也能成为部队大家庭的一员，像爸爸一样，只要国家需要，就挺身而出，用军人的担当，捍卫祖国的利益和世界的和平。现在，爸爸所做的一切，都是在以实际行动，为你们树立一个好的榜样。

　　亲爱的宝贝，爸爸无时无刻不挂念着你和姐姐，为了不错过你们的成长，妈妈每天都发你们的视频和相片给爸爸。亲爱的宝贝，虽然我们相隔万里，但爸爸和你们的心始终都在一起。现在，爸爸的勤务很重，每天的工作都安排得满满当当，只能用休息的间隙给你匆匆写下几行文字，爸爸，在遥远的利比里亚，欢迎你来到这个美丽的世界。

　　很爱你，爱桐桐姐姐，爱妈妈。

爸爸

我的平凡生活

防暴队指挥中心行动官　李　涛

午后，与妻视频通话。手机屏幕里一家人正其乐融融吃晚饭。当然，除了我之外。没说上几句，对讲机里传来队领导的工作指令，便匆匆挂断了通话。

及至次日上午勤务结束后打开手机，看见妻发来一个意味深长的问题：今天是不是忘了点什么？一开始有点懵，苦思冥想不得其果。搜肠刮肚，一一梳理各种错过的"重要日子"之后，猛一拍脑袋，坏了！昨天是妻的生日！为表歉意，大手一挥，果断发去一个寓意深刻的大红包——5.20 元，爱你多一点。妻发来一个捂脸的表情，无奈地欣欣然表示接受，一阵戏谑调侃："去了任务区之后倒是为家庭财政节余了不少开支呢。"随后发来儿子的国庆假期家人合影作业，并为她精湛的手艺颇显得意。

我竟不觉鼻子有点酸——那是一张一家三口天各一方的拼接图。久压的愧疚顿时如寒冰融化，丝丝涌上心间。

当初报名参加维和行动，妻是支持我的。因为相知，所以相与。宁负儿女温存，不负铁马昭华。父母也在她极力地"鼓动"下完成了从不同意到全力支持的观念转变。

进驻任务区后，家人从不向我提及任何无法解决的难题，更没有流露出我不在而对家庭产生任何影响的痕迹，每次通话都是笑靥如花、幸福融融，甚至有些"不厌其烦"地催促我赶紧挂断电话，末了补上一句，注意休息。为此，我居然一度产生失落的错觉，仿佛自己成了家里一个无关紧要的角色。其实，我知道他们都在极力回避对儿子、丈夫、父亲强烈的思念，只是很少表达，正如我从不向他们提及在任务区存在任何的生活不适和执勤风险。

我们都把坚强挂在脸上，把柔软藏在心底。

有次长途巡逻，由于时间紧、任务重，从受领任务、准备勤务到执行完毕，马不停蹄，前后一个多星期没与家人通话。期间，和战友们在利比里亚大半个国家的雨林山地里冒险日夜穿行，手机毫无信号。回到营区，看见妻发在微信上的一长串留言、相片和视频，内容都是儿子的各种活泼可爱的片段，全然没有"为什么不回信息"或"去哪了"的问题。我自觉拨通电话，略表歉意地说："执勤刚回来，手机没有信号。"决口不提其间的种种"历险"过程。妻也只比往常拉长一个音调，淡然回了一句："哦，怪不得没回信息。"对我的"失联事件"便不再追问，岔开话题兴致盎然地开始通报"小屁孩"近期的优异表现了。

后来才知道，事实上那段时间儿子连续发高烧，家里只有一个老人照顾，妻在单位承训任务也重。为了不耽误工作、轮换老人休息，她没向单位请假，每天中午顶着烈日骑电动自行车大老远往返于单位和家之间，买菜做饭、照顾儿子，晚上更是拾掇完家务后深夜加班，几乎彻夜不眠。给我发的相片和视频，是之前拍的。

在这一方面，我们的秉性倒是颇为相似，都固执地彼此信任，认为让对方心安就是给对方最大的支持。为此，双方达成高度默契，从不轻易触及对方关切的敏感话题和事件，哪怕不可避免，或淡化处理，或相互开个玩笑，一语带过。

这是专属于我们的平凡的生活。各自付出，坦荡而平淡。

战友们与家人交流也都有自己"斗智斗勇"的独特手段，但战术大致相同，报喜不报忧。大家在队里相处也是如此，总把自己最具活力、最富有战斗力的一面写在脸上，鲜有提及个人和家庭困难。

开赴任务区，战友们有的刚刚新婚燕尔，有的恋歌曲终人散，有的儿女新生，有的老人卧病，有的家庭发生重大变故。没有聒噪，没有要求，大家每天都在各自的岗位上有序地忙碌着，自觉维护防暴队这台和平机器的高速平稳运转。因为大家知道，每个人都是机器上的一颗螺丝钉。虽然平凡，但不可或缺。

朝夕相处，每个人的家庭"隐私"早已成为公开的秘密，但没人刻意表示深切慰问和大肆宣张。在"特殊"时期，或轻拍肩头互相道声"顺利""珍重"，或投以坚定宽慰的目光，而更多的是坚守相伴，相扶相依。

"岂曰无衣？袍泽相随。金戈矛戟，甲兵为伴。"橄榄影从，并肩偕行。

生活，本就如此平凡。

游子吟

防暴队政工组干事　段书达

"我慢慢地、慢慢地了解到，所谓父女母子一场，只不过意味着，你和他的缘分就是今生今世不断地在目送他的背影渐行渐远。你站立在小路的这一端，看着他逐渐消失在小路转弯的地方，而且，他用背影告诉你：不必追。"

——《目送》

出国已经 2 月有余，和您的联系却只是在微信视频时的寥寥数语，也不曾详尽出国后的情况。前些天和您视频，您说："儿啊，我和你爸经常在维和家属群里看见战友们执勤站岗的照片，却很少有你的。"我从您的语气中听出了些许失落，却也只能开玩笑地回答道："革命只有分工不同，没有高低之分嘛。"随后马上岔开了话题。视频完了，您的话却在我心头久久萦绕。

尽管忙碌可以暂缓内疚之情，但夜来还是心酸不已，记得一次和父亲喝酒，他醉了说："多陪陪你妈，你走了以后，她收拾你的房间，看着空空的房间自己偷偷抹眼泪"。自己总觉得自己成熟了，但实际上这些年在外，常常很久才打一个电话回家，偶尔会忘记您的生日，休假回家也是和朋友聚得多，陪您的时间少，实在没有做到一个儿子应该做到的。回想这些年的成长，从初中、高中住校，到大学北上，再到远赴西非，离家的距离也从广西到廊坊的 2000 多千米，变成了中国到西非的 13000 多千米，永远是被您目送着，但是自己很难去回头张望，更多的时候是承受着您追逐的目光，承受您的不舍得，不放心。但我只管着一心离开，从未回头，也不敢回头。父亲打我，是您护犊心切，紧紧把我抱在怀里；读书上学，是您风里雨里，默默坚守护我周全；误入歧途，是您春风化雨，孜孜不倦诲我做人。

2015 年，您生病做手术，进手术室之前，您把银行卡密码等等家里好像有的东西都告诉了我，我也没太用心记，还开玩笑地说"这么小的手术，弄得像生离死别了一样"。手术很顺利，清醒过来的您嗷嗷叫痛，当我握住您略显苍老的手时，叫声才稍有平息，小时候您握住我的手的时候，也许已经想到今天我们的位置互换，看到您鬓边白发，一瞬间感觉到形容您也可以用年过半百这个词了。

　　接到维和选拔的通知是在2016的9月，每一个报名的人都是舍小家为大家，有的新婚燕尔，有的孩子才呱呱坠地，而我唯一的牵挂便是家中父母，从某种角度来说已经是幸运了很多，于是我第一时间打通了您的电话，您得知这个消息后也是像往常一样的支持我，只是话语中比以往更多了些担心与不舍，您还是老了，都说老人会返老还童，上了年纪的老人逐渐变得像孩子一样偏执、简单、丧失独立性，需要依靠，害怕孤单。出征那天，看着战友们的亲人很多都来相送，多少心里有些落寞，但我知道是自己不让你们来送我，别离难忍忍别离，仪式感少一点，牵挂应该会少点。

　　子曰"父母在，不远游，游必有方。"中国传统思想总归是怕"子欲养而亲不待"的，但又不反对一个人在有了正当明确的目标时外出奋斗。儿现在是中国维和警察防暴队当中的一员，在执行伟大的维和任务，请您放心。

维和警察防暴队铁骨柔情的真情故事

防暴队政工组干事 陈俊名

利比里亚，距离中国 13000 多千米，时差 8 个小时。首都蒙罗维亚是中国第五支赴利比里亚维和警察防暴队执行联合国维和任务的任务区。在维护当地和平的日子里，防暴队队员克服万难，日夜兼程，讲述着"维和不止有责任与担当，还有诗和远方"的真情故事。

防暴队队员执勤眺望家的方向

感恩父母：愿您健康顺利

28 岁、参军近 10 年的黄昌贤，是防暴队三分队七小队指导员，是基层的一名指挥员，主要负责小队各项勤务的组织与实施。

在父母眼中，黄昌贤是个孝子，他通常会选择在没有任务的中午与家人微信视频，向他们介绍自己的工作和生活，与父母讲述在利比里亚的维和故事。

2017 年是利比里亚总统大选之年，勤务多、任务重、压力大，执勤到深夜是常事，等黄昌贤执勤结束的时候，国内的爸妈早已入睡，虽很想父母，却不忍打扰他们休息。勤务不多的时候，一个星期能跟家人视频通话 2 次；任务重的时候，可能一两个星期都通不了 1 次电话。

谈及印象最深刻的一次视频聊天，那是 2017 年 9 月开展对利比里亚警务培训间隙的一次通话，当他的学员看见他拿起手机与家人视频时，便走到他身旁，用标准的中文"你好"向他的家人问好。"我清楚地记得，爸爸跟我说，没想到自己的孩子不仅到了国外维护一方和平，还给当地警察做起了教官，真了不起，真替儿子感到骄傲与自豪！"黄昌贤激动地说。

新春佳节临近，跟往常一样，黄昌贤这一年仍然没法回家陪爸妈过年，他感慨颇多，"亲爱的爸爸妈妈，我一直牢记你们对我'言而有信、勇担责任'的教诲，我在这里一切都好，请你们放心！我在任务区遥祝你们：新春快乐，愿你们身体健康，万事顺意！我在这里给你们敬礼了！"

感谢爱人：有你的陪伴真好

结婚不到半年就要面对长达 1 年的分别，而且是相隔万里，这对一分队一小队翻译兼战斗队员汤上葵和妻子淇淇来说，确实是一段刻骨铭心的经历和记忆。

2017 年 3 月 5 日，是防暴队离开南宁赴北京集结的日子，妻子淇淇早早就赶到机场为丈夫送行，脸上挂满了留恋与不舍。汤上葵动情地说："当天机场人多，淇淇刚开始没看到我，一着急眼泪就出来了，我远远看着她，心里十分难过。她一看到我就叮嘱我说要注意安全，她会照顾好家里，等我回来！"

说起对妻子最愧疚的一件事，那就是去哈勃执行长途巡逻勤务，汤上葵和战友们在利比里亚的雨林山地里日夜行进，手机没有信号，一个多星期没能和妻子联系，直到返回营区，才看到妻子在微信上的留言，字里行间充满了爱意，但透露出更多的是担心和牵挂。"根据规定，出去执勤的时候不能跟家人讲行动上的事，我只是简单地跟她发了个信息，说这几天有任务，没想到让她担惊受怕了这么些天，心里实在过意不去。"汤上葵说。

执行任务期间，汤上葵家里的事情都靠妻子一个人打点。隔三岔五，妻子就会替他去家里看望他的爸妈，帮着做家务，陪他们唠家常。期间，汤上葵的外公去世了，妻子就替他尽孝，帮忙料理后事，这些都让汤上葵非常感动，"在我不在的一年里，感谢你的辛勤付出，这个家有你才完整。你放心，我回去一定好好陪着你，陪你打羽毛球，陪你去你想去的地方！"

嘱咐儿子：希望你能学会感恩

张莹，是防暴队指挥中心的执勤官，也是队里的"四朵金花"之一，她的儿子4岁了，小名叫君君。此次分别是君君从出生到现在张莹离开他时间最久、距离最远的一次。

张莹记得刚刚抵达任务区不久，君君就给她打了个电话，那个通话让她一生难忘。"妈妈，你不要一个人出去哦！""为什么？""那里的坏蛋会把你抓走的！"那一刻，张莹体会到了"母行万里儿担忧"，也明白君君已经有了模糊的维和概念，有了对任务区粗略的认识，她俨然已经成了孩子的牵挂。

春节快到了，这是张莹第一次不能陪儿子过春节。这些天，她思前想后，最后决定写一封信给君君，希望通过这封维和家书告诉孩子自己的维和经历，让他认识到和平的珍贵和祖国的强大。

她在信中写道："孩子，没有经历过战争，就不知和平的可贵。相比之下，国内的环境和条件比这里要好很多，你在伟大祖国的怀抱下，不用担心吃不上饭，穿不上衣服……你可以在和平的国度幸福生活，希望你能好好珍惜，健康成长！"

张莹通过信件还想告诉君君一个道理，希望他能学会感恩，感恩父母，感恩祖国："希望你能记住妈妈给你讲的维和故事，记住那些妈妈跟你介绍过的非洲小朋友，让他们走进你的心里，以你自己的方式去了解他们，帮助他们！从而让你成为一个懂得付出、懂得分享和懂得感恩的人。君君，妈妈有祖国的使命在身上，而你，是妈妈坚守维和阵地的动力。"

一年到底有多久

许莉莉

许莉莉（右二）送丈夫曹雪峰出征时留影

2018 年已然到来，再有 2 个月，孩子们的爸爸、我的爱人曹雪峰就要结束赴利比里亚的维和任务，回到我和孩子们的身边。

女儿薇薇是我们的第二个孩子，出生已经 7 个多月了，到现在只在网络视频里见过爸爸，儿子多多常常对她说："妹妹你都没有见过爸爸，爸爸不在，让哥哥来保护你吧！"每每这个时候，我都会抱紧薇薇，摸摸多多的头……

其实，我心里很想告诉他们："有一种不在，叫爸爸去维和；有一种爱，也叫爸爸去维和。"

2017 年 3 月 5 日，对我来说很特别，它意味着离别、遥望还有期盼——我

注：作者为中国第五支赴利比里亚维和警察防暴队行动二分队分队长曹雪峰的妻子。

的爱人曹雪峰，作为中国第五支赴利比里亚维和警察防暴队的一员，在这一天远行出征了。我牵着多多的小手站在送行的队伍中，看着头戴蓝色贝雷帽的爱人渐渐远去，直到他的背影完全消失。

当所有维和队员都看不到了，多多才抬起头望着我，问道：“妈妈，我已经开始想爸爸了，他什么时候才能回来呢？”

我轻轻地告诉他：“爸爸一年以后才能回来陪你和妈妈。”“可是妈妈，一年到底有多久呀？”

我不知道该如何向一个 5 岁的孩子解释一年有 365 天、8760 个小时，因为对他来说这是一段很长很长的时间，我只能将他拥进怀里，紧紧地抱住。从这一刻开始我就有了一个想法，带着孩子一起做一本爱的相册，记录他的爸爸维和这一年里他的成长，留下这段珍贵的回忆。

送行后的第一个星期六，我把准备好的小册子递给孩子：“多多，你不是想知道一年有多长吗，以后我们每周制作一页相册，等把这本相册都贴满了，爸爸就回来了！”“真的吗？太好了！太好了！”多多兴高采烈地接过相册。

从此，我便开始用手机记录多多的点点滴滴，并且要求多多的爸爸把在非洲维和生活的照片通过微信发过来，周末的时候，多多会自己精挑细选照片然后去打印出来。为了让多多能深刻体会制作照片的过程，我带他到商场里打印照片，并且由他自己操作。

回家后，多多把照片贴在相册里，还要写上标注，遇到不会写的字，我会握着他的手一笔一画地一起写。相册里记录着爸爸的训练演习，也记录了多多的成长。

我还买了一个地球仪，告诉多多：爸爸和我们之间横着一个大西洋，跨越了半个地球，间隔 1.2 万多千米，我们的日出便是爸爸那边的日落……现在，多多已经能准确地在地球仪上找到利比里亚。

2017 年 5 月 28 日，我们的女儿、多多的妹妹薇薇顺利出生了，名字用“维”的谐音，寓意纪念她在爸爸维和时出生。

妹妹薇薇出生后，我感觉多多突然长大了，他经常说：“爸爸去维和，我是家里的男子汉，我要保护妹妹！”

写给君君的一封信

防暴队指挥中心执勤官　张　莹

君君：

　　妈妈想你啦！在幼儿园上学开心吗？在绘画班学习快乐吗？

　　君君，今天是妈妈抵达维和任务区的第 210 天，也是妈妈离开你的第 210 天。从你咿呀学语、蹒跚学步开始，这一次是妈妈离开最久的一次。离开家的时候，妈妈就告诉你，妈妈要离开你 1 年，妈妈要到很远的"学校"去上学。每次视频你都会问妈妈，"妈妈，你怎么那么久还不放学？""妈妈，你们学校究竟什么时候才放寒假啊？""妈妈，是不是春节我领红包的时候你就可以回家啦？"……每次听到你这么问，不想让你看到我泛红的眼眶，妈妈只能把手机视频拉远一些，告诉你，妈妈很快就可以回去了！

　　君君，妈妈没有告诉你什么是维和，妈妈没有告诉你利比里亚在哪里，妈妈没有告诉你什么是暴动和骚乱，妈妈没有告诉你什么是疟疾，妈妈没有告诉你 1 年会有多漫长，妈妈不敢在出征日让你前来送行……

　　伴随着时间的流逝，慢慢地，妈妈发现你长大了，懂事了，你也陪着妈妈一起成长！

　　君君，你还记得妈妈抵达任务区后，你嘱咐妈妈的第一件事情吗？ 4 月 1 日蒙罗维亚凌晨时分妈妈在值班备勤，而广州已是太阳初升。休息间隙，妈妈接到你的电话，在视频里你一脸认真地和妈妈说"妈妈，你不要一个人出去哦！""为什么？""那里的坏蛋会把你抓走的！"那一刻，妈妈体会到了"母行万里儿担忧"，也明白你已经有了模糊的维和概念，有了任务区危险的意识，也知道了妈妈的安危已悄然驻扎在你那颗幼小的心灵里，妈妈已然成了你的牵挂！

　　君君，你还记得 6 月 3 日妈妈去参加"世界环境日"的活动场景吗？妈妈和联合国环境部门的叔叔阿姨们一起到蒙罗维亚的金滩开展环保活动。大家都手提大垃圾袋，拾捡海滩上的废弃物。当妈妈向你展示战利品时，在视频里，你问妈妈，"为什么要捡垃圾？""因为地球需要我们的呵护它才会美丽啊！"　"嗯，老师教育我们不要乱扔垃圾，我也要和妈妈一起捡垃圾！"君君，妈妈后来听说每当有人问："你妈妈在非洲干嘛啊？"你总骄傲地说"妈妈在非洲给地球洗白白（意思是给地球洗澡）！"君君，虽然你不在妈妈身边，但是妈妈仍希望一言一行能给你带去积极正面的影响。君君，妈妈希望以后有机会，我们一起参加"捡垃圾"的环保活动！

君君，妈妈为你打开一扇窗后，希望你自己能打开一扇门！

君君，你还记得 8 月 21 日和你视频的非洲小朋友吗？妈妈看到他们就想起了你。这里和你们缤纷多彩的幼儿园不一样，这所"学校"离家很远、很特别，学校里的老师和学生都是黑色皮肤，他们生活很困难，他们家里没水没电，他们的衣服都是破旧的，他们没有托马斯火车、没有乐高积木堆、没有《西游记》动画片……而有机会上学的偏远地区的小朋友，他们可能要步行 2 个多小时才能到达学校！更多的小朋友连上学的机会都没有！当你和他们在视频里开心地打招呼时，虽然你们隔了很遥远的距离、语言不通，但是你们相互间稚嫩的问候，妈妈相信那一刻你和小伙伴们的心是在一起的，这种开心是属于你和你小伙伴的！妈妈希望你能通过自己的视野，去感知和认识世界的那头。

君君，你还记得妈妈和当地小朋友互动时分享给你的照片吗？衣衫褴褛的小朋友笑得腼腆而害羞。当时你问，他们的衣服为什么有那么多洞洞？他们的爸爸妈妈为什么不给他们买新衣服呢？因为他们生活在一个战乱后的国家里，绝大部分小朋友的爸爸妈妈没有能力给他们买新衣服。你告诉妈妈"那把我最喜欢的小熊贝尼 T 恤送给他们吧！"10 月 2 日，在前往博米州 Maloma Town 联合日巡中，妈妈和维和警察叔叔们一起深入当地村落，在走访过程中，妈妈也看到了很多和你一样大的小朋友，但是他们却没有机会上学。一位名叫 Mahone 的 4 岁小男孩由于长期营养不良，四肢瘦长，小腹积水导致肚子圆鼓鼓的，穿了一件已辨认不出颜色的破短袖，由于没有鞋子穿，两只小脚丫光秃秃地踩在泥泞的脏土里……妈妈给他换上了你的 T 恤，他动情地对妈妈说了句"Thank you！"君君，这里还有很多和 Mahone 一样的小朋友，由于他们的爸爸妈妈没有工作，他们很多人一辈子都没有离开过居住的村子，他们没有办法了解外面的世界……

君君，妈妈希望你能记住这些曾经和你打招呼的小伙伴们，能记住烈日下在大街上兜售零食汗流浃背的小哥哥们，能记住伸向你表示友好的小手们，能记住 Mahone，能记住向你说"你好"的小姐姐们，能继续让他们走进你的心里，能成为一个懂得付出、懂得分享和懂得感恩的人，以你自己的方式来融入他们，了解他们，帮助他们！

　　君君，妈妈在距离我们祖国 13000 千米远的西非大地上执行维和任务，妈妈有祖国赋予的使命在身，而你，也是妈妈坚守维和阵地的动力。君君，妈妈欣慰地看到你长大了！

　　君君，妈妈想你啦！

爱你的妈妈
2017 年 10 月 10 日

写给女儿诗涵的信

防暴队指挥中心主任　王振江

宝贝女儿：

　　见信如面！时间过得真快，爸爸到利比里亚执行维和任务已快3个月了，这也是14岁的你自出生以来与我分别时间最长的一次了，平时由于忙于工作，加上这里与国内有8个小时的时差，同你交流少了很多，是不是有些不适应？爸爸通过微信或视频了解到你学习很认真，课余时间一直坚持体育锻炼和上补习班，有空还帮妈妈做家务，时间安排的十分紧凑，但你从没有一句抱怨，看到你健康快乐地成长，爸爸真为你感到高兴。特别是在这次的期考中，你的总分比上次提高了50多分，个人名次也有了很大的进步，这都是你自己努力的结果，说明有付出就有收获，爸爸知道后很开心。虽然我们相距万里之遥，但爸爸无时无刻不在关注着你，关注你的成长、你的进步、你的点滴变化，感到女儿一下长大了，懂事了，有责任感了，给爸爸妈妈带来的都是满满的正能量。

作者王振江与妻女

在看到你成长进步的同时，也怕你骄傲，怕你的小尾巴翘上天，怕你满足于现状不思进取，爸爸也想跟你聊聊天。虽然在家中的地位没你高，但作为家中的一名普通成员，有时还得"斗胆"给你拉拉袖子提个醒。说的不一定对，但仅供参考，有则改之，无则加勉！

第一个话题可能比较敏感，是有关如何面对青春期的话题。你是女孩子，这个话题可能妈妈同你交流更好些，但是爸爸觉得也有责任、有义务见证和参与到你的成长中来，要不爸爸就是失职，就不是一个称职的爸爸了。处于青春期的孩子都有共同的特征，叛逆或固执己见，如不希望大人干涉自己的学习和生活；有自己的隐私；做错事喜欢找借口，还讲不得、说不得；有自己的青春偶像和审美标准等。这些在你身上表现的没那么明显，但或多或少还是有这方面的倾向，出现上述这些问题对青春期的孩子来说都是一种很正常现象，没有什么可怕的。爸爸和妈妈也经历过这个年龄段，也面临过和你同样的问题和困惑，就看你怎么去面对怎么去解决这些问题。这些问题如果处理好了，会激发你更努力地去学习，去勇敢面对和克服遇到的一切困难。如果处理不好，也可能会走上极端，这说明青春期在人的一生中是一个非常重要的时期。电视中经常有这方面的报道，现实中也有这方面的例子，有些青春期的孩子不遵纪守法在外惹是生非，有的不认真学习厌学逃课，有的离家出走误入歧途，有的听信谣言上当受骗，有的迷恋于虚幻的网络世界中不能自拔，到头来都悔不当初，这既给自己带来痛苦，又给家庭造成伤害。我们要吸取这些反面教材中的教训，在你的成长过程中，爸爸和妈妈也会尽最大努力给你帮助和支持，让你在轻松愉快的环境里安全平稳度过青春期这个最宝贵的人生阶段。

14岁，对一个女孩来说是花一样的季节，它既是一个人学习掌握知识的黄金期，也是青春萌动表现比较突出的一个时期。在以往和你的交流中，也经常听到你说哪个少年明星是你喜欢的类型，你们学校的那个男生比较帅，你们班的女生都喜欢谁，这说明你长大了，成熟了，对自己喜欢的人和事都有了自己的判断标准，心里如有想法，也不必遮遮掩掩，这是你们这个年龄阶段的孩子正常的生理现象，同时，爸爸希望你能正确处理这些关系，以学习为重。

今后，如在学习、生活或同学的交往中遇到什么问题要多和妈妈交流，多听听大人的意见和建议，这样会让你少犯错，少走弯路。课余多看一些励志的书籍，去书本中汲取营养，积累知识，了解外边的世界，不断开阔自己的视野。积极参加学校组织的一些体育活动，这样能锻炼你的沟通协调能力，培养团队意识，又能强身健体，塑造让人羡慕的身材。节假日多找好朋友一起玩，交流交流学习心得，讲讲自己的小秘密，来释放学习带给你的压力。你平时很喜欢画动漫和素描，画的也越来越专业了，写的网络小说想象力很丰富，故事情节也很吸引人，也有了自己的粉丝群，这方面都比爸爸妈妈强，这些良好的兴趣爱好希望你能一直坚持下去，对你以后走上社会将有很大的益处。要时刻记住："你若盛开，蝴蝶自来；你若精彩，天自安排"。

第二个话题是关于如何使用手机的问题。现在手机已经和人们的生活紧密地联系在了一起，在生活中身上如果没带手机的话会让人感到无所适从，出门也寸步难行，上 QQ、聊微信、看电影、摄影拍照、外出旅行、打车购票、吃饭订餐、购物支付等都离不开手机，手机已经渗透到我们生活的方方面面，已经成为我们大人不可或缺的工具。现在的小孩，基本上也是人手一部手机，不论场合，聚在一起不是一起玩耍交流，而是各玩各的手机，成了"低头族"。你们这个年龄的孩子们自律性尚待加强，用手机查查学习资料，记录一下学习的过程，与家人、朋友保持沟通联系还是有益的。要知道手机和网络等新媒体提供的都是快餐式的文化，不能替代读书，就像零食，永远无法代替正餐。有篇文章是这样写的："如果想毁掉一个孩子，就给他一部手机。"这句话我觉得太武断，不完全正确，但如果对你们使用手机不加以控制，让你们对手机产生依赖性的话，肯定会对身心健康带来一定的影响，你看你现在的视力下降严重，与使用手机也有一定的关系吧。你每晚作业很多，要是睡前再玩会手机的话还会影响睡眠，休息不好，致使第二天上课不能集中精力，就会影响学习效率；如果偷着带手机去学校的话，又怕被老师发现，整天提心吊胆，不能专心听课，结果就是学习成绩的下滑。

古人说："腹有诗书气自华。"放下手机多读书，会让你原本靓丽的外表美的更加有内涵；一个作家说过这么一句话："读书是孩子通往世界的路，孩子，我要求你用心读书，不是因为我要你跟别人比成绩，而是因为，我希望你的将来会拥有更多选择的权利。"虽然读书不一定成长，但是如果不认真读书，那么你的眼界、素养、学识将永远处在最底层。

爸爸来到利比里亚后，看到这里很多家庭都是家徒四壁，住的房子也只能遮风挡雨，很多孩子衣不遮体，食不果腹，60%的小孩上不起学，整天无所事事，对外边的世界一无所知。这里常年缺水、缺电，现代化的电气设备和电子产品对他们来说都是奢侈品，一个破烂足球、一块狭小的场地就是他们的整个精神世界。而你现在的生活条件和学习环境比他们都好很多，希望你珍惜现在的美好时光，好好学习，争取考上理想的高中。

第三个话题就是要学会感恩。"羊有跪乳之恩，鸦有反哺之义"，说的就是小羊羔吃奶的时候是跪着的，这是一种感恩的举动；乌鸦老了不能自己去找食物的时候，小乌鸦会把吃进去的东西反哺出来，也就是吐出来给老乌鸦吃，来感谢老乌鸦的恩义，这就是动物长大后反过来"赡养"父母的行为和举动。你从小就是一个乖巧懂事的孩子，一直很招人喜欢，在外遇到长辈或家里来了客人都能主动打招呼，认识的人都说你懂事。你也知道爸爸妈妈工作很辛苦，挣钱不容易，生活中你从不乱花钱，在外也不和别的孩子攀比，爸爸妈妈看到你的懂事和成熟，倍感欣慰！你现在逐渐长大了，爸爸希望你在保持这些优点的同时，还要学会感恩，感恩生活中给予你帮助的人和事；感恩从幼儿园开始教过你的所有老师，是老师的谆谆教诲给了你知识和力量，让你在校园里茁壮成长，从懵懂孩童到现在的青春飞扬；感恩从小带你、见证你成长的爷爷、奶奶、外公、外婆、姨妈、姑姑和姐姐们，你成长的每一步都有他（她）们付出的心血；感恩你的朋友，是她们在你开心时和你一起分享你的快乐，在你考试没考好或情绪低落时给你信心和勇气（特别是吴孟茜，她安慰你的话比爸爸妈妈的话更有效）。一个从小懂得感恩的人，长大后，也是心智、人格高尚的人！

宝贝女儿，你是爸爸妈妈生命的延续，也是我们未来的希望，你的一举一动时刻牵动着爸爸妈妈的心，你能健康快乐地成长是爸爸妈妈最大的心愿。今后的人生路还很长，你要勇敢地面对任何挑战，爸爸妈妈始终是你坚强的后盾。记得有位作家说过这样一句话："人的一生只有三天，昨天、今天和明天。昨天，已经过去，一去不复返；今天，它正在你的面前，分分秒秒地在缩短；明天，它是未来，它是希望。"这是告诉我们，一个懂得珍惜今天的人，她的明天一定充满希望！

女儿，加油！

爱你想你的爸爸

2017 年 5 月 19 日

写在女儿生日之际

防暴队医疗防疫组组长　李丽梅

亲爱的女儿斯涵：

　　妈妈来利比里亚执行维和任务转眼已经4个多月了，一直想写点什么给你，可日子总是在每天的忙碌中稍纵即逝，没有更多的时间坐下来写点文字。再过几天就是你13岁的生日了，这是自你出生后妈妈第一次不能陪伴在你身边过生日。远在万里之外的西非，妈妈很想你，也有很多想跟你说的话。

　　记的出征那天，你在送行的人群中与妈妈相拥挥泪而别，旁人问你："舍得离开妈妈吗？"你说："不舍得，可妈妈是一名军人，工作需要妈妈，我会全力支持妈妈的工作。"妈妈觉得你长大懂事了，也变坚强了。因为你的懂事和坚强，妈妈才能全身心投入到维和工作中，才能安心在任务区完成一项接一项的维和工作任务。

李丽梅与女儿斯涵

13年来，妈妈从没有这么长时间、这么遥远地离开过你，你的生活和学习一直有妈妈的呵护和陪伴，突然不在你身边，妈妈内心有诸多的不舍和牵挂。好多次妈妈在忙完工作想跟你联系时，却总是因为时差或手机信号原因，错过了跟你交流的机会。夜深人静时，妈妈经常会想起跟你一起探讨作业难题的情景，想起跟你一起嬉戏追逐打闹的情景……爸爸告诉我，妈妈不在你身边的日子里，你很听话、很懂事，会主动做家务，自觉努力学习，妈妈听了心里感到非常欣慰。

妈妈执行维和任务所在的利比里亚是一个贫穷落后的国家，是一片饱受战争创痛的土地。因为战乱和传染病的无情肆虐，就连利比里亚的首都蒙罗维亚，城市面貌和经济状况也比不上国内一个普通的小县城。这里的人们很小年纪就开始做生意，为了生计而奔波。当地孩子们把装满商品的箩筐或袋子顶在头上遇人兜售和沿街叫卖，是蒙罗维亚街头一道常见的风景。妈妈执行医疗保障任务去了很多地方，经常会看到跟你年纪相仿甚至比你还小的孩童，头顶着装满冰水、小饰品等商品的箩筐追逐拍打着我们的车窗叫卖。有一次，妈妈执行任务到了一个当地偏远落后的小村庄，那里道路状况十分的差，许多地方甚至没有可通行的道路，孩子们衣不遮体，食不果腹，无学可上。道路泥泞陡峭，两旁散落低矮的茅草房，在路边奔跑的瘦骨嶙峋、衣衫褴褛、无所事事的失学孩童，仿佛还在无声诉说战火纷飞的昨天。

除了贫穷，这里的医疗条件也很落后，利比里亚是疟疾和伤寒等传染病的高发地带。因为医疗条件差，在一些落后的村庄，居民们患了疟疾和伤寒没有条件进行治疗，死亡率很高。妈妈还了解到之前一名在非洲务工的华人，因为患了疟疾没有及时得到医治而客死异国他乡。这对妈妈触动很大，作为医生，妈妈深深懂得，如果这里医疗条件跟得上，患病可以及时治疗的话，是可以避免死亡发生的。这让妈妈更加觉得肩上责任的重大，妈妈要竭尽全力守护跟妈妈战斗在一起的队员们的身体健康，让他们免遭疾病尤其是传染病的侵害。妈妈也要为这块土里上的人们提供一些力所能及的医疗服务，尽可能让他们免受疾病之苦。

亲爱的孩子，你经常在给妈妈的微信留言中问妈妈工作的是一个什么样的环境，关切地询问妈妈累不累、辛不辛苦、安不安全。妈妈告诉你，这里工作很累，也很辛苦。我们的队员外出执行勤务，需要身穿防弹背心、防弹头盔，随身携带各类警械、装具、枪支弹药近 20 千克的常规装备重量，在 30 多摄氏度高温、炎炎烈日炙烤的环境里执行勤务，每次勤务归来，汗水都浸透了他们身穿的衣物。旱季时，这里的停水也早已司空见惯，队员们需要冒着酷暑，去三四小时路程之外的地方拉水。这里物资匮乏、食品短缺，刚来这里时，大家每天就着咸菜下饭，因缺少蔬菜而便秘，身体日渐消瘦。尽管如此，大家从不叫苦不叫累，仍然夜以继日战斗在任务区的工作岗位上。在队领导的带领下，我们发扬战地"南泥湾"精神，自力更生，在营区养了猪，建起了蔬菜大棚。在条件极其有限的营区里实现了养殖和蔬菜瓜果的种植，让每名队员吃上新鲜的猪肉、青菜已不再是梦想。

孩子，没有经历过战争，就不知和平的可贵。相比之下，你在国内的环境和条件比这里的孩子要好得多，你在和平国度里，不用担心战争的发生，不用担心吃不上饭、穿不上衣服……在安宁的学习和生活环境里，妈妈希望你能好好珍惜，健康成长。妈妈会与队员们一起努力，代表我们伟大的祖国，把和平与友谊的种子洒向利比里亚这片土地。愿我们努力守护的这个国家，再也不用担心战争的发生，实现真正的和平，愿这里的人们能过上安稳的日子，能有饭吃、有衣穿，孩子能有学上，生病了能有所医治……

孩子，加油！让我们一起努力吧。

爱你的妈妈

人在万里　爱在心里

—— 一名维和警察写给母亲的一封家书

防暴队行动二分队五小队战斗队员　王振国

娘：

　　见字如晤，提笔问安。写这封家书的时候是蒙罗维亚时间凌晨 3 点钟，国内是上午 11 点了吧，此刻您应该正在为孙子的午饭而忙碌了吧！这一年多时间您为了小家伙的成长付出了诸多心血和百般操劳，为他缝制衣服，照顾日常起居饮食，还要为他不知何时的磕磕碰碰而担心。小家伙也在您的悉心照料下茁壮成长，活泼可爱，日渐懂事，自己打心眼里为此感到幸福。我在这里真诚地说一句，娘，您辛苦了！正是有了家人的默默支持，我才能在异国他乡能够全身心地投入到维和工作中。上有老，下有小，是一种责任，何尝不是人生莫大的幸福。

　　"儿行千里母担忧"，无论身处何方，割不断的是您对我的挂念，从小到大无论是上学工作还是结婚成家没有少让您费心。每次离开家的时候您都会为我亲手缝制几双鞋垫带在身上，总会叮嘱我在部队听领导的话，团结战友，凡事都要勤快。这些鞋垫我一直都带在身边，每每看到心里暖暖的，它在提醒我，踏踏实实，一步一个脚印走好人生路上每一步。

　　当兵 10 年，依稀记得新兵入伍时您在寒风中挥手送别的场景。2017年的 2 月 12 日，结束短暂休整重新集结，即将奔赴任务区，您抱着孙子

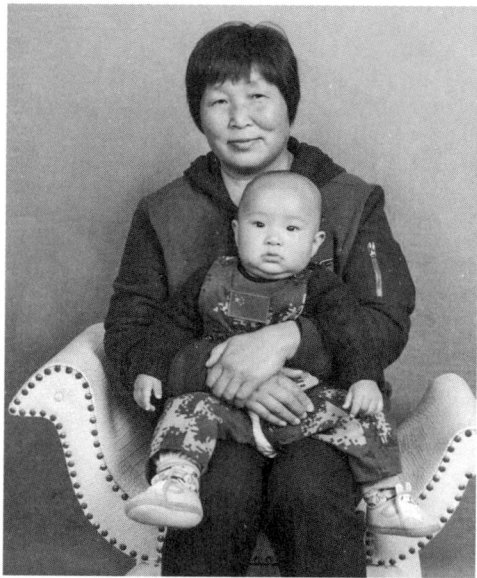

王振国的母亲和儿子

在路口送我，车子驶离的那一刻我的眼泪止不住地落下，心中有一种莫名的酸楚。"父母在，不远游"，我知道在未来1年的时间里你们需要独自面对生活的点点滴滴。从军10年，聚少离多，一张全家福，一顿年夜饭，对于寻常人的平常而对军人来说却显得那样珍贵难得。

10年里，就这样在这一场场目送、别离中，组建自己的家庭，结婚生子，而您却慢慢老去，白头发越来越多，牙齿坏的越来越多，总是说吃什么都没有味道。无论离家多远，生活中遇到多大的苦难，您都会给我最大的鼓励和包容，心里总是觉得有娘在就没有过不去的坎，没有克服不了的困难。唯愿时光慢些，让我陪您变老。

"人在万里，爱在心里"，新春将至，我在利比里亚祝您新春快乐，身体健康，万事如意。

此致
敬礼！

儿子：振国
2018年2月12日

给丈夫的一封家书

韦徽春

亲爱的肖：

你在遥远的大洋彼岸可安好？夜深人静，倍感思念！

自从你出国后，我的工作就变得更繁忙了，特别是最近几天，宝贝都没能和你视频，每次我问她："宝贝，爸爸去哪了？"，她总是用稚嫩的声音回答："爸爸不在，爸爸去国外，爸爸去国外上班了。"在上街时，如果她看到一家三口手牵着手，只要那爸爸个子或长相和你相近的，她总会盯着那人看很久很久，若有所思。回到家里就对着我们的结婚照自言自语："老爸！老爸！爱爸爸！想爸爸！"你瞧我们宝贝多爱你，对你念念不忘，整天嘴里念着你、叨着你……我这个做妈妈的都快要吃醋了，你又可以得瑟了吧！虽然我们的宝贝女儿才1岁8个月，但是已经能自如表达心里所想，还有自己的主见，我们说的很多道理她都能听懂并且很乖巧听话。看着我们宝贝一天天成长，一天天懂事，真的很欣慰，虽然你不在身边，但我会尽心尽力，无微不至地照顾好她，给她做个好榜样，把她培养成像你一样吃苦耐劳、坚强勇敢、乐观向上的人。

在出征前夕，记得你问过我："老婆，如果在你最需要的时候，我不在你身边，你会埋怨我吗？"我当时回答的是："不会，但肯定会有一点委屈！"你紧紧地抱住我说："老婆，辛苦了！谢谢你的支持和体谅"，当时我俩的眼眶都湿润了。"女本柔弱，为母则刚"，特别是身为军嫂的我，明白自己要承受的比别人更多。你出国后，在照顾孩子上、在照顾我们的父母上、在工作上，现在一切都只能靠我自己了，你放心，我会做一个好母亲，好媳妇，好妻子！

在报名维和前，你跟我说维和时间是8个月，在你参加维和集训后，你告诉我说维和时间最后确定时间为12个月。我知道你是怕时间长，担心我不同意你去参训。其实，1年、2年，我都会同意你参选！知夫莫若妻，我怎能不明白你作为军人的志向、理想、使命和荣誉感呢？是雄鹰迟早会展翅飞翔，你

作者为防暴队行动一分队三小队小队长韦肖的妻子。

放心地为了理想去拼搏吧！而我要做的，是努力做个合格的军嫂，为你营造一个温馨的爱巢、停泊的港湾。现在，我特别想道一声，老公，你辛苦了，你是我们娘俩的骄傲，我们为你感到自豪！

写到这里，你们防暴队出征的场景又浮现在我眼前，当时我看着你们整齐列队、接受检阅，看着你们步伐坚定、迈向征程，心情五味杂陈，千言万语说不出口。我在一顶顶蓝色贝雷帽下找你，我在一块块鲜艳的五星红旗胸章间找你，我告诉自己，我是维和警察的妻子，要坚强！不能掉眼泪！但当你们的队伍消失在登机口时，泪水还是夺眶而出……挥挥手，道珍重，待重逢，已经年。

在淅淅沥沥的风雨中，在月明星稀的广场上，在清风徐徐的河岸边，在熙来攘往的街头……想你、念你，愿你平平安安，身体健康！家里你尽管放心，有老婆在！我和宝贝女儿等你凯旋！

爱你的老婆

父亲节，写给在西非维和的儿子

王耀武

防暴队队员王霈（中）与父母的合影

吾儿：

明天，是你赴利比里亚维和的第 96 天，也是一个特殊的节日——父亲节。

但，对于已过知天命的我来说，这个节，真的无所谓。

只因，对我来说，万里之外的西非，你若安好，天天过节……

晚饭前，我又忍不住把家里的日历从头到尾翻了一遍，你妈也拿出手机，打开计算器，开始反复计算……

再过 269 天，你们将会圆满完成维和任务，凯旋归来时，是你和防暴队战友们献给父母家人最贵重的礼物。

注：作者为中国第五支赴利比里亚维和警察防暴队政工组干事王霈的父亲。

古人云：父母在，不远游，游必有方。

去年，得知你下定决定要去利比里亚维和时，说实话，我们当时真的不太愿意。

记得你说："在祖国需要的时候，作为军人，就应该挺身而出！

"二十几岁的青春，不是用来贪图安逸享受的，而是必须要拼搏吃苦的！"

作为一名老兵，我理解你的人生追求的和价值。

也许，我们唯一，也是最好的选择就是支持你去维和。

只是，比做决定支持你，更让我们纠结的是，心底那一丝难以抑制的忐忑……

当时的我欲言又止，现在，我想告诉你：

虽然你羽翼已丰，天高任飞翔；但要时刻准备好面对风雨……

木已成舟，海阔凭远航，但要时刻准备好挑战骇浪……

为避免你去维和后，对家人牵挂思念。

去年春节，你离家之时，我们专门约定，最少每隔两天要给家中打个电话，报个平安。

即便工作再繁忙，微信中简单写个"平安"也行。

你到西非后，时常好几天等不到一个电话或信息，我们心里只能是七猜八想，忐忑不安……

也许，对你来说，"欲作家书意万重"。

可是，对我们来说，你身处维和一线，"烽火连三月"的家书，可不仅仅是"抵万金"那么简单啊。

你离开后，你的健康平安，是我们生命的全部。

千万不要小看手机信号这根看不见的线，它能时时刻刻把三万里外你的安危和家人的思念紧紧连接在一起。

这种连接，不像旱季雨季，阴晴圆缺那么简单；我们对你的思念也不会因为科技发达而少一丝。

来自西非的"平安"二字，对我们来说却是弥足珍贵，它饱含着离别的思念和团圆的期盼：

这思念与期盼，是那样的挥之不去；

这思念与期盼，时时浮现我面前；

这思念与期盼，秒秒缭绕我耳边；

这思念与期盼，刻刻积淀我心田。

自你走后，查看"八桂蓝盔家属群"，翻阅其他几个维和公众号，成了我和你妈每日必修课。

2017 年 5 月 10 日早上，得知利比里亚爆发脑膜炎奈瑟氏菌传染病疫情，30 多人致病，12 人死亡。

我非常担心，本想立即打电话给你。

只是，八小时时差，父爱的深沉和矜持，更害怕影响你的工作，让我手中的手机几次拿起放下……

最后，我的纠结和犹豫被你妈看透。

她打通了你的电话，听你报完平安，压在我胸口，快让我喘不过气的那份担心，终于释然……

现在，维和任务已执行四分之一，也许你们最初的新鲜和激情会慢慢消退。

可是，在任务区，每一次巡逻执勤都来不得半点马虎，安全之弦更是丝毫不能松懈。

我相信，在以后的日子里，你和队友们一定会继续发扬广西边防铁军精神，克难进取，扎实工作，不辱使命，创造辉煌！

父亲节，虽然你不能陪伴父母身边。但你却站在祖国最需要你的地方，我很欣慰。

你代表着祖国，肩负着大国责任，树立着大国军人形象，履行着大国对世界的诺言，也展示着中国维和世界和平的决心与付出……

在父亲心里，你和第五支防暴队的领导和队友们都非常很了不起，家人更是以你们为荣。

父亲期待着，那份最大、最隆重的节日礼物——凯旋回国！

祝平安、快乐！

父

2017 年 6 月 17 日

家国以西蓝翎飞扬

防暴队政工组干事　梁史卓

我曾想，鹰或许一开始并不是鹰，当它某一天抬头看到头顶湛蓝无际的蓝天，它问自己：这片天空为什么不能是我的？

于是，它让自己成了鹰。

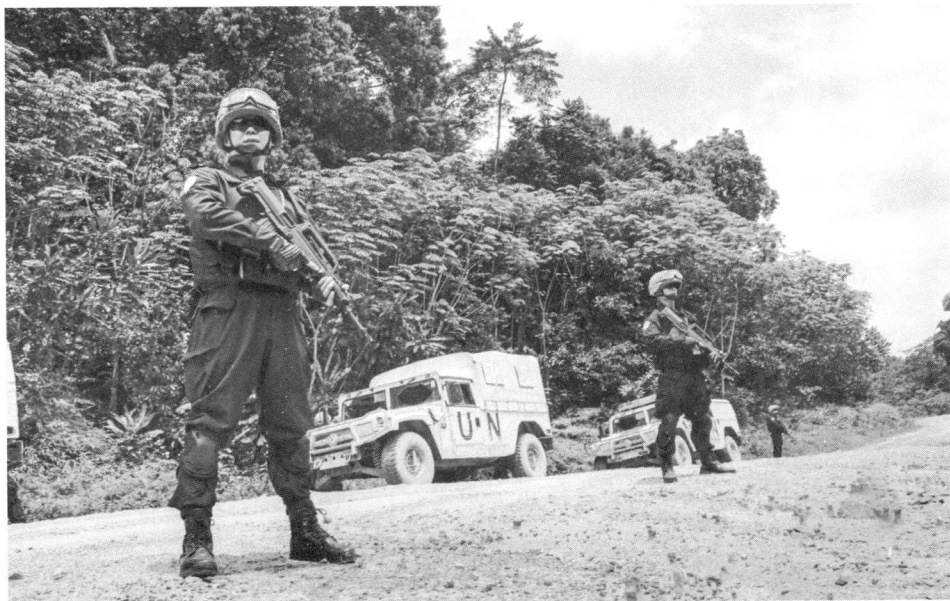

车队中途休息，队员们进入警戒状态

隐去的名字

"我什么时候才能停下来？"

"直到没力气跑的时候。"

当时我的班长气定神闲瞄了从他身边跑过的我一眼，回答我充满怨气的发问。我喘着粗气在心里回应：整什么文艺！

这是 11 年前的事情，就在大巴车缓缓穿过训练基地的大门后，从车窗外掠过的煤渣跑道上。人的一生就是造物手中的一盘胶卷，高兴的时候局部倒放，于是我们有幸想起了一些事情：匍匐过的煤渣跑道只不过更新了一层黑亮的煤渣，上坡的路面上那道裂缝渗进多少人的汗水，却没人会去丈量这道疤痕会因为汗水又延伸了多少……

我握紧拳头，不知它是否依旧还有 11 年前澎湃的热情和力量。

我什么时候才能停下来？我问我自己，甚至曾以为我可能真的等不到兑现自己诺言的机会，以致当报名维和的消息传到办公室的时候，我忘掉了我正在做的事情，左手掐着半支没抽完的烟。

后来，那半支烟就那样自己熄灭了。

我丢掉烫到手的烟头，完全没有情节设定里的兴奋和冲动，这就仿佛失散多年的亲人或者老友在一个平静如水的画面里，来了一次猛烈震撼的邂逅以致周围都完全静止。我与我那几乎被隐没在时间里的梦想就这样面对面站着，它可能是窗外的那棵饱经风雨的老树，也可能是普照世间的每一缕阳光。但都无所谓，11 年后，我终于和它见面了，也同样和许多其他的人见面了。

当晚李子就找到了我，我俩同年入伍，毕业之后一同分配到了支队，他手底下管着几十号兵马，我的手里攥着一台相机和一堆天马行空的话。

"我去找点酒吧？"我知道他此行用意，报名期限将至，名单上还没出现他的名字，即将开始的对话对我而言大概也近同复述。

"明天一早就走，你喝酒啥时候没醉过？！"我俩在一块没有不互怼的，我确实空有酒胆毫无酒量。他笑了笑，场面便陷入了稍显尴尬的沉默，在"选择"上，谁都不应该去干涉另一个人，因此安慰是很多余的。

"可能真的就这样……怎么都办不到了，是吧？"他的笑变得勉强，笨拙地从烟盒里抽出一支烟递给我，从我面前拿走打火机，自己也点着一支，他是极少抽烟的。

我知道他指的是什么，当年一块儿在中队，他沉默寡言，手里抓着抹布忙活到深夜，回到宿舍依旧风雨无阻加操搞体能那么"造"的时候，我就知道我们向往的、等候的是同一方"战场"———一次让热血彻底贲张、让荣耀披挂上身、让军人之名实至名归的历练。西非维和，无疑是我们等了 11 年的征途。但 11 年里，我们也背上了各自不同的包袱，不同的是，他的卸不下。

我扭过自己原本侧对他的脸，正视他的眼睛说："去不去，你自己做决定。"这话无疑像在他酩酊之时，再递给他一瓶酒。他彻底说不出话，我们呆坐着抽完半包烟，直到他起身准备离开，我依然一言不发站起来送他离去，他需要的不是谁来帮他决定，他需要的是有个人陪他坐会儿，以度过那段难熬的抉择时刻罢了。

幸运的是，第二天清晨我提着背囊装车的时候，身边忽然伸来一只大手拽住背带，轻轻一提将背囊甩进车内，我扶了扶帽子抬头一看，他咧嘴笑着站在我身侧，神情像极了孩提时纠缠父母许久终于如愿得到心爱的礼物一般。这笑容短暂，在他挨着我身边坐下之后就消失了，内心肃不清的困扰尽显于表。

"至少踏上了，不是吗？"我转脸对他说，他微微一笑，旋即又陷入沉思。北部湾的景色一路倒退，南宁9月艳阳下的躁动逐一入画，当车轮戛然而止，车门"呼啦"一声打开，恍如昨日的错觉猛烈地冲击我们的脑海，掀起有关11年前此地此景在记忆中的巨浪。那些懵懂热血的少年，周而复始的日出日落，汗泪交杂的艰辛，以及那些野蛮生长的梦想。

那一夜我们在硬板床上躺着，木条拼凑的床板硌人，却让每个人毫无倦意的回忆变得越加清晰入骨，初心于此，不止前行，于是我们付出的青春得到了最好的回应。

李子，你应该也这么想过吧？否则怎么翻来覆去彻夜未眠？

第一轮的选拔翌日便展开，语言类考场里的空调即便已玩了老命地将南方盛夏的热气隔绝于外，室内气氛依旧如同火山苏醒，一触即发；提问犀利的面试考官，又怎能不感动折服于一颗颗渴望荣光的赤子之心……然而一天的角逐下来，氛围出奇平静，没人讨论试题，没人振臂辩论，列队集合，熄灯就寝，一切井然有序，毫无浮躁之气，忍耐与爆发都在沉默之中，这是最值得恐惧和敬畏的沉默，这是一群真正的狼。

体能考核当天，南宁万里无云，跑道上爬行着扭曲的热浪，树上的叶子裹着沸腾的绿叶素一动不动。热身的时候，李子偷偷晃到我身边坏笑着说："你就比我大一岁，标准就打了那么大一折扣，这也算是科学？！"这次他没等我接茬，却很快地换成另一种类似请求的语气："梁，万一……万一我给刷下来了，以后别忘了让兄弟蹭你点光。"

我忽然意识到了什么，停下动作正要说话，却见他一溜烟跑回分组的队列里头，回头给我一个再熟悉不过却又平添几分忧伤的笑容。

在他那一组考核的过程里，我在场外远远坐着，结果早已了然。如果这是战场，那么将要我如何目送一去不返的战友？！最后的冲刺里，李子几乎是走到终点的，后来他给所有人的交代是脚伤未愈。

只有我知道，在那漫长的几百米，他在和他的兄弟告别，在和自己的青春告别，在和等待了11年的梦想告别，他定有自己难言的苦衷，有更多的责任要去担当，他明了自己能走到哪一步。

英雄和胜利者，不止属于有幸走到终点的人。

3次选拔，我经历了3次最刻骨铭心的总结大会，我想那些被点到的名字并无具体的意义，它可以是我们当中的任何一个人，任何一个人都当之无愧。那些不再出现的名字并未埋没，而是永远留在了旗帜之上。每当我面对如今140人的方阵，仿佛总能看到止步在走向西非维和征程的战友们的身影，拿水浇湿了毛巾被只为叠出最"硬"豆腐块儿的老莫，伤病复发无奈挥别的老冯，永远激情满怀的贾导……那许许多多转身离去的背影如此高大凌人，他们以炽如烈火之渴望、以横刀立马之锐气、以九死不悔之决心走完他们在这征途上的每一步，每一步都无愧军人二字！

目送背影，我没按下快门，并且，我是故意的，以给予他们最完全、最崇高的敬意。

并肩为战者，吾之同袍。

二次青春

向北3000千米的9月，萧瑟或已逐渐蔓延，而在西南，9月是个令人望而生畏的时间刻度。每天清晨都有那么一刻我会凝视从营地东面的山坡上悄摸露出脸的太阳，在接下来的几乎一整天时间里，我是无论如何都不敢直视它的，它只会在我们头顶肆意炫耀自己的力量，你甚至有时会以为每走一步路身后都会留下橡胶鞋底融化的鞋印，会幻听以为头顶的头发正在逐渐卷曲"吱吱"冒烟，会担心枪膛里的子弹因为温度过高破膛而出……不用你去怀疑的是6点10分的起床号，白天近10个小时的训练以及晚间5000米夜跑，最后还有各位教官发出的不用你去理解、绝对不会遭受任何违抗的指令。

而我们不曾也永远不会去怀疑的是，自己必将战胜这一切，踏上西非大地。

我不得不赘述在南宁第一阶段的集训期间我们究竟经历了怎样的"炼狱"，被榨干了的休息时间的我们被不断抽干精力，留下疲惫和黝黑的肤色，以及被削出棱角的脸庞。那黝黑和棱角让我们看起来更加刚毅。我们将奉为此生至爱的硬板床，当你脱下靴子，撕掉脚底苍白的死皮，嗷呼一声解脱一般轰然躺下，你不得不承认当时脑子里唯一的想法就是希望要么地球倒转太阳不再升起，要么，睡死算了。在跑道上你的舌头伸得比脚还长，脑子里翻来覆去幻想着冰镇的汽水和家乡清凉的河流，可从来没机会哪怕只是在幻想中拉开易拉罐、跳进河水里，身边总有一个粗大到让人绝望的愤怒的嗓门冲着你的耳膜大喊"要么给老子跑到西非，要么滚回老家"。或者在你以为自己耗尽体力即将让躯壳摆弄意志的时候，有人伸来一只有力的手推了你一把，并咧开嘴没心没肺冲着你笑，让你求死不能，只能一次次地突破极限并在心里痛哭着高呼！

但当你照着镜子的时候，会发现自己从来没那么帅；当你告别那张床得以深陷在柔软之中，会难以入眠；当你有一天站在足以让自己炫耀的新里程碑旁，会发现让人生无可恋的跑道，给了你多少前行的力量。

至少，后半生多了不少硬货，够你流着泪把酒都干了。

廊坊第一场雪下过之后，我曾与世新回顾在"烤炉"里度过的那 3 个月，其时队里再次选拔之后，名单上还有 180 名弟兄，但已经没人再去过多考虑去留，我们必须有人得离开，为了有人能留下。

青春究竟怎么界定？我想不是时间，也不全然是那些在我们心中刻下烙印的记忆，青春是一生最富创造性和诗意的生命力，它创造了无数让你引以为傲的过去，创造了无数让你为之感动的情谊，创造了无数倘若你遗弃了它便永世不能再得到的东西——让你的生命永远激情满怀，永远热泪盈眶，这就是青春。

"还有我最爱的你。"世新隔着手套，搓着手，哆嗦着冲我笑。

我抬起脚轻轻端了他一下，端起枪相互掩护着在缓缓降落的暮色里冲进那片树林，教员的大嗓门在高呼着，空包弹清脆鸣响，每一颗子弹上膛的声音，一辈子可能再也听不到那么美好的声音……

家国以西　蓝翎飞扬

营区西面是大西洋海岸，那里中午时分会盘旋着一群褐色翎羽的鹰，时常张开巨大的翅膀从我头顶飞过，留给我无限敬畏的投影。我曾听说过关于这被包括我在内的许多人奉为图腾的生灵的传说，它们忍着剧痛猛烈地冲撞石壁，只为获取新生的喙，而后用喙拔去钝爪以及被风雨撕裂的翎羽，获得新生。

这不是传说，这是我们。

当飞机哗然起飞，轮胎与我们生长的这片 960 万平方千米的土地一寸寸分离，那一刻我才意识到，我一生至此竟未能仔细端详她的高山大川，她的大江长河和她的容颜。当飞机攀升至数千米高空，才得以看到这孕育了数千年文明的国度，红的、黄的、黑的土地，平原、高山、盆地，黄皮肤、黑眼睛，都是这片伟大的土地在不断创造无上荣耀、忍受蹂躏之痛后留给我们的馈赠。我们以凝聚沧桑之瞳，包容大千世界。从历史当中走来，不忘使命；向历史当中走去，砥砺前行，生生不息。

这不是来自高空的俯视，而是以灵魂之名无尽的仰望。

所以，我们是鹰，为实现"世界人民大团结"而搏击长空的蓝翎之鹰！以血肉之躯敲击历史的石壁，拔去钝爪，再次羽翼丰满地腾飞于人类历史的天空，在浩瀚长卷当中留下浓墨重彩的一笔。

飞机穿过云层，大西洋尽收眼底。

在从前，即便去到很远的地方，也能买到一张车票，票的另一头写着家。但当你飞行在半空中，飞向一个完全不属于你的地方，那里或许会有同样的泥土，同样的花草，甚至是似曾相识的风景，但你的心里始终明白哪里才是你的归宿。而如今，归宿远在万里之外，在我们回望不及的身后。或许也有人和我们一样，甚至去到了更远的地方，他们可以欣赏异国的风情，在新的天地里恣意寻求新的生活。

可我们不一样，征程，不是旅途！征程不是因为我们需要什么，而是因为使命，因为使命需要我们做什么，因为祖国需要我们做什么，因为我们希望每个中国人在面对这样的提问的时候，都能够这样说：

"为何我不再遭受外邦蔑视？因为我有我的祖国。"

"为何我妻儿父老无须泪眼相送？因为我有我的祖国。"

"为何我无惧前途，因为我身后有强大的中华人民共和国！"

走过蒙罗维亚（上）

防暴队政工组干事　梁史卓

　　昨夜又是一场暴雨，半夜听着沉重的雨点在集装箱隔热层上拍打出"啪嗒啪嗒"的声响，逐渐密集，最终"哗啦"成势，大风或如双手一般撕开隔热层的缝隙为大雨开辟入侵路径，或裹挟着雨水从窗户的缝隙渗入，为屋里的一团漆黑"滴答"配音。隔壁的兄弟已经在一阵嘈杂后将脸盆水桶搬到"指定地点""列队迎接"渗透的雨水，此时恢复安静，想必几双眼睛正盯着屋顶发呆，等待确定漏雨位置预判无误，而后又是一夜滂沱的梦境……

　　假如此时我正在大西洋的一艘孤舟之上会是怎样？我躺在黑暗之中问我自己。

　　我会乘风破浪，穿越大洋。

　　那么，如果是一个国家呢？

伸出的手

　　翌日风雨宁息，乌云散去。

　　今天巡逻的目的地在距离营区100多千米外的邦曼矿场，那是中国企业承包开采的矿区，由于近期铁矿价格低迷，矿场已暂停作业有些时日，工地上沉睡的巨大设备招致一些毛贼的觊觎。

　　人员整装登车出发，车队通常由3辆猛士越野车组成，这是我很喜欢的一款车，造型硬朗、动力强劲，四轮独立悬挂，我可以带着……哦不，是它可以带着我去到任何我想去的地方，最关键的是"中国制造"，不用再看着悍马和JEEP垂涎艳羡——即便以后我的车位（如果能有车位的话）里停的不是它。一号车副驾驶坐着巡逻组指挥员胡教，30出头，一副银边小眼镜稍微遮去了那双眼睛里的锋芒，会来这儿的爷们儿没哪个是绵羊。车队巡逻全程保持实时通讯，每经过一个路口、每有一辆非本队车辆接近，都要进行通报，因此我曾怀疑他的背包里塞了不下5块对讲机电池，他的水袋应该是满的，否则以平均每3分钟通报一次情况的频率，十几个小时下来，饮水蓄电都将难以维持。

"前方路口右转，后续车辆通过后请即刻通报。"我不知道他什么时候说话能够稍微带点急切一类的情绪，总是不紧不慢、冷静沉稳。

"收到！"

"收到！"

"二号车已完成右转正常跟进，完毕！"

……

作为随队摄影队员，我没有刻意去学习背诵过相关指令表述，久而久之对讲机却善解人意地给我的脑子"复制"了一份。

转出路口，车队驶上联合国大道，车辆拥堵、人声鼎沸。

"各车辆再次确认车窗关好、车门落锁，完毕！"

我下意识看了一眼确认车门已锁，又放眼看出窗外。在任务区，安全意识必须始终成为第一意识，任何突发事件都只是在一瞬间，它不会因为"今天天气很好，心情不错，旅途非常愉快"之类而有任何改变，当它到来，即是你成为事件、登上头条的日子。

你可以想想遭遇爆炸袭击的地铁里原本正在等车的人们，他们有的手里可能正拿着面包，急切地想回家与家人团聚共进晚餐，但爆炸并未因此取消，就是这样。

这就是我们每天都需要面对的——随时预防，也随时准备接受。

距离路口不到百米，车队"顺利"与街道上堵塞停滞不前的车队尾部完成对接，堵车阵容一直延伸到加百利·塔克大桥，近6千米之遥，我抬眼看了一眼天上飞着的一只鹰，既无奈又警惕地继续保持戒备。

堵车让整条原本就已经很凌乱的街道显得更加无章，道路两旁房屋绵延，却没有统一的定式，楼房与棚屋交错，机械磨损产生的碳化物以及劣质汽油产生的尾气里的尘埃经年累月附着其表，使所有的建筑看起来肮脏陈旧；硬化路边的边缘不规则地与黑褐色的泥土接壤，低洼处盛满昨夜的雨水，模糊地倒影出路旁行人的身影，他们或匆忙，或站立，神情阴郁凝重——我确实很少看到他们的笑容，这大概只是我一厢情愿的视角惯性；不同于国内，道路两侧并无树木，取而代之是随意树立的广告牌，那些裸露的铁架和褪色的喷绘，那些用英文书写的幸福和赞美，与现实形成强烈反差，相比广告效应，它更能激发人们的现实主义思考……

眼前这幅在2个月的相处中逐渐变得熟悉的素描，我难以在脑海中为之着色，我无法想象它未来应该拥有怎样的色彩。

　　车队在车流中爬行，右侧车窗边出现一张似曾相识的稚嫩的脸，那是个小女孩，我玩命地在记忆力搜索之后，确定大概半个月前见过她，她和她的母亲当时向我们兜售口香糖，我们婉言拒绝了。在蒙罗维亚的街头有这样的一群小贩，手里捧着个小篮子，或者用他们自带"万能引力"的天灵盖顶着，行走在车流缝隙，挨车叩打乘客的车窗兜售商品，换取微薄的利润。他们当中十来岁的孩子居多，在那些脸上，能看到的并不是这个年纪应有的阳光，更深刻的是被拒绝之后抬头望向身后滚滚车流时，眼里透露出的失望，以及与年龄无法匹配的迷茫。

　　"Buy（买）？"隔着车窗我听不到她的声音，只能从嘴型判断她的话语，这次她手里摇晃着的是雨刮器——这在我们看来奇葩而在街头售卖行列里显得高档的商品。

　　我们自然不需要这些甚至可能同样"中国制造"的雨刮器，但那期待的眼神依然让我本已抬起准备拒绝的右手迟疑停滞在半空，那是一双清澈的大眼睛，黑色的皮肤与眼白形成的强烈对比，使得那扇窗口越加醒目，我想她应该没到10岁，梳着"地垄"辫子，睫毛很长，脸型略显消瘦，两片薄薄的嘴唇干涩，在不断地推销之后她可曾喝过一滴水？

　　"Buy？"她再次叩打车窗，手里摇晃的雨刮器，那可以变成她心爱已久却未能拥有的花格子连衣裙，或者是一个颜色鲜艳的发夹，或者是一小把能给家中的弟弟妹妹们带来欢笑的糖果，甚至是她通往校园路途上的一颗铺路的石子，我几乎想把那片朦胧的玻璃摇下。此时车流前行的一小段距离让我得以从这场纠结当中解脱，我们的车子跟着往前蹭了大概两三米的距离，她放弃了追赶，她已经习惯了失望，这失望或许在很早以前就已经让她做任何事情都不敢再抱有希望，那张稚嫩的脸便如此从我的视线里后退、消失。我恢复平静，内心断定自己又做错了一件事情，我应该认真地拒绝她，而不是在犹豫中延长她的希望，一切最终失望的希望，到头都是谎言。

　　但如果你因为恻隐之心而贸然放下防备，那么就大错特错了。第一次踏上蒙罗维亚街头，我正坐在机场大巴上，好奇地用镜头对着车窗外的街景按动快门，一个瘦小的身影进入取景器，他表情愤怒地对着我们竖起了中指，嘴里振振有词。我困惑诧异，以致当想起快门的时候已经来不及记录。UN 拯救保护了他们的家园，他的举动让人难以理解，或许只是出于一种文化的随性和自由，但之后遇到的另一些情况显示这样的猜想似乎还是太过简单乐观，比如在村庄里巡逻时用"手枪"的手势对着我们"开枪"的当地年轻人，比如贴着我们的车辆比肩而行，不断用"Should we（类似于汉语中'来啊，干一架'之类的话语）"向我们挑衅的司机，这些镜头不断冲击着我脑海里的另一部分画面：竖起大拇指大声说着"China"的孩子、主动为我们车队引导方向倒车的年轻人、即便语言不通也从未对我们缺斤短两的小贩……如此矛盾的对比，逐渐堆砌成利比里亚给予我的复杂情感。那些孩子们一脸天真地对我们微笑，追逐着我们的车子高喊着"UN，CHINA"的时候，我们发自心底地感到自豪和这个国家的热情，但在微笑的最后，为何却是一只只手伸向我们，如同追讨一般对我们说："Give me something to eat（给我一些食物吧）。"即便他们有足够的理由向我们提出这样的请求，但感动与索取之间赤裸、生硬的过度依然让人猝不及防、百思不解，让人一瞬间无法避免地想，每一个笑脸仿佛都明码标价。

　　那天巡逻至江景区（联合国人员居住的区域），在此地工作的当地人员与我们攀谈，他们说舍不得联合国利比里亚特派团撤离，因为那意味着失去就业机会，当谈及中国为利比里亚所做的事情时，他们显得异常喜悦，我本以为会

防暴队队员给孤儿院的孩子们发放文具

听到对祖国和防暴队的评价，结果他们说的却是"Thanks God（感谢上帝）"。

当然，我们并不是上帝，你应该能理解我内心的矛盾了。

在那些赤裸的利害关系的冲击下，我们不禁对同时所受的感动产生怀疑，究竟哪一样是真的，哪一样是假的，我们在他们看来是"和平骑士"，还是上帝派来的仆人？

我想握紧那向我伸出的手，却害怕那手上并不是我所期待的真诚和温度。然而无论如何，在我的世界里，我选择相信卖雨刮器的小女孩，毕竟有些事情，相信，即是事实，我们追求的是美好的事实。

高墙内外

车流尽头，便是加百利·塔克大桥。桥头的十字路口将原本拥挤的车队三路分流，桥上交通豁然通畅，我从胸腔深处呼出一口气，仿佛那车刚才堵的并不是路，而是我的气管，防弹衣和头盔的重量绝对不是什么美好的记忆。梅苏拉多河的气息由东向西流淌，那气息中既有草长莺飞、万物生长的清新自然，又有西非大地的广袤狂野、热情奔放，翻滚着河面点点金光，向西奔赴浩瀚汹涌的大西洋。

收回视线，桥上护栏却尽是斑驳的弹孔。来到任务区后，我找到了有关利比里亚内战的纪录片，片子里有一幕激战正是在一座桥上。因此每当经过这座桥，这些弹孔都似乎还在发出金属碰撞的声音，那些身影在我面前猛然瘫倒，鲜血沿着泥土的沟壑流至我的脚尖，他们在惨叫、呻吟，或者毫不拖延地死去。

是的，我们联系着，只是在不同的时间里。于是我祈祷，祈祷在另一个时间维度里这座桥上的人们、这个国家的人们，所有我所处的维度里正在饱尝苦难的人们，能够在另一个维度空间中结束痛苦，安宁幸福。

蒙罗维亚人似乎对这些弹孔早已麻木，在蒙罗维亚电视广播中心从事援助工作的老王曾告诉我，在中心大院的一个角落里，还散落着许许多多的弹壳，这些灾难的物证在那里安静地躺着，直到砂石覆盖，荒草遮蔽，而那场灾难，如今回想，大概也就此轻易掩埋了。

人类究竟在以什么方式去"open the world"？

车子穿过加百利·塔克大桥，桥头一辆"抛锚"的车子——在此我认为应当用"事故"会更加恰当，那是辆几乎散架的车子，当时其中的一个前轮已经不知去向，司机站在旁边无计可施。之前目睹的另一次事故是在一次外出拍摄回来的路上，可怜的车子同样是丢了一只轮子，不同的是那台车子后拖着一道长长的划痕，司机表情淡定，我由衷赞叹这个国家的神奇。蒙罗维亚街头应该有近 70% 的车子都是国外报废丢弃，而后运回国内稍作改装"复活"上路的，而漆成鲜艳的黄色的出租车是这些铁皮当中资质最老的群体。打车的人站在路边转动手腕而不是挥动手臂向出租车示意，而后挤进十分拥挤的车子里，靠窗的哥们儿脸蛋猛然贴在了炙热的窗户玻璃上，一副习以为常的表情。

此时，街道上忽然传来一阵刺耳的警笛，原本慵懒的车流仿佛受到鞭笞一般纷纷散开、紧急避让。

走过蒙罗维亚（下）

防暴队政工组干事　梁史卓

对讲机里传来指挥员的声音："前方有车队，车队靠右避让，完毕！"

司机一个右转，车子在路边停下，我挨着窗户看着黑色的车队疾驰而过，早已没有最初的好奇和猜想。对面停着的那辆塞满乘客的出租车里，原本贴着窗户神情呆滞的人，此时眼里却莫名多了一道空洞的惶恐，而他的身后，耸立着一面高高的围墙，上面张牙舞爪全是"民主"的涂鸦……

那是战争在他心灵里留下的永远抹不去的伤疤，那惊恐的眼神是回忆深处的条件反射，如同某个画面让人想起曾经的噩梦一般。而如今，我们所做的正是帮助这个国家的人们从战争噩梦的阴影当中走出来，在他们努力推倒那面阻隔于政府与民众之间的高墙、重建信任时，给予他们最可靠的和平守护。

车队呼啸而过，被分流两旁的车辆像流水一般重新汇聚，道路恢复喧闹。车窗旁的年轻人眼神很快恢复了平静，如梦初醒一般，转眼看向路中央的隔离带上盛开的凤凰花，忽而扬起嘴角微微一笑，车子重新启动向远方驶去……

我曾两次见过瑟利夫总统，第一次是在中国援建的利比里亚政府大楼的奠基仪式上，当时天气炽热，这位79岁的老人头顶盘着头巾，并没有接受主持人的邀请站上讲台，而是手持话筒直接从座位上站起来，表情平淡地面对着人群打开话匣子。英语我听得不是很明白，但从她脱稿演讲时轻松的表情和手势，以及席间偶尔响起的欢笑声，我想她的话应当充满幽默和朝气，颇有美国影视作品里亲民的意味以及西方文化当中的自信和随性。演讲结束，一群表演节目的孩子们捧着礼物走向他们的总统，那些孩子似乎对这位总统并不熟悉，眼神当中充满了陌生和距离，或许是媒体和通讯的落后让孩子们对自己的领袖并不"眼熟"。瑟利夫总统接过礼物，虽然依旧是她演讲时冷静的神情，伸出的手却意味深长地缓慢、温柔，抚摸眼前这个睁大了眼睛仰视着自己的孩子的头发，我始终没舍得按下摄像机的暂停键，聆听着两代人之间无声的对话，是抚慰，也是嘱托，如此安详，如此深沉。

第二次是在联合国维和人员纪念日活动中，她依旧一身典型的本土装束，头巾，布满花纹的裙子，步履蹒跚地走向讲台，阳光穿过树梢的缝隙从她背后洒下，落在对面微仰着脸的听众脸上，人们共同聆听她回顾维和历史、感恩当下、展望未来，同样在那平淡的语气和表情之中。致辞在一片掌声中结束，仪仗队队员早已捧着两个洁白的花圈站在一旁恭候，瑟利夫接过花圈，缓缓走向旗杆之下，恭敬地将这份荣耀和追思献给为和平事业做出卓越贡献的英雄们。联合国秘书长利比里亚事务特别代表扎里夫随后献上第二个花圈，这位阿富汗老人虔诚地放下花圈，后退数步，90度弯腰向英魂深切致意。中午时分活动进入尾声，阳光变得异常猛烈，在警卫员的簇拥下，瑟利夫总统缓慢地走向她的座驾，人们能明显感受到她步履的艰难。但当看到左侧的走廊上站着的一群观看活动的当地民众时，她停了下来，慢慢抬起手向人们挥动、致意。那些原本按捺着激动的人们此刻咧嘴露出洁白的牙齿，高扬双手隔空拥抱他们的总统。

瑟利夫笑了，我终于第一次看到了总统的笑容，那略显疲惫的笑容一直陪伴着她艰难地踏进越野车，驶出泛非大厦这座"和平驿站"，飞驰在蒙罗维亚大街上。

这位出身贫寒的利比里亚"铁娘子"、非洲第一位女总统、诺贝尔和平奖获得者，目睹内战的腥风血雨，历经迫害和两度流放依然对自己的故土不离不弃，即便它已百孔千疮，但在她脑海里儿时富饶美丽的利比里亚始终挥之不去，她倾尽毕生为国效力，以铁的意志带领她的人民走出荆棘，踏上漫长而艰辛的重建之路。

某次外出巡逻经过一座村庄，衣衫褴褛的一家老小6人躲在4根柱子支起的茅草棚下，草棚外不远的地方是树枝架起的一口铝锅，这就是他们的全部家当，平日里神情刚毅的陈政委当时也不禁动容，感叹"家徒四柱"。在去往邦曼铁矿的路上能看到许多这样的村落，低矮的泥房零零星星地散落在一望无际的丛林之中，由于就业岗位稀缺，许多成年人处于失业状态，现代工具的匮乏让他们对原始森林束手无策，只能在旱季雨季的交替当中，等待这片肥沃的土地给他们带来的食物。孩子们光着脚丫走在去往附近工地的路上，那里丢弃的垃圾里兴许能找到铁桶，或者一个轮子，或者一双不合脚的鞋子。年轻人推着小推车，踏着黄昏的余晖从远处的集市回来，白天的一场大雨冲散了集会，推车里满载着没卖出去的果实，他干净的布鞋放在那些果子上，赤脚踩在泥水里……

这是蒙罗维亚周边村落的现状，贫瘠，甚至是荒凉，但如今的和平对他们

防暴队队员走进村庄，对当地村庄进行调研

而言已是极大的满足。你会惊讶地发现，无论村庄看起来多么破败，在附近你都能找到一两座色彩鲜艳的房子，一座是教堂，人们会在礼拜天准时地走近他们的信仰寻求内心的力量；另一座是学校，穿着干净漂亮的校服的孩子们成群结队沿着泥路回家，脸上是和全世界的孩子一样的天真和朝气，即使回到家后，他们就得换下这身衣服，面对现实的生活。路旁常见一大片平整的空地，布满小石子，酷爱足球的利比里亚人用木头架起简易的球门，飞奔在尘土当中追逐着那只颜色灰暗的足球，我还记得那个抱着足球闯进我的视野的小孩，自信地在镜头面前玩起花式颠球，旁边观看的人们在隔壁便利店里飘荡出来的带着非洲鼓点的音乐当中，情不自禁地跳起热烈的舞蹈——他们真是这样，哪怕仅仅因为我们集体在水果摊上买下为数较多的水果，老板也会"失控"起舞，若是集会，那势必一石千浪，汇聚成"快闪"一般欢乐的海洋。这是广袤狂野的非洲大地孕育出的基因，是他们的祖先在他们血液里种下的基因，他们曾在枪炮下被迫从丛林惊慌地走进现代文明，又在渴望和追逐中碰得头破血流，但他们从未否定、从未放弃对当下的感恩，对未来的憧憬。

　　落后的社会经济现状亟待扭转，另一个亟待完善的，则是社会运转赖以生存的国家机器。

同样是从电视广播中心的老王那里得知的，在蒙罗维亚向警察求助办案，有些警察在办案之前通常会先伸手向你索要钱财，这在国内是无法想象的，案件能不能侦破对这些人而言是"看心情"的事情。假如侦破了，罪犯监押期间的住食费用由受害一方支付，甚至有时在寻回被盗财物之后，警方竟要求受害人"折价赎回"属于自己的东西。老王是在我几经请求之后才道出这些"内幕"，我想他应当和我一样，不会夸大其词甚至子虚乌有地中伤友邦。

"他的家人全在美国。"在讲述另一则故事里那位雁过拔毛、贪婪无度的电视广播中心"一把手"时，老王轻描淡写地说，他的笑里没有戏谑，而是无奈。

我记得他所说的这个人，我在那里进行拍摄的时候，曾被他气焰嚣张地从中国援建的播音室里"请"了出来，当时在现场的老王尴尬而愤怒，然而大局为重只好收拾装备走人。这仅仅只是在一个媒体部门里的现象，当我们将视角放大，会发现这个在内战14年后逐步建立起来的架构，事实上仍然没有看起来那么牢固，它的完善依旧任重道远，我们携手实现了和平，而发展还得靠利比里亚民众自食其力、自强不息。

思绪及此，车队已接近SKD体育馆——中国援建的利比里亚首屈一指的体育馆。大选临近，此地近期成为相关会议、活动的举办地。我们的车队减速行进，以免惊扰了人群，不料靠近车队的一名年轻人主动敲打我们的窗户，他穿着活动专用的白色T恤，露出洁白的牙齿冲我们竖起大拇指，我再次听到了"CHINA"。

不知某天蒙罗维亚再无UN的车子出现，他们会不会对他们的孩子说起我们，如果是，我很想知道那些故事里我的样子。

海外子弟兵

一路向北，窗外原本混淆的色彩逐渐凋落，慢慢地只剩下褐色的道路、红色的泥土、灰色的棚屋，湛蓝的天空，以及与这湛蓝在无限远处交接的苍翠。

接近蒙罗维亚市区的边缘，议会大楼正在兴建，自从瑟利夫总统在奠基石旁洒下那一坯泥土之后，它便以神奇的中国速度拔地而起，我们曾开玩笑给5000中国人3年时间就能造出一个利比里亚人都不认识的蒙罗维亚，我认为这是"诚实的戏言"。巨大的吊臂在半空中来回旋转，正在浇灌混凝土的楼顶上，黄色皮肤与黑色皮肤的人们顶着烈日汗流如注，以钢筋砖石为梯，一层一层地往天空靠近，一层一层地建设俯瞰蒙罗维亚的新高度。我曾艰难地穿过那些脚手架攀爬到楼顶试图寻找一个壮阔的画面，我深知他们沉默的汗水中，流淌着何其坚韧的信念，那信念或许是远方的家，或许是一份充满期待的生活，或许是一份纯粹的关怀和无私。

"你们来多久了？烟不好，别嫌弃。"来自河北农村、约莫40来岁的师傅抽出一支被汗渍浸湿的红塔山递给我，一脸的难为情。在得知我们到达任务区已4个月之后，他又问了我们何时离开，离开后还会不会有下一批防暴队来接班一类的问题。我如实作答，他将烟用牙齿衔住，重新拿起铁锤，在脚手架的关节上敲打出清脆的"哨哨"声，以确定足够牢靠安全。

他说："我们可能要迟一点。"

我听得出他话语里细微的失落和不舍，尽管距离分别还有相当长的一段时间，但防暴队作为在利比里亚的华人安全感的重要支撑之一，始终被同胞们信赖并期待着。

不久前的一天，骤雨初歇，四周散发着让人不适的潮热。我们驱车赶往附近的村子，沿着坑洼的泥路找到了在树林遮蔽下的一排板房，那是中国挖沙工人的住处。绝大多数中国企业的营地建设是十分完善的，但也有个别工地由于施工地点限制、分布较散、控制成本、周期短等原因没对这方面进行太大的投入。沙场如今仅剩6名工人，在这穷乡僻壤当中日作夜息。车子驶进大门——事实上那只是个入口，并没有门，这里必受周遭贫困村民所觊觎，加之工人们势单力薄、防护设施几乎为零，我开始为他们的安全担忧起来。沙场的陈叔早已在门外等候，见车门打开便热情地迎了上来，一脸惭愧连连说道："太抱歉了、太抱歉了，实在不得已才麻烦你们！"

营区昨日有2名工人患上疟疾，上吐下泻折腾了半宿，后到蒙罗维亚医院就医，效果甚微不提，医疗费用还令人咂舌，输液加少量的药片，竟花销了将近千元人民币，这对于他们而言是难以承担的负重，索性连住院都免了，拖着病弱的身子回到板床上躺着。翌日未见康复，于是拨通防暴队的电话。

医疗队医生王振国下车后立即打开后备厢把急救箱拖了出来，一边急匆匆地往里走，一边安慰陈叔："一家人不说两家话——老乡们住在哪儿？"

顺着陈叔的指引，我们走进其中一间房子，屋内陈设简陋，正面是一扇窗户，窗户左右两边各设一张木板床，床头插着木杆，木杆顶端挂着吊瓶——他们是自己扎的针。估计远远听到屋外动静，患病的两名老乡此时已坐在床边等待，尽管气虚体乏，却强作欢颜，那笑容里依然掺杂着与陈叔雷同的愧疚，久久不知如何言语。王医生和助手罗傅文目睹此景眉头微微一皱，径直走近他们着手工作，询问病情、了解服药情况、进行体温及试纸检测、对症下药……

"你们备有其他药吗？"王医生一边将药品分类装入小袋子里递给老乡，一边询问他们。

老乡看着他尴尬地支吾："有有有……呃……昨天医生给的"，说着他伸手从桌面上拿起一个小白纸包，王医生打开看到剩下的几颗小药片，脸上的表情更加凝重，这样的卫生防护意识在一名负责、苛刻的医生看来是难以原谅的，但他明白造成如此现状实属无奈，于是转头与另一名医生罗傅文对视一眼，在一旁看得真切的老罗心领神会，掉头出门，不久抱回一个装满药品的纸箱，箱子虽然不大，却基本包含了我们自己平时使用的备用药物。

王医生将最后一个小药袋交到老乡手里，郑重地叮嘱："这是治疟疾的药，一定要按时服用。记住了吗？"他抬头看着对方的眼睛，老乡从未见过这般严厉的医生，连忙答"好"。老王这才松了口气站起身来，将已经放在边上的箱子交到陈叔手中，语气温和地说："这些药品你们留着用，多保重，有什么情况第一时间给我们打电话。"陈叔慢慢接过箱子，本就不善言辞的这位老乡此时兀自在门边呆立着，低头看看手里的箱子，又抬头看看老王，激动得不出说辞。直到我们登车告辞，他支支吾吾欲言又止，甚至有些手脚忙乱，老王摇下窗户，带着微笑安慰一般对他说："老陈，你们的事就是我们的事，在哪儿都一样。"

陈叔终于抽出原本出于局促不安而藏在裤兜里的手，同样报以淳朴的笑容："子弟兵，还是子弟兵啊……"

返程路上大家都默契地陷入同一缕思绪，直到再次驶上蒙罗维亚的街头，仿佛才重新意识到自己身处另一个国度。子弟兵，这在国内才能听到的称呼，如今在异国他乡再次拨动我们与海外同胞之间最清脆、最悠扬、最温情的弦，让我们忍不住想起了 13000 千米外的那片热土，再次清晰地听到同频的心跳声……

红旗漫卷西非（上）

防暴队政工组干事　梁史卓

被闹钟唤醒是在凌晨 3 点半，国内此时已接近中午，星球的另一端如今艳阳高照，而我的门外是沉重的天幕，寂静的营区。正当我短暂地凝视路灯逐渐从朦胧中清醒，走廊陆续传来开门和紧张脚步的声响，人影攒动，我转身快步跟上，与战友一同踏上长巡的征途……

哈贝尔：失落的心灵

8 月 22 日的武装长巡由陈利华政委率队深入布坎南，对大选前布坎南地区的社会治安情况进行调研，显示联合国利比里亚特派团的存在。

之前对于布坎南我实在没有过多的印象，直到这次长巡再次经过，才发现一路的草甸很美，柏油路在绿色的丘陵上蜿蜒，沿着这一路的景色到达目的地之一哈贝尔，一个位于布坎南城乡接合部的村落。

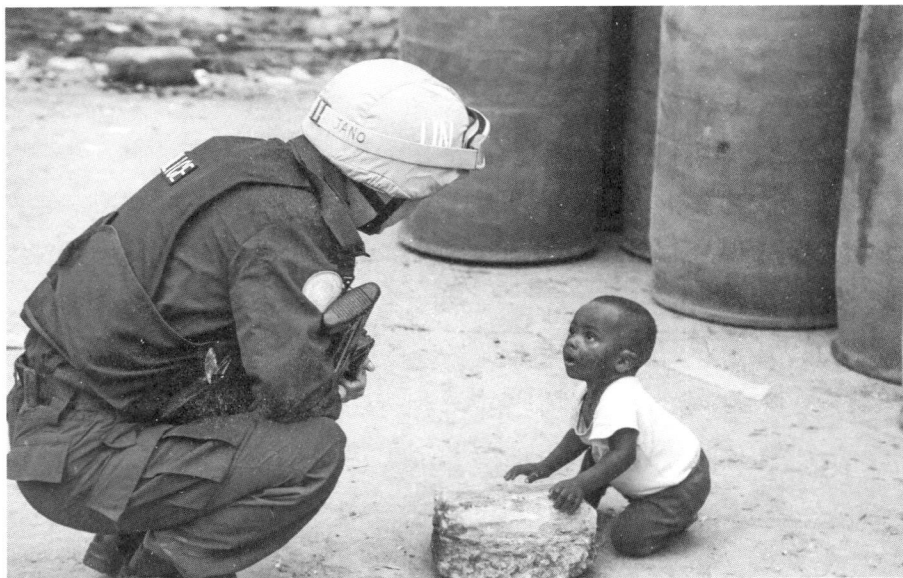

孩子看到蓝盔满眼的好奇，心被暖化的队员也禁不住蹲下身来哄逗他

　　哈贝尔相对我所见过的其他村庄而言显得更加规整，至少在村头，你不用面对凌乱简陋的茅草棚，甚至还能看到在上下各漆成蓝红双色的小卖部里，孩子们围在陈列着几个罐子的柜台前，偶尔偷偷斜眼觊觎那罐子里的糖果两眼，老板双手趴在柜台上，见车队到来好奇地直起了腰观望。

　　我们早已习惯了当地人的反应，他们的好奇通常很快就变成热情和友善。然而当我们走进村庄，发现一切似乎并不一样，没有人向我们招手，没有孩子跟着我们奔跑，甚至没有人会忍住不睁大了眼睛像见到"外星人"一样打量我们。

　　这样的情境可以称之为"反常"，车内队员不约而同都提高了警惕，谁也不知道这里曾经发生过什么事情，谁也不知道他们眼里的 UN 究竟是怎样的，谁也不知道他们的警惕接下来会演变成什么……

　　任务必须完成，这是所有队员心里必须坚定的信念。

　　于是当车队穿过人群较为密集的区域后，陈利华政委下令车队停止前行下车警戒，这是一处民房，房子的男主人听到屋外声响脚步紧凑地赶到门口，却不敢再上前，倚在门边只露出大半张脸，眼神显得些许惶恐。在 2 名队员的警卫下，陈政委慢步走向前去，男子见到荷枪实弹的军事人员几乎准备掉头跑开，那神情与我在去往哈勃的路上在河边遇到的那名妇女一样，当时她正在河边洗衣，我们的车队依次通过木桥，行进较为缓慢，她如同意识到狮子正在靠近的麋鹿一般警惕地看了我们两眼，忽然将尚未浣洗完毕的衣服统统塞进竹篮而后猛然起身掉头，慌不择路向最近的村庄飞奔而去，身后落下两声惊叫。

　　我想他们应该是见过战争甚至亲历过那场战争，即便在十几年之后依旧无法摆脱那样的伤痛和恐惧，这种伤痛和恐惧挥之不去的原因大概源于在这极度偏僻的原始森林当中，他们并不知道外面的世界发生了什么变化，可知道又如何，疤痕已经永远留在了那里。

　　枪炮与玫瑰，永远只有枪炮摧毁玫瑰，而玫瑰却无法涤荡尽心灵的硝烟。

　　面对男子的警惕，陈政委停下脚步，稍稍对身后的警卫队员抬了抬手，队员会意，将原本对着地面的枪口压得更低，男子双眼跟着枪口的方向下垂，慢慢解除了防备。

　　他能讲一点简单的英语，夹杂着浓重的当地口音，在交谈数句基本弄清我们的来意之后，他转身向村头方向小跑而去，不消片刻跟在一名长者身后回来，那是他们的酋长。男子已经向他简单说明了适才的情况，酋长对我们的到来表示了解和欢迎，更让人惊喜的是，他曾去过中国。

"China is a nice country，a great country（中国是一个美丽、伟大的国家）！"他说话时的表情似乎在告诉人们他为自己去过中国感到自豪。

"Welcome to our country again（欢迎你再去中国）！"陈政委的英语虽然比不上专业的翻译队员，但是在与外邦的交际当中，他自己能够讲述的必然不会通过翻译员去传达，这是一种起码的尊重，而即使是无法用英文表达的时候，他也会用自己的微笑和举止让对方感受到善意与友好，这样的细节通过镜头烙进了我的脑海，这也是全体防暴队队员真诚和大度。

按照工作程序完成考察对话之后，那个疑问依然在我们心头萦绕不散，然而明说必会失礼。老道的酋长仿佛看透了我们的心思，露着两排大白牙告诉我们："They have never seen Chinese before（他们以前没有见过中国人）。"

哈！队员们听闻在内心释然一笑，微微弯起了嘴角。

后来回想这段经历，我依然清楚地记得当时的感触。意外，意外在并不偏僻的哈贝尔，我们竟是中国防暴队的"开拓者"，意外生活在哈贝尔的人们对外面世界的了解居然如此匮乏。这样的意外，在我再次将哈贝尔的人们第一次见到中国人、再次见到荷枪实弹时的神情拼凑起来时，变成一种沉重，沉重于未来给予这个国家的希望之光如今依旧如此微弱，沉重于战争在人们心灵上留下的累累伤疤。

而这道伤疤之刺眼，在我们走近哈贝尔的孤儿时，再次猝不及防地被放大。

孩子们住在哈贝尔的一所学校，学校有 91 名学生，其中 39 名是孤儿。酋长叩开校门，一名稍大一点的女孩儿怯生生地向他问好，而后低头小步带我们往里头走，当天学校放假，学校里只剩下那些孤儿们，躲在教室后面，探出脑袋远观我们这群端着步枪开着军车的黑衣来客。

教室两边是镂空的窗户，十分明亮，阳光洒在天蓝色的墙漆上折射出来，教室如同沉浸在水中一般。孩子们的好奇劲消退后并没有像普通孩子一样天真热情地与我们打闹，孤独和贫穷让他们过早地成长，过深地沉陷在迷茫和脆弱当中，过长地在祈祷中等待希望的降临。

所以当我们在教室当中站定，面对一双双渴求的眼神、一片沉默的孩子们，居然手足无措不知从何着手，酋长在说了几句话之后同样也不知如何继续。

此时，一缕纯净的歌声缓缓从人们身后飘来，刚才开门的那个女孩儿眼中褪去卑怯，神情安然地走向她坐在板凳上的弟弟妹妹们，这歌声像是自沙漠深处涌出的清泉，在那些失落的幼小心灵的沟壑当中分离成无数支流，细小而清

澈，蜿蜒流淌，丝丝浸染每个人的情感末梢，渐渐地灌溉出一片融化心灵的绿
洲……

他们就这样唱着，每一双眼睛里都荡漾着一个美好纯净的世界。我们听不
懂歌词，却似乎能看到它所倾诉的故事，古老而永恒的主题，关于对生活的热爱，
关于对苦难的怜悯，关于对生命的祈祷，有非洲大地特有的壮丽悠远，在现实
与虚幻交相映衬之下，却让人莫名忧伤。

我想，事情本不该这样，却就是这样。

歌声渐息，我们将带来的文具一一分发给他们。战友说，他已经很多年没
看到一个孩子会为一支铅笔而笑得那么开心了。学校是没有固定的伙食来源的，
光景好的时候，孩子们一天可以吃到2餐，糟糕时自然难以预想。陈政委走进
那间简陋的厨房，地板上散落着许多柴火，3块大石头围成的灶膛里只剩下些
许灰烬，陈旧的锅碗摆在一旁空空如也。

我们正想将带来的大米和食用油交给校方，此时一名妇女悄悄地告诉我们，
让我们最好看着米下锅再离开，否则孩子们能不能吃上食物是无法确定的——
贫穷和不幸让人动容，同时也滋生了人们迫于生存而暴露的自私，这不是生活
的悲剧，恰恰是生活最真实的另一面。

倒米下锅，生火做饭，白色的炊烟在原本冷清的厨房里袅娜轻舞，我们长
长吁了口气，整队动身返程。临行前我们给他们拍了许多照片。

9月末我们再次去看望孩子们，这一次他们认出了我们，见到我们的到来
飞奔至我们身边，扯着我们的衣襟把我们围得严严实实。

"下次把照片打印出来，带过来给孩子们。"陈政委轻声叮嘱道。

我不知道他们是否曾照过镜子，或者在家乡清澈的河流里见到过自己的倒
影，至少这样他们能记住自己的现在，希望许多年后他们长大了，能够在记忆
的海洋里捡到一只贝壳，那贝壳迎着海风能听到那天从教室里飘来的歌声，那
贝壳上有一抹来自中国的维和蓝……

Trouble Town：没有速度的激情

另一次长巡，我与战友同样途径布坎南直驱哈勃。

凌晨4时，原本蒙罗维亚至布坎南公路两旁迷人的景色在晨曦中尽显沉寂
苍凉，窗外灌进的风此时竟有几分凉意。我一边听着车载电台不间断的通联声，
一边看着窗外飞速向身后掠去的、在逐渐到来的黎明中慢慢变得清晰的树影，

终于等来天边的第一缕阳光。车子转向离开平坦的柏油路，驶上坑洼泥泞，我知道，布坎南已过，真正的行军才刚刚开始。

布坎南在蒙罗维亚东南面，是大巴萨州的首府，利比里亚的许多地名从读音上明显能感觉到很浓重的美利坚风格，百度一下布坎南，首先出来的是众多美国大咖。

除了颠簸，在到达 Trouble Town 之前我那得意忘形的毛病差点又犯了，以为除了路途长点，这一趟大概也没什么能够刺激我神经的事儿，加之窗外人烟已逐渐稀少，景色千篇一律，竟昏昏沉沉地睡着了——我有失眠的"爱好"，而行动前夜我正好又一个人度过一整个清醒的夜晚。

"哐当！"头盔猛然撞击车顶，惊醒的同时我环顾四周，还没来得及一探究竟，紧接着又是"哐当"一声，车子越过第二个泥坑。驾驶员老马天性豪放，从后视镜里看了我一眼说："灵感，看，你的灵感来了。"

前方十几台车困在泥泞当中，路段交通陷入瘫痪，滞留的人们稀稀拉拉地在路旁站着坐着无计可施。事故的"始作俑者"是一台大货车，右侧的轮子几乎全陷入泥潭当中，后继底盘矮小的车子只能堵在其身后"望坑兴叹"。

这就是利比里亚的"州道"，我忽而想起骑行四川翻越雪山时，那人迹罕至的山上盘绕着平坦的柏油路，相比之下，不由得暗自唏嘘，也暗自庆幸。

车队停止前行，全体队员下车警戒。蓝卫宇队长带领 2 名队员走向现场，蓝盔的出现让原本愁云密布的人群稍微显现出些许兴奋，即便他们知道，在这样的事情面前我们同样无法在短期内提供有力的帮助，更何况我们有任务在身，必须按时到达指定地点。

经过与当地人交谈，我们得知这是布坎南通往下一站格林维尔的必经之路。行动官李涛掏出手机打开电子地图，信号早已由进入丛林之后的 2G 变成彻底静默，下载的离线地图上显示除了这么一条曲线，周围全是空白一片。他抬头无奈地看了一眼头顶高大的树冠以及树冠顶上悬挂着的巨大的太阳感叹道："果然很是 Trouble。"

逢山开路，遇水搭桥。既然只有这么一条路，那么就从这条路上碾压过去！

滞留的长龙一侧还有部分路宽剩余，驾驶员叶升踩着泥水来回进行丈量，如同排雷一般挂着木棍探测淤泥横漫的路面下难以预测的泥坑——这也是其他小车不敢贸然换道行进的原因。

约莫半个小时后，对讲机里传来叶升的声音："路段侦查完毕，侦察车辆可以通行。"

打头的猛士侦察车闻声随即咆哮起来，轮胎在泥泞和车辙交错的路面上不断打滑艰难行进，车身剧烈地左右摇晃，从车尾看如同在跳着蹩脚的舞蹈，然而所有人都没觉得滑稽，随着车子一点一点地行进，心一点一点地往嗓子眼提，将淤泥下的"陷阱"熟记于心的叶升始终站在车旁通过对讲机与车内驾驶员保持联络，隔空掌握着方向盘，而原本一筹莫展的人群也暂时撇开自己的困扰，专注于观看这群冒险的中国人。

100多米的距离，我端着相机已经忘了按快门，心里飞快地掠过诸多不应景的最坏的打算。在国内，即便你是坦克抛锚了也能给你拖回来，但在利比里亚这是难以实现的，一旦车队受困，救援的难度和代价将是巨大的，在原始森林中滞留过夜，我们必将面对更多未知的不利因素，任务也将面临失败的危险。

中国维和警察防暴队没有过失败的记录。

随着侦察车一声怒吼，车尾甩起三四米高的泥水，最后一个泥坑被翻越，后续车辆为之一振，依次有序谨慎通过，车队继续提速前进，身后的人群一致朝着车队方向目送我们离开。一路上我看到两辆遗弃路旁爬满藤蔓植物的车辆，同样因为路况遭遇厄运，Trouble Town大概因此得名。之后我们收到自绥德鲁发来的路况信息，图片里2米多高的一台大货车，仅剩不到一半的顶棚露出路面，那是从蒙罗维亚通往哈勃的另一条路。

4天后，当我们完成任务原路返回至此，瘫痪的交通不但没有得到疏通解决，反而变本加厉完全无法通行，巡逻车队在50米开外便停止前行进行警戒，前方滞留的人群规模较之4天前扩大了至少2倍，目测多达三四百人之多。骄阳似火，丛林的水汽蒸发弥漫在空中让人呼吸越加沉闷。几名光着膀子的年轻人骂骂咧咧一脸愤怒地站在泥水里争辩，三四十号人坐在身陷泥潭的车辆顶棚，表情同样是一触即发的愠怒，更多的人群或站或坐甚至躺在车底避暑。现场的情况告诉我们，必须尽快找到新的路径，安全返回蒙罗维亚。

尽管再渴再饿，所有队员都默契地忍受着，没拿出干粮和水进行补给——从凌晨5时至下午3时，队员们已全副武装不间断奔袭了10个小时。当一名黑人青年向当时正在车队前头警戒的我走来索要饮水时，我模仿出与他们相同的充满怨气的语气"走进"他们的阵营，说我们的水也喝完了，而我们必须按时返回蒙罗维亚。"同是天涯沦落人"，青年由原本焦躁的情绪转为温和，附和了一声转身离去。我们在达到现场的第一时间就了解到，这其中近一半的人已经在这荒郊野外滞留长达近 3 天，一包饼干或者半瓶矿泉水，便可以引起哄抢和骚乱。

幸运的是不久我们遇到了在矿区工作多年的中国同胞，经他们指引，车队调头一转扎进丛林，在更加荒芜的森林里翻越 200 多千米，抵达布坎南市区与防暴队早已驰援至此的增援部队会合。

我抬手看表，已是子夜 1 时，黑夜颇具情调地逐渐降下雨丝对氛围进行渲染。全体 23 名队员松下神经的那一刻，极度的疲惫瞬间将身体抽空，片刻我身边的战友便响起轻微的鼾声，增援的驾驶员伸手将车载电台的声量降低，我看着窗外逐渐成势的大雨，以及贴在前窗玻璃的国旗，缓缓闭上眼睛："回家真好……"

红旗漫卷西非（下）

防暴队政工组干事　　梁史卓

使命传承：重返格林维尔

听说格林维尔（Greenvill）这个名字是在蒙利维亚（Monrovia）之前。

早在第一批驻利比里亚维和警察防暴队的战友们开始他们大西洋征程的
时候，我就读到"格林维尔"这个充满希望、让人心生向往的名字。在中国维
和警察行走西非的 5 年之间，格林维尔承载了多半的维和记忆，那是西非维和
的起点：我们在那里升起第一面驻利比里亚维和警察防暴队的旗帜，宣下我们
的第一句维和誓言。5 年既往，中国维和军人跨越 13000 千米，前赴后继践行
着自己的庄重承诺，格林维尔是这一切的见证者，那些奔忙的身影，那些年轻
的脸庞，那些与孤独为伴的日夜，都流淌进格林维尔的岁月之中，成为防暴队
精神基因不可或缺的链条。

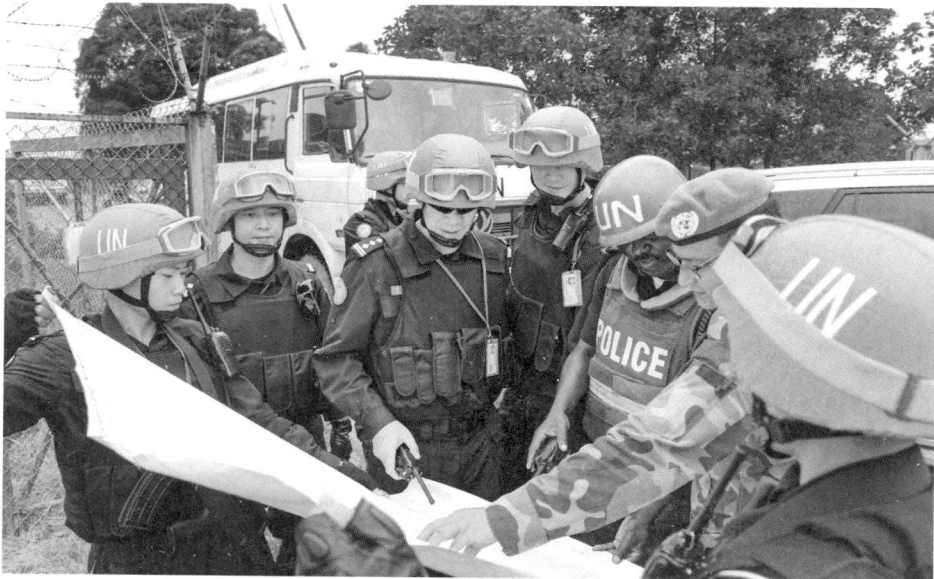

巡逻队在途中对行进路线进行对照确定

过了 Trouble Town，一路的村庄像补丁一般零星缀在原始森林苍翠的画布上，茅草屋沿着泥路两旁散落，这些地方在之后的夜行当中经过，难得见到一两盏灯火，太阳是这里最平价的光源。当车队扬起尘土呼啸而来，打着赤膊在门口理发的年轻人停下了手中的剪刀，孩子们跑出屋子拥挤在门口睁大了眼睛，在河边泼水消暑的年轻人从桥底下抬起头来，关卡的检查员稍微整理陈旧的制服认真地行了一个并不标准的举手礼……于是我确定，这路途尽管对于我而言如此陌生，但他们认识车窗上贴着的这面红色旗帜，意味着他们与我们之间有着故事。

穿过村庄，傍晚时分，电台里传来行动官的实时通报："前方即将进入格林维尔，车队减速慢行。"

天色已昏，我将车窗摇下以便能将路边标志牌看得真切一些，然而并未能找到 Greenvill 的字样，单是偶尔的一两间硬顶棚屋 将景致与之前色彩饱和度几乎为零的荒凉区分开来。直到不久后与前来引路的格林维尔警察局的费里南多（化名）汇合，交谈中才确定，我们已经在格林维尔了。

费里南多 30 岁出头，穿着 LNP（利比里亚警察）的制服，标准的非洲身材——均衡的比例，高质量的肌肉。他们与生俱来的胸肌腹肌似乎是上帝在造就人种时就画下的线条，哪怕他们的食物那么局限而匮乏，生存环境那么恶劣，这一上天馈赠的基因估计能让无数在健身房里咬牙流汗甩脂的人们怀疑人生。

大自然是那么公平、公正。

交谈几句后，费里南多跨上他的摩托车在车队前方带路。片刻，车队驶入一扇铁门，背对着逐渐退散的暮光，时光与空间的变幻于此时又开始在我的思绪里舞动它的旋律……

铁门左侧是一间锈迹斑斑的铁皮房，房子架构已经开始倾斜，但在记忆的余光视角里，我依稀记得那里还有人值守。铁门风烛残年的框架摇摇欲坠的样子让人不禁心生担忧，穿过这形同虚设的屏障，前方是一大片的空地，一条车辙碾出来的路，以及肆意疯长的野草和纵横交错的铁网。

"这是上哪儿？"

"会不会是他们的警察局？"

"停车场吧？！"

我们揣测着这个凋敝的"草场"，铁网的另一边，几个集装箱板房在草丛的掩映下若隐若现，依然不见半点灯光，不闻一丝人语，四下静谧得只剩渐次响起的虫鸣。可我知道这不是我们猜测中的地方，它莫名能给予人一种说不清道不明的回归感，让《士兵突击》里那段口琴插曲油然而起，萦绕耳旁……

如果你几经漂泊之后回到故乡，你会想起什么地方？我会想起收藏了几代人风雨同舟、生生不息的陈年往事的那间屋子，还有村头翘首等候游子归来的老树。

而这里，就是我们在格林维尔——中国驻利比里亚维和警察防暴队的"故乡"——曾经的家。

铁网尽头，草丛之中隐现一方旗台，拨开缠绕的藤蔓，赫然而现的几个红漆大字映入眼帘、直抵脏腑，那红色历经风雨鲜艳有减却平添了许多厚重。原本旗杆伫立的地方，被枯枝落叶填满，那里曾经笔直地挺立着一杆脊梁，脊梁之上红旗招展。

"祖国在我心中"，没有人发声，每一颗心却反复跳动着这句誓言，如同曾经奔走于此的兄弟们一样，如同那些在红旗之下高举右手让热血破膛而出的兄弟们一样，如同在此守望等候我们回归的旗台一样，亘古不变、永久不息。

前行左转，褐黄色的一条道路将板房区一分为二，这里曾驻扎着不止一支维和部队，我们的"老家"在路的左侧。杂草像岁月不经意碰倒了瓶子洒在画布上的绿色颜料，将营区交错的路、环形的花坛、低矮的阶梯……杂草把这一切线条渲染成界线不明的整体，它们从排球场的裂缝中长出来，球场上依稀可见白色的边界；它们在花坛里肆无忌惮，"留守"的杜鹃花此时孤独地绽放，等待熟悉的朋友出巡回来浇灌；它们在低矮的阶梯上摇曳着享受阳光，那被落日拉长的影子一直延伸到不再有人驻足抑或来往的门槛边上，盖住了尘埃，窸窸窣窣似乎试图模仿昔日跫音……

穿过营区入口的空地，我看到孤零零歪斜着的一支铁杆上，挂着破漏的沙袋，倔强的草芽钻出缝隙，竟有几分别致；空旷的走廊，一侧的柱子是蓝白相间"标配"的搭色，我惊讶于在这开放的空间里，我们竟能清晰地听见自己甚至带有回音的脚步声，推开一间宿舍的门，门上的标志牌尚未剥离——"六小队"。曾经六小队的兄弟，你们是否也曾想再看看这里？那棵耳闻已久的"信号塔"大树，顶着巨大的树冠虔诚地坚守在院子中央，微风摘下几片枯叶蹁跹飘落，在我们离去的时光里，你可曾数过有多少片叶子凋落、又有多少颗嫩芽萌发？是否还有人对着你倾诉，与你分享远方的思念？

我缓慢踱步，视野恍惚，如同多重曝光留下的光影，我所触摸不到那些影子一一浮现，我所听不到的声音遥远缥缈，他们集结、列队、行进，他们欢笑、缄默、呼喊，他们在东边点燃的晨光中守望，在西边消失的暮光中告别一天，他们来了，而后走了……

我纠结了很久，纠结该不该在这段文字里使用"物是人非"，然而到一个陌生的地方"故地重游"，似乎除了这个词语我并没有更好的选择。然而人世除却物和人，还有另一样存在，即便物人皆非，它依然能够不朽于寰宇，那就是我们的精神，那就是我们所传承所发扬的共同的信仰和使命！从告别生我养我的祖国飞越 13000 千米远隔重洋，从格林维尔的苍茫迤逦到蒙罗维亚自由港的潮起潮落，我们是被人们以同一个名字铭记的不同面孔。

时空只是一种刻度，信仰和使命是打破刻度、释放生命的最强大的力量。

费里南多一直在队伍前面引路，防暴队从格林维尔转移之后，他一直守护着这空荡荡的营区。时隔 1 年——回想当时，1 年何其短暂，变迁却将这短暂加倍延长——再次见到中国防暴队在格林维尔出现，他内心有说不出的亲切和激动，如同坚守阵地的老兵终于等来了他的战友。他滔滔不绝，却并没有向我们介绍营区的事情。在他看来，这里是我们熟悉的家，无须赘言相叙。他更多言语的是自己与中国防暴队的故事，他们一起巡逻，一起走过格林维尔的街头，他两眼放着光回忆起那场让他神采飞扬的舞会，我从他眼里仿佛能看到如今空无一人的板房里，当时璀璨的灯火和亲密的笑容……

"我曾以为再也不能和你们相见了。"当我们最终有一天离开利比里亚，宽阔的联合国大道上再也看不到贴有中国国旗的 UN 车子，费里南多的这句话会不会同样成为利比里亚人民心头的结呢？

但至少这一刻，我们，以及格林维尔的人们，都还能享受相伴带来的心安与温暖。

"你们回来了！"他们真的对我们这么说。

费里南多请我们参观格林维尔警察局，那是很小很简陋的一间瓦房，除了那面飘扬的崭新的利比里亚国旗，一切依旧显透露着造物主在此地对低饱和度色调的偏爱——真是个有情怀的"PS 大神"。

即使陋室暗淡，天生乐观的费里南多依然敝帚自珍，热情邀请我们去他的办公室参观，他伸手拉下白炽灯的开关，屋内的昏暗转而一片橘黄。在交流了当地的治安信息之后，他指着桌面上摆放的证书，上面有他自己穿着礼服的一张照片，他自豪地向我们介绍那是他的毕业证书。而如今，我想那桌面上应当放置着另一张让他回味的、充满中国设计理念的证书——中国防暴队为他颁发的警察培训结业证。2017 年 9 ～ 10 月，中国防暴队为利比里亚国家警察提供了为期 1 个月的警务培训。

"我很为自己感到骄傲——你要知道，从格林维尔去蒙罗维亚一般要 40 利刀（利比里亚货币），而我只需要 20 利刀就能去到了。"费里南多充满自豪地说，看得出他很享受自己得到的尊重和待遇，即使这只是一件小事。

"我相信你们以后还会获得更多的荣耀，就像我们一样。"蓝卫宇队长充满诚意地回应。

"是的，会越来越好的。"费里南多的笑容不加掩饰，伸出宽大的手掌与我们握手道别。

回到营区，天色已完全暗了下来，一轮皎洁的月亮在云间穿梭，挂在"信号塔"的枝丫上。兄弟们卸下沉重的防弹衣，一部分迅速地支起营帐，一部分拾掇了许多柴火起灶做饭，待到饭菜上桌，大伙儿集合在走廊边上利索刚硬地"嚎"了一嗓子，沉静已久的这个地方于是开始重新燃起生机，我怀疑就连草丛里的蛐蛐们也为这久违的气氛变得更加欢畅。

当炉火熄灭，格林维尔的夜终于完全静了下来，从背包里拿出口琴，我的脑子里是一副夕阳里的剪影，一群来自中国的维和警察，坚定无畏，行走在异国他乡的地平线上……

可我来不及慢慢欣赏你了，Greenvill；我来不及慢慢寻找你了，"故乡"的故事。可我们现在的故事，依旧是同一个故事。

光影维和

防暴队政工组干事 梁史卓

利比里亚的旱季还在延续，我时常怀念雨季时每天清晨那场准时而短暂的大雨，荡尽空气里漂浮的尘埃，让每一天的开始总那么清新舒适。

但我可能再也等不到利比里亚的下一个雨季了。

1月的日出日落似乎变得更加飞快，维和时光的尾音变得越加清晰。8月从格林维尔长巡回来之后，我常想象着现在朝气蓬勃的营区在我们离开之后，是否会变得荒芜沉寂，因此每当站上隘口哨从东南角环顾营区，仿佛能看到缝隙里的青草在发芽，藤蔓肆无忌惮地越过铁丝网，覆盖在蓝白相间的墙面和屋顶上，一同覆盖的，还有我们在西非湛蓝色的维和岁月，以及就在写下这些文字的时候，依然不断从我们的指尖与脚步里流失的时光。

有时候路越走越远，总让人忍不住回头，妄图还能捡起一路走来洒落的那些晶莹剔透的回忆石头。

作为这一切光影的记录者，我每天都要面对这种虚幻和真实，虚幻的是我们所经历的从此无法触摸，如同站在每一个时间刻度上的那个人，是无数个不同的自己；真实的是我们必须面对现实，义无反顾地向同样终究成为过去的未来走去。

声音的影子

声音是有影子的，知道吗？一首歌钻进不同的梦境，就有不一样的故事，无数个不同的影子，无数种不同的醒来后的心情。

我曾问过夜里的哨兵，夜晚的自由港能听到什么，他说是海浪和风语。我侧耳倾听，呢喃的涛声与风语之中，萦绕着对远方家园的牵挂和思念，他的瞳孔里倒映着家乡的一草一木，亲人的一颦一笑，心底一湾清泉不禁泛起涟漪。

他们都还好吧？他必然曾无数次在心里反复自问，在只有记忆与自己对话的黑夜，在只有滂沱大雨打湿一身却酣畅淋漓的黑夜，在身后阳光周而复始即将涌出地面的黑夜……

　　凌晨 3 点的自由港是宁静的，码头停泊的船坞躺在起伏的海浪中入眠，橘黄色的灯光将海面渲染出柔和的波光，闪烁着拍打海岸的礁石。

　　营区里的灯火彻夜通明，四下此时再无人影，白天在空气中飞旋的尘埃不堪夜露冰凉，纷纷坠落路面无声无息，这些，或许并不会因为某一天我们不在了而有所改变。

　　"嚓……嚓……"领班的队员沿着铁丝网巡视营区，厚实的靴底踩过路面的石子，发出清脆的、在沉静中丝丝入耳让人心安的声响。我记得这条路曾是一片泥泞，后来我们找来了石子，靠着斗车和铁锹，当然还有暴戾的骄阳做伴，从忠诚哨到隘口哨，一寸一寸铺就这条环绕着整个营区的小路。我们的脚步在每一颗石子上踩过，警惕地观察营区外的黑夜；我们的汗水滴落在每一颗石子上，我们的笑声落在每一颗石子上，如果有一天它们开口说话，是否尽是我们的心绪和故事？

　　仿佛只有在夜里，才能听到那些真切的声音，来自暂歇的内心，来自平日无暇品味的点点滴滴。许多年后，你定然会聊起营区外的那两棵交替生长的大树，当一棵枝繁叶茂，另一棵却凋敝得只剩下遒劲的枝丫，如同完整的时光轴，不断提醒所有即将到来的告别，我们抬头仰望树冠罅隙洒落的阳光和嫩绿的新芽，在清晨俯拾满地落叶；你定然会聊起每个人手机相册里都保存着的海晏广场的留影，有过拥抱蓝天大海开怀欢笑，也有过一个人静静看着海浪拍岸，缄默不语；你定然会回味"维和三宝"——洋葱、土豆、胡萝卜，也会在面对满盘珍馐时放下碗箸，眼前浮现起在西非"南泥湾"上挥汗耕耘的身影，以及在荒凉之上诞生的郁郁葱葱的"八桂田园"。如果有生之年还能再尝一口那里的瓜果蔬菜，是否会像被一口老酒呛到一般泪流满面？你定然会皱眉想起摘下头盔倒去汗水时的解脱，而后眉头一舒，回味那一口凉白开的畅快，再微笑着转过头，蓦然发现甘苦与共的那些兄弟早已各奔天涯；你定然会在春风得意的时候不褪本色、永葆初心，在失意的时候咬开酒瓶盖子，拿出向命运宣战的血性；你定然会在无数个清醒的夜晚，因为这一切而清醒着……

　　我们多么幸运，在预知的未来到来之前，至少还能再给终有一天要夺眶而出的热泪更多温度。

　　"我们老家有条老街，那里的早餐最好吃，如果回去了，我第一件事就是要回家，去老街吃卷粉，刚从蒸汽里夹出来的那种。"夜里站岗难耐困乏，哨兵们用对讲机建立自己的"电台"分享趣事和心情驱逐困意。

"回到家，我就先带爸妈出去玩一趟——我妈连县城都没走出去过。"

"你说……回去了会习惯吗？"

"不知道，这里也是家……"

"嗯……"

这些声音我都无法一一去记录，唯有留在各自看不见的记忆力，它才能拥有自己最美丽的影子。

智慧的交锋

在利比里亚，防暴队与许多国际友人结下深厚的情谊，但同时也有智慧的交锋。

让我记忆深刻的一次，是在联合国总部代表团来队参观的座谈会上。会前代表团参观了防暴队营区，一路下来，对防暴队的各项建设赞不绝口，参观完毕，众人在会议室坐下交谈。期间，一位来自澳大利亚的代表向我方提出了 3 个问题，其中之一是针对防暴队为利比里亚国家警察提供警务培训一事发问的。他说："中国防暴队为利比里亚国家警察提供警务培训，增强了他们的行动能力，这非常了不起。但是，当中国防暴队离开后，他们该怎么办呢？"

我在相机监视器里看到这位外貌斯文的代表当时若无其事的表情，他眼里不易觉察地闪过一丝得意甚至是狡黠，显然对自己的提问很是满意。言语表面似乎是对利比里亚国家警察未来的关切，但实质上是对中国防暴队为利比里亚国家警察提供警务培训的实质作用的质疑甚至是不屑，换言之，也许在他心底，警务培训只是防暴队一厢情愿无谓的做法。

此问一出，包括其他代表团成员都或多或少感到意外，现场的氛围忽而变得些许紧张和尴尬，中国防暴队将如何化解僵局？

坐在代表对面的是防暴队陈利华政委，当时我站在政委身后，看不清他的表情，但不难想象，在这样的交锋时刻，在场的每一名防暴队队员都是警惕而谨慎的，我按下暂停键，寻思我们该如何应对这个问题。没想到我方翻译话音刚落地，陈政委便从容不迫地给出了防暴队的答案："尊敬的帕德力克先生，首先，这不是中国防暴队的培训活动，而是联合国利比里亚特派团授权中国防暴队开展的警务培训工作。防暴队的一切行动都是紧紧围绕联合国利比里亚特派团的指示和授权开展的，我们的工作是联合国利比里亚特派团工作的一部分，也就是联合国工作的一部分。为利比里亚国家警察提供警务培训，这只是推动利比里亚国家能力重建的一小部分，他们还有许多方面需要恢复和改进，我相信在联合国和联合国利比里亚特派团的统筹帮助之下能够逐步实现这一切，中国防暴队也很荣幸能为此做出自己的贡献，谢谢！"

发言完毕，会场掌声雷动，包括联合国利比里亚特派团总警监西蒙在内的所有外国友人都报以会心的笑容，而原本发问的那位代表显然没有料想到自己精心准备的"套路"被对方不费吹灰之力地解开，不由得也鼓掌叹服。

在海外，这依然是一个西方主导的舞台，中国防暴队任何一名队员的一举一动都有可能被有心之人加以利用和扩大，为我们的维和行动甚至是对外战略造成被动。时任中国驻利比里亚大使馆张越大使曾经用"穿着制服的外交官"一词定义防暴队的作用和位置，我想这再形象贴切不过。任何一名防暴队队员的心中同样时刻谨记这样的身份和职责，不论身处国内还是国外，始终以最高的标准严格要求自己，站如松、行如风，谨言慎行，彰显大国的自信与从容，在世界舞台上留下自己青春的身影。

我们在西非拍电影

2014 年误打误撞进入宣传"大坑"以来，我始终在想，如何在保存文艺浪漫色彩的前提下去服务于部队政治建设？在普通的部队文艺作品（非专业大制作）创作过程中，我们长期陷于一道"魔咒"，一旦要在文艺作品中注入政治核心思想，大多都难以幸免地陷入僵硬叙事和教条铺陈，于是乎本应多彩的作品变得单一，本应饱满的人物沦为说教的扬声器，这已经丢失了文艺的本质。一部文艺作品要实现服务政治建设的目标，它的前提是什么？是让官兵在你的作品当中找到他们各自的影子，让他们愿意看你的作品，这才有引起共鸣、深入人心的机会。脱离政治的文艺作品，不能称之为部队文艺，我们始终是在党领导下的队伍。而无视文艺本质需求一味追求思想灌输，势必适得其反，作品被束之高阁失去自身的价值。

如何融合二者，在近 1 年的维和任务中，我们依然以不断的实践寻找最佳答案。

事实上，在出征前我给自己定了"三个一"的目标，即一部纪录片、一部微电影、一本维和纪实或者小说。很显然，时至今日我一个都没做到，如此失败的理由之一，理应归咎于技能的匮乏没能达到理想的工作效率，二是还不够努力。

　　因此，当队里决定拍摄微电影的时候，我激动却又犹豫地翻看一下日历，其时已是 1 月初。拍片之事我深有体会，时间、勤务、人员的调动以及后期接踵而来的繁重的日常拍摄制作任务等一系列客观因素，都给片子的成功带来很大的制约——做完是敷衍，做好才是成功。据此种种，起初我忍痛提出放弃拍摄的建议，张宏副队长只跟我说了一句话："我不想留任何遗憾。"

　　是的，谁都不愿意回首时说出那句"如果当时再努力一点"。

　　剧本已酝酿半年之久，将它从脑子里搬出来只是一个晚上的事情。队领导给予的信任"纵容"我足够的发挥空间，剧本神速通过审核。第二天，第一场戏在营区南侧停车场开拍，参演队员都很兴奋，显然对即将面对的考验并没有过多的心理准备。

　　"录音。"

　　"录音准备就绪。"

　　"三、二、一，开始！"

　　……

　　"卡！脚步再慢一点，从容一点，NG！"

　　……

　　"卡！没有台词，没有动作，可你是一个专业的背景！再来！"

　　卡！卡！卡！

　　从 8 时半到 12 时，阳光逐渐变得火辣，拍摄一刻没停，中途一口水都没来得及喝，那感觉仿佛已经拍完了整部戏，在片子里只不过一分钟不到的镜头：台上一分钟，台下十年功，真理在此。

　　如果说营区的拍摄辛苦，那么外景拍摄简直就是噩梦。电影外拍选址在利比里亚军队爱德华营对面的草原上。当时提前一天进行踏查，旱季枯黄的草原和零星的灌木丛很符合片子所需要的非洲独具特色的风光。发现这块理想的取景地，我带着兴奋回到营区，召集演员进行排练，第二天便奔赴草原进行拍摄——我们只有一天的拍摄时间，而这段戏从时长和分量来看，按照我们以往的拍摄至少需要花上两三天的功夫。

　　防弹衣、头盔、背包，各种装备上勒得人喘不过气的背带，奔跑、搜索前进……空旷的草原上找不到一处阴影，剧组全体人员就这样重装在烈日下从早上 9 时半拍摄到下午 4 时。汗水从头顶蒸发在头盔里凝固成水滴，沿着帽檐滴答下落，一口冷水入喉，不消片刻嗓子眼里又如同"死灰复燃"一般开始冒烟。

在拍摄一段行动画面时，我明显感受到心跳往上蹿，怎样深呼吸都无济于事，卫生员即刻扒去我的装备，头顶的太阳却毫不慈悲，幸得那瓶冰凉的水从头顶倾泻而下……

拍摄辛苦吗？辛苦，这就是为什么有时候花絮比正片还精彩的原因。

你可能会为了避开白天的嘈杂，选择在大家都入眠之后通宵拍摄；你可能会为了一滴汗水滴落的那一秒钟镜头，在开机之前实实在在地先虐出自己一身汗；你可能因为设备不足而不得不盯着太阳抓住好的时机、好的光线……

我们必须这么做，因为这就是真实的我们，从片外挥汗如雨、从无怨言的"演员"，到片中阳光开朗、心系家国的角色，这都是我们，青春不仅不留白，更不留憾，以永恒的光影留住这段不可复制的燃情岁月，这就是维和光影的使命所在。

谁是英雄

防暴队政工组干事 梁史卓

维和是一方国际舞台，如果说我们闪耀过，那么这些光芒并不是我们自带的，而是这个舞台赋予每一个登场的人。如今从舞台上谢幕，我们对那顶蓝盔无限眷恋，对光环却并不贪婪，前路漫长，放下过去的人才能行得更远，唯愿一生如此，能与梦为伴，以梦为魂，让短暂的生命，永生在人类共同追求的大梦想中。

逆战而行

"你们在那里打过仗吗？"

"没有。"

"那你们在那里做什么？"

"时刻准备迎接任何战斗。"

……

一个和平的环境并且恰逢一个和平的年代，让许多沉浸于此的人们对炮火抱有许多的想象甚至是神往，这只是一种对未知的好奇。如同真正优秀的战争电影不是让人恨不得与刀枪不入的主演一同冲锋陷阵将"敌人"粉碎拯救世界，而是能让观众看后沉默不语进行反思、反战一样，利比里亚一年维和时光中的所闻所见所思，让我们的热血有了新的温度，让我们所有人对和平、对战斗、对当代军人的使命有了更深层的理解。

枕戈待旦、草木皆兵相对于战场的枪林弹雨并不见得有多么惬意，当你冲向敌人，你至少明白谁是敌人、他在哪里。那么当你并不知道谁会成为敌人、他在哪里，却同时又完全暴露在对方眼皮底下的时候呢？无论多么风轻云淡、多么宁静安详，一丁点的闪失就足以将你推上头条，巡逻执勤如是，日常生活如是。临战不是安逸，是战斗的另一种状态。

不间断的训练，不间断的演习，不间断的高强度戒备，我们从未因为周围的宁静而遗忘随时可能响起的枪声。从单方研判制定开展相应的训练方案，到中尼（中国和尼日利亚）双方联训联演、促进战时协同配合，再到中尼利三方混合联训，我们始终极力将目光放到最大、最远，努力夯实、壮大维护利比里亚和平的基石——利比里亚的和平，这不是一个人的战斗！

在蒙罗维亚人潮涌动的街头，人们能看到我们；在辽阔的热带草原，人们能看到我们；在荒蛮的原始森林，人们依旧能看到我们。我们将红旗带到利比里亚的任何一个地方，7 次千里长训，数万千米漫长的征程……

这一年，我们是这样过的。

加百利·塔克大桥上的弹孔历经十余年依然如此清晰，非洲大酒店的废墟守望在蔚蓝浩瀚的大西洋边等待希望的曙光，头顶着篮子沿街兜售商品的孩子渴望校园……谁都无法明确这个国家距离它的崛起究竟还有多远。我们没有去丈量这样无谓的距离，而是务实地将自己的汗水，洒在每一寸通往未来之路的浩大工程之中。31 天的警务培训或许短暂，但却史无前例意义非凡，150 人的利比里亚受训警队最初衣衫褴褛、自由散漫，到在防暴队严明军纪的耳濡目染之下，在军事教官的言传身教之后，脱胎换骨一般惊艳亮相，在维护总统大选和平举行等重大任务中立下汗马功劳，众人皆叹今非昔比。这背后是防暴队锲而不舍的斡旋和智慧的交锋，培训利比里亚警察的巨轮才得以在西方主宰的对外培训"极地"实现破冰，帮助利比里亚迈出能力重建的关键一步；与利比里亚港务局签署合作协议，开展港区联合巡逻行动，推动港区治安稳定；走访学校、贫民窟、孤儿院，将中国的友善和情怀带给经受苦难的人们，在他们的世界里打开另一扇明亮的窗，得以眺望自己的未来……

这一年，我们是这么过的。

孤悬海外，一无所依，我们同样成为在利比里亚的华人的期待。为凝聚在利比里亚的华人，防暴队高举红旗，自主设计建成首个海外党建教育展厅，发出"齐心向党、聚力报国"的倡议，得到驻利比里亚使馆党委的高度肯定。23家援利机构、中资企业，近千名华人华侨积极响应，走进防暴队寻找自己的"精神家园"，猎猎红旗在西非高高飘扬。将驻利华人企业所在地纳入武装巡逻范围，强化走访巡逻密度，指导建立联防队并开展安保培训，每月开展送医上门，跨越万里将华夏同根的暖流引渡大洋彼岸……

这一年，我们是这么过的。

气候恶劣，基础设施匮乏，后勤保障的阵地同样面临着硬仗，那么，就将"南泥湾精神"融入西非吧！兴建无土栽培蔬菜大棚和绿色生态养殖场，规划完善文体活动场所，打造健康的绿色家园。修建混凝土结构武器库，重新设计搭建岗亭和营区防御工事，架设海康卫视智能监控平台和营区电子围栏，构建防暴队营区铁壁铜墙。与解放军254医院、中国援利医疗队、巴基斯坦二级医院建立合作援助关系，构建一专多能、多位一体的保障体系。制定卫生防疫应急预案和疫情防控措施，确保奈瑟氏脑膜炎和"埃博拉泛泛"传染性疫情暴发期间全队"零感染"。依托党建联创，积极开展对外联络，建立10个生活补给点，形成覆盖首都蒙罗维亚、辐射利比里亚全境的战地特色后勤保障网络，实现全境全时执勤无阻力。精细拟制回撤方案，反复清点梳理装备底数，测算货箱数量、尺寸，制作货箱、有序装箱，圆满完成对利警用装备捐赠仪式，以"零延误、零违规、零差错"高标准完成闭营回撤任务……

这一年，我们是这么过的。

没错，我们就是这么过的，没有炮火硝烟，没有血肉横飞，可这就是我们的战斗。和平究竟意味着什么？它意味着你可以自由地行走在任何一个地方而不必担心突如其来的伤害；它意味着在你孩子生日的时候，你可以在不远的糕点店里挑选一款巧克力蛋糕；它意味着你只要努力，就能看到自己人生的希望……在无法避免战争的时候，我们只能以战止战，但在无须战争的时候，我们更愿意用守卫来避免一切战争，并时刻准备接受任何冒犯生命、冒犯道义的挑战！

布坎南长巡途中，正在警戒的防暴队队员

这就是我们的战斗，直面随时可能降临的危机，以不分昼夜地坚守，让那里的民众在夜晚都能拥有美丽的梦，让那里的民众拥有支撑自己的信任和希望的力量，让那里的民众重新走向自己的未来，逆战而行，以希望之光代替枪火，与人们一同缔造久旱之后和平的甘霖。

那么，逆战而行的我们，是不是英雄？

向爱而生

这一段，我希望从自己的故事说起，不去撕开任何人的伤口。

得知父亲癌症晚期，是在河北集训期间。而今，转眼之间，恍若隔世。

河北的冬天很冷，从南宁一路到河北，我一直期待那里会有一场白皑皑的雪，下在出征前的路上，始料未及的是那场雪却以这样的方式模糊了我的整个世界，儿子也恰逢此时，在这个纷乱的冬天降临。集训结束，我回到2000多千米外的老家，小山村的冬天是萧瑟冷清的，推开那扇熟悉的家门，我犹豫着终于喊出了那声"爸"——我很期待听到他的回应，却又更害怕听到的回应软弱无力。许久后，内屋响起轻微的声响，脚步声缓慢，他左手扶着门框，低头走出来，抬头看我的时候，我确实不再认识眼前这个骨瘦如柴的男人了。

我们聊了许多，无关病情，是些他平时喜欢听的我在部队的新鲜见闻。听到集训的精彩时光，他疲惫地露出了一名迟暮老兵的微笑。我必须承认我在某一个短暂的片刻犹豫，究竟要不要就此停下，为了送别我的父亲。他也曾在一次谈话中小心翼翼地跟我说，要么你别去了？我是家中长子，他不清楚利比里亚的情况，生怕我有去无回，家道就此崩塌。

我们都知道这些关于前进还是退却的徘徊毫无意义，正如同讨论一名斗士究竟该不该上战场一样，有些事情终究不是能以生死作为衡量的。他不可能发自内心地期望我就此止步，这么多年的养育，他要的是怎样的儿子，他自己明白。我也不可能就此放弃，于国于人民，我有使命；于家于后辈，我有责任；于抱负，我要实现梦想；于他，我一直在努力成为他想要的那个儿子。

"爸，我走了。"背起行囊离家那天，恍如20多年前每个上学的早晨一般。

"去吧。"他气若游丝。

到达任务区后1个月，我失去了他，永远地……

我在大西洋畔将尚未完稿的一篇文章烧作灰烬，希望天堂的父亲此时能看到——自小他就喜欢点评我的文章。然后给他点烟倒酒，就那样陪他坐了一宿，乞求他的理解和原谅。

爸，对不起，我必须走。

在利比里亚的 1 年里，有 36 名队员遭受了亲人去世、父母患病等变故，如果说我们为了自己的追求和使命而毅然踏上万里征程，那么身后只求一家团圆平安度日的家人，他们又有什么理由、什么义务为此做出如此巨大的牺牲呢？在这一切的牺牲当中，他们是无辜的。他们深切地爱着我们，无条件地爱着我们，为我们担负起我们所"逃脱"的那些责任和痛苦，独自品尝着遗憾和等待……

当回国的飞机在南宁降落，我在悬梯上看着停机坪人潮涌动，人们翘首看着我们，在他们的眼里满满写着"英雄"两个字，我握着鲜花羞愧难当。

我们究竟是不是英雄？

不，我不是。

我只是那个有幸被冠以英雄之名的人，身后用爱支撑起这一切的人，他们才是缔造英雄的英雄！

以梦为魂

未来属于有梦想的人，我始终这么认为。

梦想、使命、信仰，究竟是什么东西？以我理解，追求这些的人，是有意识将自己与一般生物区分开来，脱离低级生存层面，让自己成为更完整的人。

那么，这些被许多人定义为"伟光正"的词语，究竟有什么耻于谈及、不敢奢望？

回国之后有一位网友——我之前的一个同学在微信里问我：应该能立个什么功了。我说：无须论功。他继续回复：不要跟我谈使命。看到回复的第二秒，他躺在了我的黑名单里。

实质上他可能并没有冒犯我，但他冒犯了我心中最圣洁的那块领地，我将坚决捍卫使命之尊严。此事琐碎，却依然让我困惑难当，为何在太平盛世的当下，在尚有多余的喘息能去追求精神境界的时候，有人却选择了在物欲当中随波逐流？追求更好的，这难道不是人类本能的一部分吗？

追究拷问这个问题许多年，甚至让我背上了诸如"愤青"之类的许多头衔，如今我万幸获得机会以自己的经历为证，去佐证自己所说的一切的时候，我终于发现这是一个不需要任何声音去回应作答的问题。考究这个问题的结果，受益的从来不是那些执迷不悟的客体，而是思考者本身。他在以思考和实践证明这个论题的过程中，事实上已经逐步找到了自己梦想的正确打开方式。当防暴队被授予利比里亚"国家杰出贡献奖""国家荣誉奖"的时候，当140枚联合国勋章挂在140副炽热的胸膛前之时，我更加肯定这一点，梦想不仅属于勇敢坚毅的人，更属于实干的人。

与梦为伍，最让人幸福的除了它被实现时的满足，还有在追逐它的时候，每时每刻充满内心的希冀和热情。

在为利比里亚国家警察培训的某一天，训练间隙我曾与一位当地警察交谈。他很热情，在接受了我们的课程之后表示很受益，当然，对于防暴队教官的素养表示惊讶，他说非常感谢你们来到我们的国家。我说这是我们的使命，也是我们的心愿。

他迟疑了一小会儿，转成疑问的口吻小心翼翼地问我："But why are you here（但你们为什么来这里）？"

是啊，从他们的角度难以理解，我们为什么来这里？

我组织了一会儿语言，说："在中国，当我们遭受苦难流离失所的时候，我们除了努力修建自己的家园，同时也对自己说'如果整个国家都这么美就好了'，于是我们团结起来建设我们的国家；当我们埋头逐步把我们的国家建设好的时候，我们会抬起头看看世界对自己说'如果整个世界都这么美就好了'，所以，我们来了，为了人类的未来。"

他笑了，我想他听懂了大概意思，举起手与我碰拳。事实上当时我还是很窘迫的，因为我想告诉他一个新的概念——人类命运共同体——这是一个很"酷"的中国概念，无奈我的英文不够"酷"。

一滴水的命运是等待干涸，但当它将自己投入到大海之中，就能掀起滔天巨浪，个体如是，个体的梦想亦如是。构建人类命运共同体，这是中国的大担当、大梦想，维和让我们更近距离地观看这幅蓝图，切身体会在描绘人类未来时内心的激动和喜悦，那些褪去荒芜重见天日的屋舍高楼，那些扫去阴霾重新换发生机的脸庞，那些在废墟之中苏醒、重新振奋的臂膀，都是这个逐渐实现的大梦想的一部分，是它让我们成了"大千世界里的那片白色羽毛"……